토크 조크
― 미국 유럽, 조크 기행

| 머 리 말 |

모든 '우스개'를 조크(Joke)로 본다.

사실 남을 웃게 하려고 하는, 말이나 이야기가 조크라면, 유사한 다른 말은 유머 또는 위트라 할 수 있다. 하지만, 이쪽에서 던진 조크가 저쪽에서 받아드려 지지 않으면, 벌써 조크가 아니다. 따라서 대화가 상대적인 것처럼 조크도 상대적이다.

내가 한 조크가 반짝 살아나려면, 상대의 공감이 반드시 따라야한다. 나와 너, 시간 및 공간, 그리고 정황이, 모두 조화를 이루어야 가능하다. 그래서 농담이 자칫 오해와 곡해를 가져와, 반목과 불신을 초래할 수 있다. 조크의 공과 과를 헤아리고, 이를 논의하는 것이 순서라 본다.

그러나 '웃는 낯에 침 뱉으랴'는 속담은 모든 우스개를 호의적으로 받아드리는 공감대가 우리 의식가운데 이미 있어 옴을 시사한다. 그러므로 부분적인 예를 일반화하는 우를 범할 필요는 없다.

유머는 집안 층계에서 넘어지지 말라고, 아내에게 주의 주고 있을 때, 동시에 자기가 넘어지고 마는 현상과 같다. 고통은 모든 사상보다 깊고, 웃음은 모든 고통보다 높다. 가령, 한 사람이 특별한 소질을 가졌고, 그 소질을 위해, 감정, 정신, 재치, 등 융합이 한 방향으로 흐르면, 그 때, 유머 요소가 잉태된다고 할 수 있다.

그러면, 유머는 무엇인가, 자기 사랑과, 거드름이 함께 자라, 어리석음을 녹인 뒤, 피어나는 말의 꽃이라 생각한다.

여기, 유머 원형이 있다. 자기 사랑은, 단순한 기질이 아니고, 외골수의 특질이며, 거드름은, 유머 특유의 한낱 어리석음이다.

어리석음은 어떠 할 까. 성서에 보면, "신은 지혜 있는 자를 부끄럽게 하기 위해 이 세상의 어리석은 자를 뽑았고, 강한 자를 부끄럽게 하기 위해 이 세상의 약한 자를 뽑은 것이다."(코린토 전서 1-27)

그러므로, 얼핏 보아, 어리석은 자의 말 속에 참된 영지(英智)가 잠겨 있음을 알게 된다. 이렇게 생각하면, 남의 어리석음을 비웃는 일은, 결국 자기 자신의 어리석음을 비웃는 결과로 이어진다.

또 약간의 지식을 코에 걸고, 젠체하든가, 또는 궁극적으로, 하찮은 일을 진지하게 생각하는 것은, 그 자체가 골계(滑稽)이고, 웃음의 씨앗이 되는 셈이다.

하물며, 사물을 제대로 알지 못하면서, 아는 체하는 어리석음 이야 말로, 조크와 유머의 좋은 소재 밖에 될 수 없음은 물론이다.

일상 대화에서, 기실 비속어(卑俗語)가 유머일 경우가 있기도 하지만, 우리는 평소 감정의 굴곡으로 인해, 본의 아니게, 막말과 격정의 토로를 서슴지 않을 때가 있다.

어떻게 하면, 좀더 세련된, 격조 있는 품위를 대화에 녹이고, 교양을 갖추게 될 것인가, 이를 풀어가는 방법의 하나로, '조크'를 선택, 미국, 영국, 프랑스의 경우를 살펴본 것이, 이 책의 애당초 기획이다.

우리나라 국어교육에서 '화법 체계'를 초기에 자리 매김한 입장이지만, 이 책은 웃음의 실체를 유럽에서 찾아본 것이다. 우리와 공통되는 점도 많지만, 한편, 차이점도 많다. 독자에게 '유머' 정체를 파악하는 데, 일조가 될 수 있다면, 역자로서 큰 다행이라 하겠다.

2022년 월 일

옮기고 엮은 이 전영우 씀.

미국 조크 모음

아이러니(Irony)

박수와 투표 · 18 케네디 연설 · 18 군함 침몰과 영웅 · 19 로버트 케네디 · 19 후르시초프 · 19 쿠바 침공 · 20 식사 전 기도 · 21 독립전쟁 후 만찬 · 21 절약 · 22 눈치 작전 · 22 희망 사항 · 23 북군의 고전 · 23 진퇴 양난 · 24 우레소리 · 24 금주법 시행 · 25 구두 닦기 · 26 감기 생각 · 27 곤란한 육군장관 · 27 대통령의 거절 · 28 당신이 졌다 · 28 해병대원의 보고 · 29 트루만의 편지 · 29 재출마 단념 · 30 텍사스 사람들 · 30 드골과 존슨 대통령 · 31 스티븐스 부통령 · 31 능력 비유 · 32 생각이 깊은 사람 · 32 해야 할 일 · 33 링컨과 육군장관 · 33 지옥의 영혼 구제 · 34 가는 길 양보 · 35

메타포(Metaphor)

파리 비행 성공 · 38 침묵은 금 · 38 행운의 편지 · 39 피아니스트는 안 더워 · 39 유명 인사의 혼동 · 40 어슷비슷함 · 41 사인 · 41 용의 주도함 · 42 미니스커트 · 43 유명한 상담자 · 44 스키나의 청력 · 45 수영을 가르쳐요 · 45 지진의 충격 · 46 자료 도용 · 47 남자 화장실 · 48 돼지 앞의 진주 · 48 살찐 몸 · 49 작가의 수염 · 49 대법원 판사 · 50 마크 트웨인 · 50 마크 트웨인의 강연 · 51 생 달걀 · 52 스피치 원고 · 53 참이 아니다 · 54 그 고장 특색 · 54 아버지가 누구 · 55

패러독스(Paradox)

갑부 아버지 · 58 혈통종 슈나우사 · 58 청결한 생활 · 59 다음 항공기 편 · 60 악단의 기능 · 60 요트의 유지 관리 · 61 투자가의 요트 · 61 캐딜락 2대 · 62 택기사의 습관 · 63 자기 돈을 쓰라고 · 65 머리 이상 · 66 이 것도 받아 가요 · 67 오줌 싸지 않는 날 · 67 5달러로 해요 · 68 보답 없는 팁 · 68 인색한 팁 · 69 2달러 팁 · 70 정검 끝 · 71 거품을 적게 · 71 병의 증세 · 72 다이아몬드 가지기 전후 · 72 경마와 마주 · 73 거위의 나이 · 74 가스 검침원 · 74 발전기 전문가 · 75 나머지 염려 없음 · 76 3가지 선행 · 76 하늘나라와 지옥 · 77 소란 피우기 · 78 예전 콤비 · 78 복권 당첨 · 79 가장 먼저 할 일 · 80 자랑 알레르기 · 81 지불 날짜 · 82 채권자 · 83 당신의 청구서 · 83 하기 싫은 일 · 84

서제션(Suggestion)

남의 실수 · 86 3개 묘석 · 86 당신이 먼저 세상 뜨면 · 87 그녀에게 당신 얘기를 · 88 진심 여부 · 88 옛날 이야기 · 89 큰 잘못 · 89 밤중에 일어나는 이유 · 90 최후의 면회 · 90 유언의 집행 · 91 남자 아이 · 92 바사와 허만 · 92 귀족 출신 · 93 사위와 며느리 · 93 궁둥이에 깔린 남자 · 94 어려운 병명 · 95 골프 광 · 96 집안 계통 · 96 낚시 여행 · 98 그 때는 당신이 · 99 독신자 할아버지 · 99 화장실은 어디 · 100 할머니 동정 · 100 심리 반응 검사 · 101 이산 가족 · 102 수면제 복용 · 103 에즈라 숙부 · 103 모양 내기 · 104 액막이 · 104 여성 운전기사 · 105 '플레이 보이' 잡지 · 105 빠른 속도 · 106 대규모 농장 · 107 함께 식사를 · 107 내 나이 70만 되어도 · 108 치과 의사 · 108 13층의 미신 · 111 손자의 얼굴 · 112 걸 헌트 · 113 야회복 · 114 육질이 좋은가 여부 · 114 밍크 코트 · 115 의대생의 명답 · 116 사랑의 도피 · 116 밤의 만남 · 117 여배우의 생명 · 117

이그제저레이션(Exaggeration)

참된 원인 · 120 승차 지각 · 120 작업량 · 121 나라가 바뀌면 · 121 컴퓨터 · 122 자명종 시계 · 122 수수께끼 · 123 장발족 · 124 신이 아신다면 · 125 참 작가 · 125 좋아하는 부위 · 126 아담이란 노인 · 126 교통 규칙 위반 · 127 농장 방문 · 128 식인종과 맛보기 · 128 사전 가운데 · 129 장수 비결 · 129 제주(祭酒) · 130 의표 하나 · 130 홀인 원 · 131 눈을 뜨고 쳐라 · 132 3차례는 메아리 · 132 화폐 위조범 · 133 강한 색채 · 134 새 화재 보험 · 134 카탈로그, 아기 복장 · 135 토스카티스처럼 · 135 좌회전 · 136 불청객 · 137 고추냉이 맛 · 137 일생을 잃기 · 139 터널을 팔 수 없어서 · 140 대본 쓰기 · 140 사람을 착각함 · 141 찾는 물건 · 142 잠에 취해 멍청함 · 142 목적지가 다른데 한 열차를 · 143

난센스(Nonsense)

오른 손 검지 · 146 수도공사 사업자 · 146 공동 있는 큰 나무 · 147 가물음 · 147 자이언트 선수 · 148 돛 포로 된 겉옷 · 148 거짓말 겨루기 · 149 얼어버린 말 · 150 캐비지와 보일러 · 150 고향 자랑 · 151 치열한 경쟁 · 152 암탉 · 152 허풍 떨기 · 153 약의 효능 · 154 고기 떼의 위치 · 154 화재 보험 증서 · 155 남에게 맡김 · 155 지방 사람 · 156 베스비오 화산 · 157 셰익스피어 · 157 모나리자 · 158 미술 복제품 · 158 각자의 나라 자랑 · 159 거름의 효용 · 160 영웅 · 160 술 취한 환각 · 161 술 주정뱅이 · 161 원숭이로 등록 · 162 바람과 함께 사라지다 · 163 빈대 벌레 · 163 나는 철학자 · 164 모두 죽은 것이오 · 165 주의 깊은 여인 · 166 교통 순경 · 167 어느 겨울 날 · 168 스테이크 소동 · 169 경찰견 · 170 숨은 이 세상에 놓고 · 170 큰 거짓말쟁이 · 171 낚시터 · 172 부주의한 교수 1 · 172 부주의한 교수 2 · 173 부주의한 교수 3 · 174 부주의한 교수 4 · 174 부주의한 교수 5 · 175 부주의한 교수 6 · 175 부주의한 교수 7 · 176 부주의한 교수 8 · 176 부주의한 교수 9 · 176 부주의한 교수 10 · 177

언익스펙티드 턴(Unexpected turn)

교롱 전쟁 · 180 배우 묘사 · 180 헐리우드 풍문 · 182 남편이란 · 183 인플레이션(통화팽창) · 184 여성의 속옷 · 184 토플리스 · 185 서부에 대하여 · 186 편집자 · 186 하늘 모양(기상) · 186 밤의 태양 · 187 메아리 · 188 휴식 · 188 그 나라 특색 · 189

영국 조크 모음

콘트라스트(Contrast)

지나친 염려 · 194 선택 문제 · 194 말 재주 · 195 종이의 양과 질 · 195 명 연설가 · 195 상연극 초대 · 196 자선 흥행 · 196 당신 머리와 내 육체 · 197 영국의 기근 · 197 공로 훈장 수여 · 198 노인인 탓에 · 199 해석 차이 · 199 두뇌 정도 · 200 인간만 · 200 남극 탐험 · 201 위인으로 출연 · 201 에펠 탑 · 202 진실을 밝힘 · 202 스튜어디스 후보자 · 203 네온사인의 설명 · 204 옥스포드와 캠브리지 · 204 어느 애국자 · 205 우스개 취급 · 205 보기와 생각하기 · 206 3인의 수상 · 206 귀밀의 말먹이 · 207

벌레스크(Burlesque)

데임스 강 보트 레이스 · 210 편지를 팔다 · 210 뜨거운 물 한 컵 · 211 10펜스 더 내세요 · 211 영국 수병 · 212 겨우 3바늘 · 212 3페니 정도 · 213 절대 틀림없음 · 213 케익 2개 · 214 데이트 · 214 12펜스 절약 · 215 대서양 횡단 · 216 자전거 초심자 · 216 요정의 여왕 · 217 선물 · 218 여행 예약 · 218 봉(이용하기 좋은 사람) · 219 못에 걸어요 · 220 오리 사냥 · 220 1단계 상수 · 221 한쪽 다리미질 · 222 어릿광대 역 · 222 1파운드 헌금 · 223 각 설탕 1개 · 224 돼지 요금 · 224 보상 · 225 내조의 공 · 225 노아의 방주(方舟) · 226 멋진 런던 · 227 집 오리 · 227 걸식인가 상인인가 · 228 수하물 요금 · 229 친구의 석관 · 229 내각을 바꿔 보겠다 · 230 배 멀미 · 230 위조 지폐 · 231 신혼 여행 · 232 아내의 초상화 · 232 큰 부자 · 233 식사대와 숙박비 · 234 수염 난 아우들 · 234 바다 바람 · 235 술 부대 · 235 무죄 주장 · 236

포킹(Poking)

연기력 · 238 설교 · 238 위병의 약 · 239 꼬집는 장소 · 240 천국의 열쇠 · 241 수염 깎기 · 242 고해를 하다 · 243 프로테스탄트 · 243 브라우닝의 시 · 244 목사가 필요한 날 · 244 쇼크 효과 · 245 여학생의 냉정한 대답 · 245 지옥은 만원 · 246 방심할 수 없음 · 246 백치 아들이면 · 247 3위 1체 · 248 만장 일치 · 249

인콘시스텐시(Inconsistency)

100파운드 목숨 · 252　삶은 계란 하나 · 252　용서 · 253　묻히는 사람 · 253　술 마시기 · 254　취직 문 · 255　조롱 한 마디 · 255　조문 편지 · 256　조문객 대접 · 256　옛 친구 · 257　가문의 비밀 · 258　나의 좋은 아내 · 259　모래 시계 · 259　2사람의 꿈 · 260　관목이 클 때까지 · 261　장례 행렬 · 261　훈계 · 262　사실은 잔혹 · 262　장인을 만나려면 · 263　베이컨 경 · 263　죽은 적 없는 사람 · 264　지친 몸 · 264　살아있는 표본 · 265　할머니 백발 · 266　병 증세 · 266　획일적 교육 · 267　어느 소설가의 말 · 267　죽음의 길 동무 · 268　자동차 운전자 보호 연합 · 268　완전 무결한 운전자 · 270　동명이인 · 272　정신을 호리다 · 273　사냥 총과 사냥개 · 274　바보 같은 소리 · 274　빠른 승부 · 275　모독하는 말 · 276세상을 뜨다 · 277　도박 취미 · 277　선택된 귀족 · 278　묘비명(墓碑銘) · 279

새타이어(Satire)

알코올의 죄 · 282　불의의 재난 · 282　누구를 위한 기도인가 · 283　음주 폐해 · 283　술의 효용 · 284　술 마시는 법 · 284　조강지처(糟糠之妻) · 285　장수의 비결 · 285　위스키 · 286　선택의 여지 · 287　새침데기 · 287　대음주가 · 288　길 너비 · 288　신문 광고 · 289　아이리시 칵테일 · 289　도덕적 용기 · 290　자기 규제 · 291　확실한 예측 · 291　수염의 효용 · 292　꿈 이야기 · 293　위스키 소재 · 293　금주 · 294　천국 행 · 294　알코올의 효능 · 295　컵 바닥 · 296　숨진 사람 · 296　술 마시는 이유 · 297

화스(Farce)

달력 · 300　키스 · 300　앙갚음 · 301　다른 장소 · 301　밤 늦게 귀가 · 302　구두 뒤에 · 302　환상 · 303　결혼 · 303　고속도로 · 304　모주꾼과 창녀 · 304　들에서 한 일 · 305　말고기 보답 · 305　어느 쪽이 이상한가 · 306　젊은 부부 · 307　밤 놀이 · 307　결혼 상대 · 308　미인과 술 · 308　맛을 봄 · 309　코납작이 · 309　매기와 약혼함 · 310　사랑 고르기 · 311　당신 딸은 가능함 · 311　일하는 자 · 312　나쁜 병증 · 312　열쇠 구멍 · 313　에뮤가 알을 낳음 · 314　지루한 봄 · 315　상처 부위 · 315　기대에 어긋남 · 316　바람기를 막으려면 · 316　내기하기 · 317　한 바퀴 돌면 · 317　조지 5세 · 318　생일 축하 · 319　비밀 편지 · 319　신혼 여행 · 320　익살꾼 · 321　쫓김을 받음 · 322　어머니와 딸 · 322　열차 사고 · 323　묘비명 · 323

리뷰크(Rebuke)

고담의 현인 1 · 328   고담의 현인 2 · 329   고담의 현인 3 · 331   고담의 현인 4 · 331   고담의 현인 5 · 332   부주의한 교수 1 · 332   부주의한 교수 2 · 333   부주의한 교수 3 · 333   부주의한 교수 4 · 334   부주의한 교수 5 · 335   부주의한 교수 6 · 336   부주의한 교수 7 · 336   부주의한 교수 8 · 336   부주의한 교수 9 · 337   부주의한 교수 10 · 337   부주의한 교수 11 · 337   부주의한 교수 12 · 338   부주의한 교수 13 · 338   항로 · 338   식전 기도 · 339   식중독 · 340   특별 연속물 · 341   별을 쏘다 · 341   행선지 · 342   운전 · 342   처음 먹는 바나나 · 343   혼자 하는 연극 · 344   명쾌한 답변 · 344   명 탐정 · 345   의사의 진단 · 346   자명종 시계 · 347   시력 · 347   큰 난장이 · 348   어머니의 키스 · 349   미국인 울음 · 349   구적(원수) · 350   혼자 놀이 · 351   과묵 · 352   법정 문답 · 353   새 인사 법 · 354   어긋나는 기대 · 355   파티 · 356   드라이브 · 356   피넛 · 356   신선도 · 357   시골 마을 경관 · 358   고양이 · 359   무리한 일 · 359   나라 자랑 · 360   코끼리 기억 · 361   처벌 · 362   결투 · 362   우레 소리 · 363   자기 고발 · 363   3개월의 형 · 364   어린이 지혜 · 365   집행 유예 · 366   억지 이론 · 367   2사람이면 반 나누고 · 367   맥배스 출연 · 368   상연물 혼란 · 368   골동품 취미 · 369   듣기 능수 · 369   지방 철도 노선 · 370   거짓말 효용 · 370

프랑스 조크 모음

펀(Pun)

드골 장군 1 · 376   드골 장군 2 · 376   드골 장군 3 · 377   드골 장군 4 · 378   드골 장군 5 · 379   드골 장군 6 · 379   드골 장군 7 · 379   드골 장군 8 · 381   드골 장군 9 · 381   드골 장군 10 · 382   드골 장군 11 · 382   드골 장군 12 · 383   드골 장군 13 · 383   드골 장군 14 · 384   드골 장군 15 · 384   책임 · 384   종합 기술학교 졸업생 1 · 386   종합 기술학교 졸업생 2 · 386   정치 1 · 387   정치 2 · 387   기술 관료 · 388   해군 1 · 388   해군 2 · 389   화형 · 389   정신 병동 · 389   루이 14세 · 390   나폴레옹 · 391   다레랑 1 · 392   다레랑 2 · 392   다레랑 3 · 392   다레랑 4 · 393   다레랑 5 · 393   그레망소 1 · 394   그레망소 2 · 394   기사(騎士) · 395

위트(Wit)

암과 수 · 398 필연성 · 398 험담 · 399 결혼 1 · 399 결혼 2 · 399 결혼 3 · 400 결혼 4 · 401 즐거움 · 401 질투 · 402 우정 · 402 부호 · 404 탤런트 · 404 양자 택일 · 405 유서 · 405 남자 같은 여자 1 · 406 남자 같은 여자 2 · 407 입 수염 · 407 자동차 사고 · 408 이유를 대라 · 408 카페 오 레 · 409 성 행위의 위치 · 409 수줍음 · 410 3쌍둥이 · 410 효용성 · 411 능력 문제 · 411 판탈롱(여성용 바지) · 412 사무실 여직원 · 413 좋은 소식 · 413 그 반대 · 413 아담과 이브 · 414 대단한 일 · 414 월요병 · 415 암호 풀이 · 415 사진 작가 · 416 아기 1 · 417 아기 2 · 417 옆 얼굴 · 417 현실 · 418 근로자 · 418 화가 · 419 중세 1 · 420 중세 2 · 420 사냥 · 421 어떤 공작 · 422 머리 빠른 여배우 · 422 지하철 · 423 꽃집 · 423 엄청난 해프닝 · 424 성 생활 · 425 그 것 때문에 · 425 어디서 태어나지 · 426 독일 사람 · 426 아기 출산 · 427 사랑하는 사람 · 428

폴리시미(Polysemy)

외교관과 귀부인 · 430 극장 · 430 연극 1 · 431 연극 2 · 431 음악 1 · 432 음악 2 · 432 음악 3 · 433 음악 홀 · 433 조상화 · 434 회화 · 435 위작(偽作) · 435 상류 태 부림 · 436 고미술상 · 436 리바로르 1 · 437 리바로르 2 · 438 교양, 있고 없고 · 438 거물 인사 · 438 신사 교양 · 439 영화관 · 440 배우 1 · 441 배우 2 · 441 영화 · 442 숙명 · 442 선물 · 443 골동품 · 443 가짜 돈 · 444 옴 데스뿌리 1 · 444 옴 데스뿌리 2 · 444 옴 데스뿌리 3 · 445 눈 도장 · 445 철학자 · 446 웃지 않고 떠나기 · 446

사캐섬(Sarcasm)

질병 · 448 선불 · 448 캬비아 · 449 어부의 딸 · 449 사과 · 450 레스토랑 1 · 450 레스토랑 2 · 451 레스토랑 3 · 451 레스토랑 4 · 452 레스토랑 5 · 453 레스토랑 6 · 453 카페 · 453 술 주정꾼 1 · 454 술 주정꾼 2 · 454 술 주정꾼 3 · 455 술집 1 · 456 술집 2 · 456 술집 3 · 457 술집 4 · 458 술집 5 · 459 라이온 · 460 꼬치고기 · 460 작은 쥐 · 460 셔츠 · 461 실물 이상 · 462 가사 도움이 · 463 인도 · 463

콘트라스트(Contrast)

컴퓨터·466 수녀·466 하늘나라1·467 하늘나라2·468 예수회 사람1·469 예수회 사람2·469 예수회 사람3·470 선교사·471 병이 생겨·471 설교1·472 설교2·472 장례식·473 사제1·473 사제2·474 지옥1·474 지옥2·475 악마1·476 악마2·476 신이 자기를 믿지 못함·477 사제에게 고백·477 죄 아닌 잘못·478 즐기라·478 백하는 것·479 감옥·479 교리 문답·480 난파선·480 신델레라·481 정신 분석·482 가능성·483 처방·483 이명(耳鳴)·484 눈병·484 면도 후에·485 기억력·485 정신병원·486 거짓 연기·487 노인1·487 노인2·488 노인3·489 바캉스·489 위선자·490 시중 드는 사람·491 마르세이유·491 조금도 모름·492 구두 크기·492 잠에서 깨어남·493 호기심·493 수업1·494 수업2·495 개구쟁이1·496 개구쟁이2·496 가족·497 지체 부자유자·497 코끼리와 쥐·498 판정·498 작은 소녀1·499 작은 소녀2·499

미미크리(Mimicry)

롤스로이스·502 장의 준비·502 절약·503 사업가 인터뷰·503 남겨 놓기·504 사위·504 인명 구조·505 서커스·506 초대 받고·507 사무실1·508 사무실2·508 사무실3·509 사무실4·509 보험·510 코르시카1·511 코르시카2·511 경마 광·512 회상록·512 역사·513 폐기노와·514 세관 직원·514 좀도둑·515 용서하세요·516 자동차·516 품세·517 토토 생도·517 다이아몬드·518 차이·518

이레버런스(Irreverence)

나라 자랑 1 · 520   나라 자랑 2 · 521   나라 자랑 3 · 521   프랑스 역사 · 522   이탈리아 1 · 522   이탈리아 2 · 523   관광객 · 523   억만 장자 · 524   최선의 방책 · 525   현행범 · 525   신호 · 526   미국인 · 526   데모 참가 · 527   교육 · 528   본성 · 528   전부 소용 · 529   자동 장치 · 530   선전 · 531   귀족 · 532   신사 1 · 533   신사 2 · 533   학생 기질 · 534   영국인 · 534   동물 애호 · 535   영국 요리 · 536   스코틀랜드 1 · 536   스코틀랜드 2 · 537   시선 · 537   쇼핑 · 538   신을 보았는가 · 538   진실 · 540   두개골 · 541   소련 농민 · 541   성 베드로 · 542   하늘 나라 · 543   트로츠키 · 544   불찰 · 545   만약의 경우 · 546   여자 스파이 · 546   심장 마비 · 547 유태인 · 548   개구리 새끼 올챙이 · 548   히틀러 · 549   열등생 · 551   독일 사람 · 552   스위스 · 552   사과 익기 · 553   프랑코 총통 · 553   차 값 · 554   연극 · 554   인구 구성 비례 · 555   인구 · 555   거스름돈 · 556   석유 자본가 · 556   할복(割腹) · 557   검도 기량 · 558   숲의 오솔길 · 559   일본 · 560   참수(斬首) · 561

마무리 글 · 562

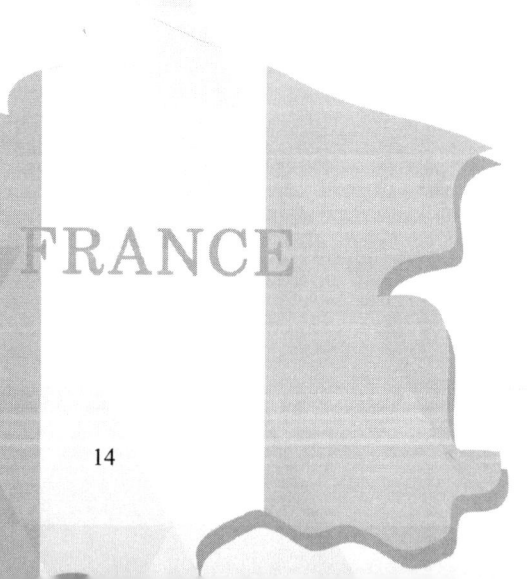

U.S.A

아이러니(Irony)

　반어(反語) 또는 예상 밖의 이야기 전개를 가리킨다. 아이러니는 마음이 의도한 바와 표현된 바가 서로 다른 것이 특징이다. 대개는 무슨 말을 비꼬아 말할 때 쓰인다. 못생긴 여인을 "천하 일색"이라 하는 따위. 반어라면 어떤 말을 그 본래의 뜻과 반대의 뜻으로 써서 그 뒤에 숨은 반대의 뜻을 강조하는 말이다.

박수와 투표

케네디 대통령은 반대 측의 정강이를 차기보다 가슴 찌르기를 즐겨했다고 전해진다. 오하이오 주 컬럼버스에서 있던 한 만찬회에서 그는 대환영을 받았다. 수많은 청중이 우레와 같은 박수 갈채를 보내자 잠시 소리가 멈추기를 기다린 다음 대통령은 말하기 시작했다.

"미국 전국 가운데 이 컬럼버스만큼 많은 박수와 적은 표를 획득한 곳은 없습니다."

케네디 연설

"신사 숙녀 여러분! 이 땅을 대통령 선거 출마 후보가 최후로 방문한 것은 1928년 후버(Herbert Hoover, 1874-1964)였다고 알고 있습니다. 후버 대통령은 방문 후 "어떤 남비에도 닭 두 마리"라는 슬로건을 내걸었습니다. 그러므로 그 이후 대통령 후보가 감히 이 땅을 찾고자 하지 않은 것도 우연이 아니었을 것입니다."
(1960.7.21, 테네시주 브리스톨, 케네디 대통령 연설)

군함 침몰과 영웅

케네디 대통령이 미국 캘리포니아를 여행했을 때, 어린 소년의 질문을 받았다. "어떻게 해서 전쟁 영웅이 되셨습니까?" "그것은 전혀 나의 의지 때문은 아니고, 적군이 내가 탄 군함을 침몰 시킨 때문이지"

로버트 케네디

케네디 대통령이 그의 아우인 로버트를 요직에 임명했을 때, 남 험담하기를 좋아하는 비평가를 향해 말했다. "변호사가 되기 앞서, 검찰총장으로 사법계를 경험하는 기회를 그에게 주는 것도 그렇게 잘못된 일은 아니라고 생각합니다."

후르시초프

케네디 대통령이 즐겨 말한 이야기 한 토막.
"한 러시아 사람이 크렘린 안에서 '후르시초프는 바보다. 후르시초프는 바보다.'하고 뛰어다녔다. 사나이는 곧 체포되고, 23년의 금고형을 받았다. 당의 서기장을 모욕한 죄로 3년, 국가 기밀을 누설한 죄로 20년"

쿠바 침공

1961년 미국 정부는 쿠바 망명자의 꼬리를 잡고 쿠바를 침공했다. 그런데 미국 정보 능력이 매우 빈약했기 때문에, 쿠바 침공군은 상륙과 동시에 한 사람 남김 없이 살해되었든가 포로로 잡혔다. 이 쿠바 침공 실패 후, 정부 고관들 사이에 책임 전가라는 추한 사태가 벌어졌다.

케네디 대통령은 대통령 취임 전에 계획이 전개된 일임에도 불구하고, 남자답게 결과에 책임을 진 셈이지만, 핀잔 어린 한 마디 비평을 하지 않을 수 없었다. "자주 하는 이야기이지만, 승리에는 천명의 아버지가 있고, 패배에는 고아뿐입니다."

식사 전 기도

벤자민 프랭클린은 어렸을 적에, 아버지의 식전 기도가 몹시 길기 때문에 늘 싫증을 냈다. 그러든 어느 날, 겨울철 식용육이 나무통 속에 염장(鹽藏)된 것이 있음을 보면서 말했다. "아빠 이 나무통에 한번만 식전 기도를 하세요. 그러면 이 겨울은 충분히 시간이 절약될 것이에요."

독립전쟁 후 만찬

미국 독립전쟁이 끝났다. 외국 고위 관리를 초청하는 만찬회가 열렸다. 이윽고 각국 대사의 인사가 차례대로 이어졌다. 먼저 영국 대사가 자리에서 일어났다.

"영국이야 말로 태양입니다. 그 번쩍이는 빛은 세계 구석 구석까지 비추고 결실을 보았습니다."

다음을 이어, 프랑스 대사가 인사말을 했다.

"프랑스야 말로 달입니다. 그 부드럽고 변함없는 즐거운 빛은 만민의 기쁨이요, 어두운 밤에 이 만민들을 인도, 그 살벌함을 미화시키는 것입니다."

뒤 이어, 벤자민 프랭클린이 일어서서 늘 변치 않는 위엄과 솔직함을 보이며 인사 말을 했다.

"조지 워싱톤이야 말로 예언자 요슈아(Joshua)입니다. 그는 해와 달에 대해 정지를 명령하고 해와 달은 모두 그의 명령에 복종합니다."

절약

벤자민 프랭클린은 가난한 친척을 위해 50 달러를 빌려주게 되어, 머리가 아픈 터에, 또 차용증을 쓸 터이니 종이를 달라는 소리를 듣고, 소리 쳤다. "뭐야! 나의 돈만 아니라 나의 문방구까지 거덜나게 하는 군!"

눈치 작전

프랭클린이 프랑스 대사를 지낼 때의 일이다. 어느 날 밤 문학인 집회에

참석했는데, 차례대로 이어지는 프랑스말 인사를 잘 알아듣지

못하므로, 평소 알고 지내는 부인의 얼굴에 만족스러운 미소가 떠오를 때, 박수를 치기로 했다. 한차례 인사가 끝날 즈음, 프랑스 말을 아는 어린 아이가 프랭클린에게 말했다.

"아저씨! 아저씨는 자기가 칭찬을 들을 때만 항상 큰 박수를 치는군요!"

희망 사항

링컨의 마음 속에 있는 민주주의 정신은 그의 가족 내력에 대한, 다음과 같은 말에 표현되어 있다.

"나는 나의 할아버지가 누구였는지 잘 모른다. 하지만, 그 손자가 어떤 사람이 될 것인지를 알려는 쪽에 큰 관심이 있다."

북군의 고전

남북 전쟁에서 북군이 고전에 직면했을 때, 링컨 앞으로 한 통의 전보가 왔다. 녹스빌 방면에서 총성이 들리고, 한 장군이 위기에 빠졌다는 보고를 해 온 것이다. 링컨은 이 보고에 만족한다고 말할 뿐이다. 주위 사람들이 놀라자 링컨이 말했다.

"사실은 그 보고를 받고, 그 근처에 사는 사람의 일을 생각해 냈다. 그 여인은 낳은 자식들이 매우 많았는데 그들 가운데 누군가가 어디에서 울고 있으면, 그 여인은 소리쳤다. '우리 집 아이 가운데 아직 죽지 않은 아이가 하나 있군'하고".

진퇴 양난

남북 전쟁에서 북군의 패색이 짙었다. 1862년, 링컨은 이렇게 말했다.

"애인을 만나기 위해 급히 걷는 중에, 발을 못에 찔린 소년과 같은 기분입니다. 아이가 아니므로 울 수도 없고, 그렇다고 아픈데 웃을 수도 없습니다."

우레소리

남북 전쟁이 발발할 즈음 대 신문은 대대적으로 보도 활동을 전개했다. 뉴욕 한 신문 특파원의 '작전 계획에 관한 이야기'를 끈기 있게 듣고 있던 링컨이 천천히 이야기를 꺼냈다.

'당신들 뉴욕 신문의 언동은 나에게 이런 이야기를 생각하게 한다. 한 남자가 말을 타고, 캔사스를 여행했다. 부락도 없고 길도 없기 때문에, 잠시 방황하고 있었다. 그리고 더욱이 나쁜 사정은 밤이 되자 뇌우(雷雨)를 만난 것이다. 계속 이어지는 번개와 우레는 울려 퍼지고 지축을 뒤흔들었다. 위협을 느낀 나머지 여행자는 말에서 내려와 번갯불의 희미한 빛을 이용해 걸었다. 이 때, 돌연 엄청난 우레소리가 울려 퍼진다. 공포에 질린 여행자는 땅에 꿇어 엎드려 절규했다.

"오오 신이여! 만약 가능하다면, 빛을 좀 더 주시고, 소리는 좀더 작게 내 주십시오!"'

금주법 시행

미국에서 금주법(禁酒法)이 시행되었을 때 이야기.

링컨 대통령과 정적인 더글라스 씨와의 토론에서, 더글라스 씨는 그가 처음 링컨과 만났을 때, 링컨이 위스키 매점을 운영했다는 사실을 폭로하고, 대통령을 공박했다. 그러자, 정직하기로 소문 난 대통령은 이렇게 대답했다.

"더글라스 씨의 말은 사실입니다. 나는 분명 식료품점을 했고 면(綿)이나 담배, 때로는 위스키를 팔기도 했습니다. 당시를 회상해 보면, 더글라스 씨는 나의 최상의 단골손님 가운데 한 사람이고, 카운터 저 쪽의 더글라스 씨에게, 여러 차례 위스키를 팔았습니다. 현재 두 사람의 차이점은 나는 그 옛날의 카운터를 떠나 있는데, 더글라스 씨는 의연하게 예전대로 바싹 카운터에 붙어 있다는 사실입니다."

구두 닦기

외국에서 찾아온 방문객이 집무실에 들어가자, 링컨이 구두를 닦고 있다.

"아니 대통령님 대통령님은 자기 구두를 직접 닦으십니까?"

"물론이죠."하고 대통령은 대답했다. "당신은 누구 구두를 닦는가요?"

감기 생각

에이브러햄 링컨은 자기에 대한 조크를 즐기기도 했다. 어느 날, 한 하원 의원이 백악관을 방문하자, 대통령은 감기에 걸려 자고 있다. "사실은 말이죠."하고, 이상할 정도로 큰 자기 발을 슬프게 굽어보고, 대통령은 말을 이었다. "감기에 걸릴 것이라 생각했어요. 차가운 대지에 닿는 부분이 넓기 때문이죠."

곤란한 육군장관

한 육군장관이 너무 독단적인 정책을 써서, 곤란하다는 불만이 링컨에게 알려졌다. 대통령은 다음과 같은 비유를 써서 대답했다. "아무래도 육군장관은 내가 아는 서부의 감리교회 목사와 똑같이, 이따금 대하지 않으면 안 되는지 모르죠. 그 목사는 기도와 설교 때 흥분을 잘하기 때문에, 마음을 안정시키기 위해, 주위 사람이 그의 옷 주머니에 돌을 넣어 놓아요. 그러나 처음에는, 잠깐 뛰어 올라도 상관없지 않아요."

대통령의 거절

칼빈 쿨릿지(Calvin Coolidge, 1872-1933)는 소년시절, 친구가 5달러만 꾸어 달라고 하자 거절했다. 쿨릿지가 대통령이 되었을 때, 그 어릴 적 친구가 백악관을 방문, 또 다시 5달러를 꾸어 달라고 하지 않는가. 쿨릿지는 이 번에도 거절했다. 그러자 어릴 적 친구는 칭찬의 말을 잊지 않았다. "자네에게 졌네. 출세 후에도 전혀 변하지 않았군!"

당신이 졌다

정부 주최 식전에서, 한 젊은 여성이 여성 특권을 이용해, 쿨릿지 대통령에게 접근, 말문을 열었다. "저 대통령님! 사실은 친구들과 내기를 했는데요, 대통령님이 두 마디 이상 말할 수 있게 할 수 있는가 하는 것인데, 말씀 좀 해 주세요!" 그러자, 쿨릿지 대통령이 안색 하나 변함없이 말했다.

"당신이 진 것이요!"

해병대원의 보고

어느 날, 프랭클린 루즈벨트 대통령은 기분 좋은 가운데, 다음 이야기를 했다. 전지에서 귀국을 명 받은 미국 해병대원이 적병을 한 사람도 희생시키지 못한 이유로, 기운 없이 풀이 죽어 있었다. 그가 상관에게 이 사실을 보고하자, 상관이 가르쳤다. "저쪽 언덕에 올라가서 '일본 수상 살리지 마라'하고, 외쳐 대면, 일본병이 숨은 곳에서 튀어나올 것이다." 미 해병대원은 일러준 대로 했다. 그러자 곧바로 한 사람 일본병이, "루즈벨트 살리지 마라!"하고, 외치며, 정글에서 달려 나왔다. "물론 저 역시도 같은 공화당원을 살리지 않을 수 없습니다."하고, 해병대원은 귀대 후, 보고했다.

트루만의 편지

따님의 콘서트 출연을 본, 워싱톤 포스트의 음악 평론가가 쓴 혹평을 읽고 격노한, 트루만 대통령의 편지. "나는 뒤 페이지에 실린 불쾌하기 짝이 없는 비평을 읽었습니다. 단 한번도 성공해보지 못한 욕구불만 노인의 잔소리 같았습니다. 던져 버려야 할 작업을 하는, 부스럼 투성이 사나이 입니다. 아직 한번도 만난 적 없지만, 만약 만날 일이 있다면, 새 코와 통증을 덜기 위한 많은 스테이크와, 그 밑에 지지대가 필요할 것이요. 이 말을 당신 선조에 대한 비난이라 하기보다, 오히려 모욕이라 생각하시요."

재출마 단념

존슨 대통령이 재출마를 단념했을 때, 하룻밤에 인기가 올라갔다. "정말 그렇군!"하고, 대통령은 인정했다. "의붓 어머니가 집을 나간다고 말하면, 누구도 '어머니가 제일 좋아'하고 말한다."

텍사스 사람들

존슨 대통령이 자기 목장에 친구들을 불러 놓고 바비큐를 즐기고 있다. 분위기에 흥이 오를 때쯤 해서, 이 자리 텍사스 사람들이 많았는데, 그들이 허풍을 떨기 시작했다. "이 목장에는 3천두의 소가 있습니다." 그러자 이웃 사람 하나가 말 참견을 했다. "대통령님, 따로 헐뜯는 일은 아니지만, 여기는 텍사스 아닙니까, 어떤 목장주도 3천두 정도는 가지고 있죠." 사이를 두지 않고 대통령이 말했다. "냉장고에 말이죠?"

드골과 존슨 대통령

어느 때, 드골 대통령이 존슨 대통령에게 자랑삼아 말했다. "프랑스를 구하는 나의 사명은 신으로부터 직접 받은 것입니다." 그러자 존슨이 조용히 입을 열었다. "그 것은 조금 이상한데요! 당신에게 그런 사명을 준 기억이 안 나는데요."

스티븐스 부통령

조지아 출신 하원의원으로, 후에 남부연방 부통령이 된 알렉산더 스티븐스는 몸집이 작았다. 체중은 90 파운드 정도요. 신장은 어린이 정도지만, 지능은 발군(拔群)으로 매우 뛰어났다. 몸집이 큰 의원이 어느 때, 성을 내고 그에게 말했다. "너 같은 꼬마는 한 입에 넣겠다." 그러자 스티븐스가 대답했다. "그렇게 되면 당신의 머리보다 뱃속에 뇌 골이 많아지게 되겠네."

능력 비유

미국 건국 초기, 버지니아 출신 의원 존 랜돌프는, 새된 목소리와 신랄하고 매서운 사람으로 알려지고, 또 성적 불능자라는 소문이 났다. 누구도 그에 대해 기분 나쁜 이야기는 하지 않았지만, 어느 때 토론이 격렬해지자, 한 의원이 랜돌프의 성적(性的) 중립성을 중상하는 언사를 농하자, 의원 일동은 숨을 멈췄다.

랜돌프는 천천히 자리에서 일어나 냉정하게 말했다. "그렇다면 당신은 야만인이 모두 당신과 동등하고, 또한 당나귀가 당신보다 훨씬 뛰어난 능력을 뽐내 보이는 것 같군."

생각이 깊은 사람

'고델 할' 국무장관은 매우 주의 깊은 사람이라고 평판이 높았다. 자기가 직접 확인한 것 이외는 조금도 믿으려 하지 않았다. 국무장관으로 가장 적합하다고 생각되는 인물이다. 열차를 이용해 여행하고 있을 때, 차창 너머로 양 떼의 무리가 보였다. 장관과 함께 잡담 하던 수행원이 말했다. "저 양들은 최근에 털을 깎인 것 같군요." 장관은 생각 깊이 양을 바라보며 말했다. "그런 것 같군, 적어도 이쪽에서 보면 말이야."

해야 할 일

1949년4월23일, 일리노이 주지사 애들라이 스티븐슨의 연설.

"나는 이웃집 정원을 드나들고 도로를 횡단하는 고양이를, 공해 대상 동물로 지정하려는 일리노이 주의 정책에 동의할 수 없습니다. 동반자 없이 어느 정도 배회하는 것은 고양이의 습성인데, 고양이 외출에 목줄을 매고 끌고 다니는 것은 고양이 키우는 사람 본성에도 반하는 일입니다. 또 고양이는 유익한 일을 합니다. 특히 시골에서 그렇습니다. 고양이와 새와의 관계는 유사 이래의 일입니다. 만약 법률로 어떤 결정을 내린다면, 더욱 더 고양이 대 개, 새 대 새, 새 대 벌레의 오랜 관계에 대해서까지, 어느 쪽인가 편들게 될지 모릅니다. 내 개인 의견 같으면, 일리노이 주 및 지방 당국은 고양이의 불량성을 규제하지 않더라도, 달리 해야 할 일이 충분히 있을 것이라 생각합니다."

링컨과 육군장관

링컨 밑에서 육군장관을 지낸 펜실베이니아 출신 사이먼 캐머런은 그의 품성에 대해 좋지 않은 소문이 났다. 같은 주 출신의 하원

의원 세디아스 스티븐스가 캐머런은 빨갛게 달아오른 스토브 외에 무엇이든 훔쳐간다는 소문이 퍼진 일도 있다. 이 소문을 당자가 듣고, 그는 열화와 같이 화를 내고, 대통령에게 고충을 털어 놓았다

링컨이라 하더라도 어떻게 할 수 없었고, 스티븐스에게 잘못 전해진 것이라고 스티븐스 자신이 캐머런에게 변명하면, 캐머런도 기분을 돌리게 될 것이라 할 수밖에 없다. 스티븐스는 유명한 심술궂은 사람이지만, 당내 평화를 유지하는 뜻에서, 자기가 한 말이 잘못 전해진 것이라고 기분 좋게 말 하겠다고, 즉석에서 약속했다.

스티븐스는 설명했다.

"내가 실제 말한 것은 캐머런은 빨갛게 달아오른 스토브를 포함, 어떤 무엇이라도 훔칠 것이라고 한 것이다."

지옥의 영혼 구제

웬델 필립스가 오하이오 주를 돌고 있을 때, 이따금 목사로 가득 찬 버스를 탔다. 그 가운데 켄터키 출신 남부 출신 목사가 있어 당연한 일이지만, 이 위대한 '노예 해방 론 자' 의견에 반발을 느끼고 있어, 필립스를 궁지에 몰려고 했다.

해서, 만좌 중에서 말했다.

"당신은 웬델 필립스 씨죠?"

"그런데요." 하고, 위대한 노예 해방 론 자는 대답했다.

"당신은 흑인을 해방시키고자 하고 있죠?"

"물론 그렇죠."

"그런데 왜 여기서 연설하지 않습니까? 왜 켄터키에 가지 않습니까?"

"실례지만, 당신은 선교사입니까?"

"그렇습니다만"

"지옥으로부터 영혼을 구제하고자 하는 것이죠?"

"맞습니다, 그 것이 나의 천직입니다."

"그러면 왜 지옥에 가지 않는 것입니까?" 하고 필립스가 물어보았다.

가는 길 양보

워싱톤이 수도가 되고 얼마 안 되었을 때, 수도라 해도 아직 목조 건물과 진흙 길의 작은 마을에 지나지 않았다. 어느 날, 두 사람 하원의인, 버지니이의 존 랜들프와 켄터키의 헨리 크레가 좁은 닐반지 위에서 우연히 마주쳤다. 어느 한 쪽이 진흙 위에 내려, 길을 양보해야 한다.

성질 나쁘고 남을 용서할 줄 모르는 랜돌프는, 크레가 미워서 한 발 자욱도 양보하지 않는다.

"나는 악당에게 길을 양보하지 않는다."고, 그는 말했다. 크레는 품격 있는 사람이라 정중히 인사하고, "나는 항상 악당에게 길을 양보합니다."하고, 진흙 가운데로 발을 넣었다.

메타포(Metaphor)

　무엇을 비유적으로 말하는 표현이다. "만물이 웃음 지었다", "전 세계가 그의 무대다" 등 용례를 들 수 있다. 유사함이 암시되는 것이다. 수사법으로 이에는 직유, 은유, 암유 등이 있다.
　직유는 어떤 사물을 직접 빗대어 나타내는 방법. '같다','처럼', '듯' 등이고, 연결어로 쓰인다. 은유는 암시에 따라 다른 사물로 나타내는 방법, '죽음은 영면(영원한 잠)'이라 표현한다. 암유는 은유와 같다.

파리 비행 성공

월버 라이트는 형제가 최초로 파리 비행에 성공한 후, 환영 만찬회에서 이렇게 말했다.

"저는 공석상 이야기가 매우 서툴러 이번 기회에 그저 명색 뿐인 한 마디 말씀으로 용서해 주시기 바랍니다.

저보다 먼저 말씀한 분 이야기는 비행기 숙련에 대해 매와 제비 그리고 독수리 등에 비유해 말씀했습니다. 그 가운데 저는 또 하나 다른 새를 생각하지 않을 수 없습니다.

그 새는 모든 새 중에서 나르는 일이 가장 서투르고 가장 말을 잘 하는 놈입니다. 결국, 앵무새 입니다."

침묵은 금

아인슈타인 박사가 인생에 성공하기 위한 최상의 방정식을 고안해 냈다.

"인생의 성공을 a라 하면, 그 방정식은 a는 x+y+z로 x는 작업, y는 놀이입니다."

"그럼 z는 무엇인가요?" 하고 취재기자가 물었다.

"그 것은"하고, 박사는 대답했다.
"입을 다물고 있는 것이죠."

행운의 편지

어느 미국 과학자가 저명한 노벨 상 수상 과학자 닐스 폴 박사를 코펜하겐으로 찾아갔다. 크게 놀란 사실은 서재 책상 위, 벽에 편자가 못으로 박혀 있지 않은가! 방문자는 웃으며 말했다. "편자가 행운을 가져온다는 데 참말로 믿지 않으시죠, 폴 박사님. 누가 무어라 해도 양식 있는 과학자 이니 까요." 폴 박사는 히쭉히쭉 웃었다.

"나는 그런 것을 믿지 않아요. 전혀 말이요. 그 같은 어이없는 것을 믿는 인간이 아니요. 그런데, 당신이 믿든 믿지 않든, 편자가 당신들에게 행운을 가져온다고 배웠기 때문에."

피아니스트는 안 더워

얏쌰 하이훼쓰는 신동이다. 그가 바이올린 연주로 놀라운 데뷔를 했을 때, 아직 그는 어린 소년이었다.

청중 가운데 벌써 바이올린 연주자로 명성을 얻은 미샤 앨먼이 피아노 연주자 아르트루 루빈슈타인과 나란히 앉아 있다. 얏쌰 하이훼쓰는 마치 천사처럼 바이올린을 연주했다. 미샤 앨먼은 굼실굼실 안정에서 벗어났다. 리사이틀이 진행됨에 따라 앨먼은 점점 침착성을 잃고 이 번은 작게 몸부림을 치기 시작한다.

마침내 그는 견딜 수 없어 루빈슈타인 쪽으로 다가가 숨 죽인 목소리로 소근거린다.

"여기는 몹시 덥지 않습니까?" 부드럽게 루빈슈타인이 말했다.

"피아니스트에게는 덥지 않습니다."

유명 인사의 혼동

어느 때, 세계적으로 유명한 테너 가수 엔리코 카루소가 친구들에게 차근차근 말했다.

"자기가 유명하다고 자만하면, 그 만큼 누구도 유명한 것이 아니야. 실은 내가 뉴욕 주 시골 길을 차로 달리고 있을 때, 차가 고장이 생겨 수리를 하고 있는 동안, 근처 농가에서 쉴 수 있었지. 그러는 중에 그 집 주인과 가까워져 내 이름을 묻기에 카루소라고 말했더니, 놀라워하며 내 손을 잡고, 외치는 것이 아닌가."

"카루소! 저 유명한 여행가 로빈슨 카루소 씨를 만나다니!"

어슷비슷함

저명한 음악가 파데레프스키가 미국에서 연주 여행, 아틀렌타에 왔을 때 구두 닦이 소년의 소리가 들렸다. "구두 닦으세요!" 노 음악가는 소년을 보고 말했다. "좋아요. 하지만 만약 그 더러운 얼굴을 씻고 오면 25센트를 주겠네." "O.K." 하고, 소년은 고분고분 파데레프스키가 하는 말을 듣고, 근처 수도전으로 뛰어가 얼굴을 깨끗이 씻고 돌아왔다. 파데레프스키는 생긋 웃으며 25센트를 건네주었다. 소년은 돈을 받았지만, 다시 곧바로 돌려주고 말했다.

"자, 이 돈은 그 쪽에서 받으세요. 그 머리는 산발한 편이 좋을 걸요."

사인(sign)

영국 여배우 베아트리스가 어느 날 밤, 보스톤에서 새로운 쇼를 보았다. 친구요, 고향이 같은 배우 겸 극작가 노엘 카워드가 때마침 뉴욕에 있어, 축전을 치려고 했다. 전문 끝에 농으로 시장(市長) 피오래로 라 카르디아 라고 적어 놓자, "라 카르디아 시장의 이름을 적으면 법률 위반이 됩니다."하고 직원에게 거절당했다. "그럼, 노엘 카워드라고 사인하죠."하고, 극작가가 말했다. "그 이름도 쓸 수 없습니다."하고 직원이 말했다. "그러지 말아요. 노엘 카워드는 바로 나에요."하고 극작가는 조금 머리가 아픈 모양으로 말하며 신분 증명서를 내 보였다.

"그렇다면, 라 카르디아 시장이라 사인해도 좋습니다."

용의 주도함

로저 무어는 결코 주역 대타는 쓰지 않았다. 활극도 위험한 연극도 모두 자기가 해내는 것이다. 그가 자주 말한 이야기는 빅터 마추어에 관한 것으로, 그에 따르면, 빅터는 안락 의자에 앉는 장면도 대타역을 요구했다고 한다.

장면은 정글 강물 속, 상대 역 자네트 리는 벌써 강물 속에 들어가 아무 것도 두려워할 일이 없었다. 감독이 빅터 마추어에게 지시했다. "준비는 되었는가? 비크, 물속에 들어가라." 비크가 질문했다.

"물속 깊이는 얼마나 되는가?" 감독은 무릎 정도밖에 안 된다고 했다. 빅터는 자네트 리에게 물었다. "그래, 당신은 바위 위에 서 있는 것이죠?" 자네트는 바위에 서 있지 않다고 대답했다. "그래요, 하지만 이 강물에는 악어가 많이 있는데" 감독은 악어 같은 거 없다고 했다. 그러나 빅터는 있다고 하며 말을 듣지 않았다.

그러자 감독은 모두 총을 가지고 와서 공포를 쏘아 악어를 위협하면 아무 문제없다고 말했다. 빅터가 말했다. "그래도 악어 어미 가운데 귀가 먹은 것이 있지 않다고 어떻게 보증이 된다는 말인가?"

미니스커트

지나 로로브리지드가 미니스커트를 싫어하는 이유를 말했다.
"그 것은 여성이 노출하기보다 남성이 찾아내기 좋은 것이기 때문이에요."

유명한 상담자

자자 카볼은 신상 문제 상담으로 인기가 높았다.

Q "카볼 씨, 나는 이 4년간 한 남성과 약혼 중이었습니다. 그 동안 그는 예쁜 밍크 코트, 많은 보석, 호화스러운 속옷, 말 한 필, 스토브 한 대, 외국제 미니스커트를 내게 주었습니다. 그러나 갑자기 약혼이 깨지게 되었습니다. 어떻게 하면 좋겠습니까?"

A 스토브 한 대를 돌려주세요."

Q 카볼 씨, 나는 매우 차밍하고 핸썸한 남성을 만났습니다. 그는 오클라호마에 100개 이상의 유정과 콜로라도에 금광을 가지고 있습니다. 크게 선심을 잘 쓰는 사람 입니다. 그러나 요즈음 내게 흥미를 잃은 것 같아요. 어떻게 하면 좋을지 가르쳐 주세요.

A 매우 중대한 문제를 안고 있군요. 100개의 유정과 1개 금광이라고 말했죠. 아무래도 내가 개인적으로 그를 어떻게 하지 않으면 안 되므로, 그 사람 이름과 주소를 빨리 알려주세요.

Q 나의 남자 친구는 욕설을 퍼붓든가 술을 마시든가 담배를 피우든가 합니다. 어떻게 하면 고칠 수 있을까요?

A 고치려 하면 안됩니다. 내가 아는 한 여성이 교제하는 남성에게 담배 피우고 술 마시고 온갖 욕설을 퍼 붓고 도박하는 것 등을 하지 못하게 했습니다. 그러나 어떻게 성공하자 그 남자는 그녀가 자기에게 어울리지 않는 여성이라 결심하고 말았습니다.

스키나의 청력

유명한 배우 오치스 스키나의 이야기다. 어느 때,

어떤 패션 스쿨 여학생들이 단체로 극을 보러 왔다. 극이 상연 중일 때, 킥킥 웃든가, 숙덕대며 떠들기 때문에 스키나를 비롯한 등장 배우들은 주의가 산만해지고 대사가 안정을 잃게 되자, 거의 입을 다물게 되었다. 무대극이 끝나고 무대 뒤로 돌아오자, 그 패션 여성들이 스키나를 만나기 위해 몰려와 한 사람이 말했다.

"저 스키나 씨, 아주 재미 있는 연극이었어요. 하지만 이 극장 음향 효과는 조금 이상한 것 같아요. 이따금 대사가 들리지 않았어요." "그건 좀 이상하네요." 하고, 스키나가 대답했다. "당신들 이야기는 아무 지장 없이 무대 위까지 들렸는데요."

수영을 가르쳐요

영화배우인 동시에 유머 작가이던 윌 로저스가 호텔 식당에서 종업원에게 말했다.

"이 것 봐요. 내 수프 속에 바퀴가 빠져 있어요." 이 현장에 주방장이 급하게 다가왔다. 크게 놀라 떨면서 주방장이 사과하고 용서를 빌었다.

"이 놀라운 사태에 어떻게 하면 마음에 드시게 저희가 처리할 수 있을까요?" "글쎄요."하고 로저스는 생긋 웃었다. "이 번 내 수프에 바퀴를 넣을 때, 수영 방법을 가르치든가 그렇지 않으면 등에 구명 장구를 묶어 놓아요!"

지진의 충격

왕년의 명배우 존 바리모어가 샌프란시스코에서 대지진을 만났다. 그는 충격으로 침대에서 굴러 떨어지고 바닥에서 굴러 방 구석으로 몰려 눈을 희번덕거렸다. 흔들리는 중에도 정신 차리고 일어나 화장실 욕조에 가서 하루 종일 그 속에서 떨었다. 이튿날 밖에 나가자 총검을 장착한 군인에게 잡혀가 이틀 동안 벽돌 쌓기를 했다.

마침내 그가 뉴욕에 돌아와 이 두려운 경험을 말했다. "놀랍군." 하고, 극작가 한 사람이 말했다. "전기 플럭을 탕에 넣으려면 지진이나 나면 모를까 꼼짝을 못하겠고, 몸을 움직이려면 미 육군에 부탁해야 했다더군."

자료 도용

MGM 영화사 선전부장 하워드 디츠는 영화관 사장 모임에서 관객 서비스 과잉의 최근 경향에 대해 불만의 뜻을 표명했다.

'지나친 예를 하나 들면'하고, 그가 말했다. '오클라호마에서의 이야기지만 겨우 15센트로 봉절 영화 2편, 미키마우스 만화, 뉴스를 보고, 식기 2세트를 받았으며, 종내는 좌석 밑에 석유가 통하지 않는다는 이유로 입장료를 반환까지 하라고 말한다는 것이다.'

이 얘기에 재미 있는 후일담이 있다. 우스개 소리의 출처를 밝혀내는 일이 얼마나 어려운가를 가르쳐 준다.

이 디츠의 이야기를 들은 코미디언 조지 제쎌이 재빨리 이 얘기를 며칠 뒤 라디오로 방송하자 반응이 컸다.

수 주간 후, 이 번엔 디츠 자신이 잡지에 이 얘기를 썼다. 그리고 어떤 가, 이 기사를 읽은 제쎌이 곧바로 디츠에게 전보를 쳤다. '내 자료를 도용하면 곤란한 데요.'

남자 화장실

작가 도로시 파커 여사가 '뉴요커'지에 취직했을 때, 작은 방에서 외톨로 서글픈 생각을 했다.

그러나 그 곳 여사 방의 방문에 'MEN'이라고 썼더니, 방문객이 쇄도했다. 더욱 모두가 남성이었다. "다만 한 가지 바뀐 것을 말하면" 하고, 여사가 덧붙였다. "모두 떠들썩한 것 같았다."

돼지 앞의 진주

도로시 파커 여사가 어느 때, 화려한 파티가 열린 방의 문 앞에 섰다. 그러자 매우 예쁘지만 머리가 텅 빈 것 같은 무용수와 우연히 마주쳤다. 순간 양쪽이 움찔했지만 무용수가 앞을 양보하고 말했다. "미인보다 나이가 먼저 에요." "아니오!" 파커 여사는 유유히 앞으로 나가며 말했다. "돼지 앞에 진주요!"

살찐 몸

소설가 윌리엄 하웰스가 베니스 총영사를 할 때, 놀랍게 몸이 살쪘지만 거기는 살찐 것이 보통이라 아무 구김살 없이 지냈다.

어느 날, 마르고 키 큰 친구가 찾아왔다. "하웰스, 만약 내가 자네처럼 살쪘다면 목을 매겠다." "그래?"하고 하웰스가 대답했다. "자네 충고를 따를 때는 자네를 밧줄로 삼지."

작가의 수염

민완 탐정 네로 울프를 창조한 수염의 추리 작가 랙스 스타우트가 어느 날 매디슨 가에서 혼잡한 버스를 탔다. 거친 작은 남자가 사람을 헤치고 들어와 손잡이가 손에 닿지 않자, 갑자기 그 추리 작가의 수염을 꽉 잡았다.

스타우트는 화끈거려 다음 정류장에 차가 설 때, 말했다. "미안하지만 내 수염에서 그 손을 뗄 수 없나?" "왜요?"하고 작은 사람이 말했다. "내리지 않나?"

대법원 판사

워싱턴 어느 훌륭한 부인의 집에 강도가 침입해 체포되었다.

이튿날 어느 만찬회 자리에서 부인은 대법원 판사 올리버 웬델 홈즈에게 그 사실을 말했다.

"나는 곧 유치장에 가서 그 강도와 이야기를 나누었어요."하고, 정신없이 떠들었다. "나는 그가 사는 방식이 얼마나 나쁜가, 만약 뉘우치면, 그가 얼마나 행복해질까 하는 것을, 차례로 2 시간이나 이야기해 줬어요."

"불쌍한 남자 이군."하고, 홈즈는 속삭였다. "매우 불쌍한 놈 이군!"

마크 트웨인

화가 제임스 맥닐 휘츠러는 방금 완성한 새 그림을 마크 트웨인 에게 보였다.

마크가 여러 각도와 거리에서 공들여 그림을 보는 중에 휘츠러 는 꼼짝 않고 비평의 말을 기다렸다.

마침내 마크는 몸을 앞으로 구부린 채 손가락으로 긁어내는 듯

한 모습을 보인다.

"만약 나 같으면 이 구름은 없애네"

휘츠러는 고통스런 목소리를 냈다.

"주의하세요. 아직 그림이 마르지 않은 걸요."

"아니 좋아요, 걱정하지 말아요."하고 마크는 냉정하게 말했다.

"나는 장갑을 끼고 있어요."

마크 트웨인의 강연

강연 여행 중인 마크 트웨인이 목적지의 하나인 작은 마을에 도착 아직 저녁 식사까지 시간 여유가 있으므로 수염을 깎이려고 이발점에 들어갔다.

"이 마을엔 처음 오셨나요?"

하고, 이발관 주인이 물었다.

"네! 처음 왔어요."

하고, 마크 트웨인이 대답했다.

"그럼 좋은 때 잘 오셨네요. 사실 마크 트웨인 선생이 오늘 밤 강연 예정이 있어요. 물론 가시게 뇌셨죠?"

"사실 그 때문이에요."

"그런데 입장권은 구입하셨나요?"

"아직 안 했는데요."

"안 되었네요. 이미 매절 되었다 네요. 서 있지 않으면 안 되겠네요."

"그럼 어떻게 한담"하고, 마크 트웨인은 안타까워했다.

"언제든 그래서, 그이가 강연할 때, 나는 항상 서있어야 하기 때문에."

생 달걀

마크 트웨인이 한 이야기 중의 하나.

"생 달걀이라 하면, 나는 스커슈 시의 일이 떠 오릅니다. 강연 여행 중일 때, 그 곳 어느 홀에서 강연할 예정으로 그 날 오후에 그 곳에 도착했죠.

아무리 보아도 포스타가 보이질 않아요. 그 날 저녁 있을 내 강연에 대해 그 곳 사람들이 어느 정도나 아는지 알고 싶어 한 마켓에 들어갔죠. "오늘은"하고 주인에게 이야기를 걸었죠.

"여행자인데요, 오늘 저녁에 심심풀이 어떤 흥행은 없을까요?"

그러자, 고등어를 저미던 주인이 허리를 펴고, 염수 젖은 손을 수건으로 닦은 뒤 입을 열었다.

"아무래도 강연회가 있지 않을까요? 아침부터 달걀만 자꾸 팔리니까요."

스피치 원고

마크 트웨인이 웅변가 존시 데퓨와 같은 여객선을 탔다. 출항 후, 며칠 지나자 두 사람은 만찬회에 초대받고, 스피치 순서가 되자, 마크 트웨인이 첫 연사로 마이크 앞에 섰다. 20분간 말했지만 크게 히트를 날렸다. 다음이 데퓨 씨의 순서다.

"신사 숙녀 여러분!"하고, 이 유명한 웅변가는 이야기를 시작했다.

"사실은 이 모임이 시작되기 앞서, 마크 트웨인 씨와 나는 스피치를 교환하기로 약속을 했죠. 그래서 그는 지금 나의 스피치를 한 것입니다. 그 사이 여러분의 경청을 마음으로 감사드립니다. 그러나 유감스러운 일은 나는 그의 스피치 적은 종이를 잃어버렸습니다. 그러므로 그가 할 말은 어느 것 하나 생각이 안 납니다. 나쁘게 생각지말아 주십시오."

이렇게 말하고 데퓨 씨는 자리에 앉았다.

참이 아니다

마크 트웨인이 로저스 씨를 방문하자, 주인은 이 유머 작가를 서재로 안내했다.

"보세요."하고 주인은 흰 대리석의 흉상을 가리키며 말했다. "저 조각을 어떻게 보십니까?"

그 것은 젊은 부인이 머리를 컬한 흉상으로, 이태리 조각의 빼어난 작품이었다.

"아무래도 현실을 떠나 있군요."

"어째서 요?"

하고, 로저스 씨는 의아한 표정으로 질문했다.

"입으로 헤어 핀을 잔뜩 물고 있지 않으면 참이 아니죠."

그 고장 특색

보스턴에서는 어느 정도나 사물을 잘 알고 있는가?

뉴욕에서는 어느 정도나 부자인가?

필라델피아에서는 양친이 누구인가?

등이 항상 문제로 대두된다.

아버지가 누구

19세기에서 20세기에 걸쳐, 아직 미국은 신흥국 테두리를 못 벗어나고, 유럽 문화적 세계의 비호 아래 있었다.

어느 프랑스 사람이 말하기를,

"미국 사람은 아무 하는 일이 없고, 심심할 때는 항상 자기 할아버지가 누구일까, 하고, 오랜 동안 즐겁게 시간을 때운다."

선조의 **뼈**대를 모른다고 빈정거림을 받으면 아무리 인심 좋은 미국 사람이라도 마음이 부드럽지 않다.

그래서 마크 트웨인이 카운터 펀치(되받아 치기)를 날려 미국인은 모두 가슴이 후련해졌다는 것. 말하기를,

"프랑스 사람은 하는 일 없고 심심할 때는, 자기 아버지가 누구인가 생각하고, 길게 즐거운 시간을 메우는 것이다."

U.S.A

패러독스(Paradox)

  역설(逆說), 언뜻 보아 모순되거나 불합리한 것인데, 실제 올바른 주장이 있다. 이 것이 바로 역설이다. 기설(奇說), 모순, 자가당착(自家撞着) 등의 예를 찾을 수 있다. "서두르면 늦어진다. 천천히 서둘러라." 결국 이치에 맞지 않는 말 따위다.

갑부 아버지

참인지 거짓인지 모르지만, 존 록펠러(John D. Rockefeller, 1839-1937) 1세가 워싱턴 윌라드 호텔에서 욕탕이 없는 제일 싼 방을 찾았다. 프런트 직원이 깜짝 놀라,

"록펠러 회장님, 아드님이 오면 항상 최상의 방을 찾는데요."

"아들에게는 갑부 아버지가 있어요."하고, 록펠러 씨는 엄격한 목소리로 말했다.

"나는 그 만큼 운이 좋은 편이 아니지."

혈통 종 슈나우사

위대한 광고왕 아론 사스만이 어느 날 레스토랑에서 식사를 하고 있을 때, 옆 테이블에서 보니, 스포티한 풍채의 신사가 이야기를 하는 것이다. 이를 귀담아 들었다.

"집 사람 마음에 꼭 드는 슈나우사(독일 테리아의 일종)가 어제 죽었어요. 대신 혈통 종 슈나우사가 있다면 2백 달러 주려고 해요."

사스만은 뛰어가 신사의 어깨를 쳤다.

"나에게 마침 팔려고 내 놓은 슈나우사가 있어요. 그러나, 250 달러 이하로는 조금."

"그 건, 슈나우사라면 괜찮은 값이네. 좋아요. 그럼 해볼까요."

사스만은 빙긋이 웃으며 자리로 돌아왔다. 그리고 동행에게 속삭였다.

"지금부터 내가 할 일은 대체 슈나우사는 어떤 개인지 알아볼 일이야."

청결한 생활

비누 제조 판매로 부를 쌓은 사람이 기자 회견에 기분 좋게 응했다.

"사장님 성공 이유를 한 마디로 말씀해 보세요."

하고, 한 기자가 물어보았다.

"청결한 생활이죠. 청결한 생활"

하고, 비누 제조 업자는 진정 어린 표정으로 말했다.

다음 항공기 편

큰 부자 내외가 따로 헬리콥터를 타고 플로리다 호텔 옥상에 내렸다.

짐을 푸는 데만 11명의 종업원이 동원되었다. 하물 중에 썰매, 스키, 또 6마리 에스키모 개가 들어 있다.

"매우 실례되는 말씀이지만" 하고 놀란 매니저가 말했다.

"크게 잘못 알고 계신 게 아닙니까? 여기는 바로 플로리다 입니다. 눈 내리는 일이 없습니다."

"당신"하고 억만 장자는 사무적인 어조로 말했다. "나머지 하물과 함께, 다음 항공기 편으로 눈이 와요."

악단의 기능

텍사스 주 포트워스에 사는 남자가 루이 암스트롱의 30인조 편성 악단을 자기 목장에 부르고 싶다고 생각했다. '트럼펫 왕자'가 출연료는 납득했지만, 그 파티에 몇 사람 정도의 손님이 오는지 궁금해 물어 보았다.

"파티가 아니에요." 하고, 그 텍사스 남자가 말했다.

"도어 벨의 차임이 망가져서 방문하는 손님들이 차임 대신 생 음악을 들으면 얼마나 기뻐할 것일까 하고 생각한 거죠."

요트의 유지 관리

"요트에 대해 말씀드릴 것 같으면"하고, 어떤 남자가 모건 씨에게 말했다.

"실은 나도 사고 싶은데요. 대체로 유지 관리비는 1년에 얼마쯤 들죠?"

"누구에게 말이죠"하자, 모건 씨는 단호하게 말해 버린다. "연간 유지 관리비를 묻는 사람은 아무래도 살 수 없겠군요."

투자가의 요트

위세 좋은 주식 브로커가 친구를 태우고 롱 아일랜드 해안을 항해했다.

"저 요트를 보게. 저 것은 은행가 모건씨의 섯이고, 그 다음 것은 브로커 프래그 씨의 것이지."

이렇게 차례로 드는 요트 소유자 이름은 모두 평판이 좋은 브로커였다. 친구 이마의 주름살은 깊어만 갔지만 갑자기 생각한 끝에 그 친구가 물어봤다.

"이 보게, 투자가의 요트는 전혀 없는가?"

캐딜락 2대

두 텍사스 사람이 점심을 같이 먹고 우쭐해지는 기분에 캐딜락 매장 앞에 멈췄다.

"신 제품 캐딜락이 탐나네. 생각해 보니 올에는 아직 사지 않았지."

"그럼 나도 끼워볼까?"

두 사람은 매장 안으로 들어갔다.

"캐딜락 2대를 내가 사지." 하고 한 사람이 지갑을 꺼내 들었다. 다른 한 사람이 서둘러 친구 손을 말리고 말했다.

"기다려 짐. 자동차 두 대 값은 내가 치르지. 값 비싼 점심을 내가 대접받았으니 말이야."

택시기사의 습관

이야기는 월돌프 아스토리아 호텔 정문 앞에서 시작된다. 밍크 코트로 몸을 감싸고 굵은 테 안경을 낀 채, 케네디, 공항을 이륙하는 여객기처럼, 트렁크와 슈트 케이스를 쌓아 올린, 노 부인이 지금 막 택시를 타려 하고 있다. 많은 하물은 두 번째 택시에 실었다.

"위틀 스테이크 부인은"하고, 제복 입은 도어맨이 운전 기사에게 말했다. "8호 부두로 갑니다. 유나이티드 호에 승선합니다."

운전 기사는 고개를 숙이고 미터를 꺾은 뒤, 손가락으로, 하물을 싣고 뒤 따르는 택시에 신호를 보낸다.

얼마 안 가서 차는 부두에 닿았고, 하물은 체크 받은 뒤, 특등실로 옮겨졌다. 노 부인은 그러더니 운전 기사를 향해 말했다.

"만약 당신이 혼자이고, 수입을 2배로 올리고 싶다고 하면, 창 너머 세계 관광을 해드리고 싶은데요. 나는 모르는 나라 목적지에 가서 택시 불러 타는 일이 아주 싫어요. 기사님! 유럽 일주하고 싶지 않으세요? 모든 경비는 제가 댈 테니."

운전 기사는 입을 열었지만, 말이 나오지 않는다. 그러자 곧 고개를 끄덕였다. 수 분 후 준비를 끝내고 택시는 선창에 들어갔고 마침내 출항한 선박이 무사히 르 아브르에 도착했다.

여기서부터 두 사람은 파리, 니스, 몬데카를로, 그리고 다시 파리로 돌아와 영불 해협을 넘어 런던, 다시 로마, 베를린, 스칸디나비아 여러 나라를 돌아왔다.

계속 움직인 것은 차에 탄 두 사람 뿐만 아니라, 미터도 움직였다. 또다시 유나이티드 선박을 타고 반가운 출발 지점 8호 부두에 도착했다. 택시는 선창에서 올라와 굳은 대지를 밟았다.

"이제 한숨 돌리겠구나, 아주 고마웠어요."

하고, 피로에 지친 노 부인은 한숨 지으며 미터에 나온 '만 2천 457' 달러를 지불했다.

"이제 또 고향 땅을 밟게 되는구나. 고마운 일, 미안하지만 집까지 데려다 주겠죠?"

"댁이 어디인가요? 부인." 하고 기사는 생긋 웃었다.

"브루클린 프로스펙트 공원 근방에요."

"브루클린 이라구요?"하고, 기사는 성을 내며, 문을 탁하고 닫았다.

"어떻게 된 것이 아닌가요? 다른 차를 불러 타세요. 나는 브루클린에 가기만 하면 꼭 맨하튼까지 빈 차로 돌아오지 않으면 안 되죠."

자기 돈을 쓰라고

　부자로 자비심 많은 상인이 몇 사람 혜택 받지 못한 사람들에게 정기적으로 돈을 주어 왔다. 한 남자는 매월 10 달러를 받아왔다. 비가 오나 눈이 오나 남자는 반드시 와서 그 돈을 받았다.
　어느 날, 평소대로 10 달러를 요구하자 부자의 비서가 5 달러밖에 주지 않는다.
　"틀리는데요!"하고, 남자가 외친다. "나는 10 달러를 받아왔어요, 5 달러가 아니요."
　"물론 지금까지 10 달러 였지만"하고, 비서가 말했다
　"오늘부터 5 달러 밖에 줄 수 없어요."
　"왜 그러죠?"
　"사실은 따님이 결혼을 해요, 지참금이나 준비물이나, 혼례 비용이 많이 들기 때문에 이 쪽을 바싹 줄이지 않을 수 없기 때문이죠."
　"그래요!" 하고 남자는 성을 내며 외쳐 댄다.
　"그럼 주인에게 말해 줘요, 자기 딸을 출가 시키려면 내 돈이 아니라, 자기 돈을 쓰라고 말이요!"

머리 이상

제이콥이 신사 양품점을 경영하는데 머리에 이상이 생겨 병원에 입원했다. 그러자 이웃 사는 약사가 병 문안을 갔다.

"제이콥이 어떻게 되었어요?"하고 약사가 돌아오자 아내가 물어봤다.

"좋지 않아요, 진짜 이상해 졌더군." 하고, 약사는 이웃의 불행을 안타까워했다

"어떤 얘기를 하는데?"

"얘기를 하다니? 어떻든 까닭 모를 소리만 해대는 거지."

"당신은 어떻게 말을 걸었어요?"

"정신이 바로 오게 하려고, 그와 내가 잘 아는 현실적 얘기를 했지. 이를테면, 내가 그에게 백 달러 꿔 준 것."

"그럼, 그 꿔준 돈 생각합니까?"하고, 약사 부인이 질문하자,

"그 정신 나간 사람, 안 되는 거야!"

약사는 괴로운 표정으로 대답했다.

이것도 받아 가요

8살 나는 여자 아이가 은행에 들어가 지점장 면회를 요구했다. 밝은 표정의 여행원이 지점장실로 안내했다. 아이는 지점장에게 작은 클럽에서 자금을 모으고 있는데 기부 좀 하지 않으 실까요? 하고, 엄숙한 얼굴 표정으로 요구했다. 지점장은 1달러 지전과 25센트 동전을 테이블 위에 올려 놓고 말했다.

"어느 것을 가지고 싶으냐?" 아이는 25 센트 동전을 집어 들고 말했다.

"엄마가 항상 가장 적은 것을 집으라고 말했어요." 그리고 이어 1 달러 지폐를 집어 들고, 덧붙여 말했다.

"하지만, 이 25 센트를 잃으면 안 되니까, 싸기 위해 이것도 받아 가요."

오줌 싸지 않는 날

'어린이는 어른과 TV 사이에 있는 귀한 존재 이다.' 아트 링그래타 (TV 사회자).

아트 "너는 어떻게 돈을 손에 넣지?"

어린이 "오줌 싸지 않는 날은 5 센트 받아요."

아트 "이 즈음은 어때?"

어린이 "전 주에 10 센트 받았어요."

5 달러로 해요

부자를 감쪽같이 속이고 돈을 우려 내기 잘하는 여인이 숨을 거두자, 전 재산을 경매에 붙였다. 경매가 진행되어 앵무새 차례가 왔다.

"이 아름다운 새는 얼마를 붙일까?" 경매자가 말했다.

"1달러." 하고 옆에 있던 남자가 값을 붙였다.

"2달러"하고, 또 한 사람이 소리 쳤다.

"5달러로 해요, 빠빠" 앵무새는 쉰 목소리로 계속했다.

"그러면 키스해 줄 게요."

보답 없는 팁

남부에서 유명한 플레이 보이가 클럽 우두머리 보이 바로 곁에 가서 물어보았다.

"잭, 지금까지 받아 본 팁 중에 얼마가 최고였나?"

"100 달러가 최고 입니다." 하고, 보이가 즉석에서 대답했다."

플레이 보이는 20달러 지폐 10장을 꺼내 들고,

"앞으로 누군가 최고의 팁을 준 사람이 누구냐 묻거든, 그 사람이 바로 나라는 사실을 잊지 말고 말해 주게."

"그렇게 하겠습니다."하고, 보이가 말한 뒤, 재빨리 돈을 받아 포켓 속에 넣었다.

"그런데"하고, 플레이 보이가 말했다. "자네한테 100 달러 준 손님 이름을 말해 보게."

"바로 당신입니다."

보이는 대답과 동시에 곧 도망쳐 버렸다.

인색한 팁

호텔에서 보이에게 팁을 주는 일이 싫어 견디지 못하는 남자 이야기.

은행에 가서 1센트 동전으로 바꾼 돈을 포켓 속에 잔뜩 넣고 그가 돌아왔다.

호텔을 빠져나갈 때, 건물 출입구에 서 있는 도어 맨에게 돈 한 잎을 건네 주자 그가 말했다.

"실례 말씀이지만, 크게 착각하신 게 아닌가요?"

"아니 전혀. 이보다 적게는 주지 않도록 하고 있지."

2달러 팁

처음으로 야간 열차를 탄 남자가 보스턴 남부 역에 도착하기 바로 앞서 보이에게 코트를 브러시해 달라고 부탁한 뒤,

"이 열차는 보통 팁이 얼마인가요?"하고, 남자가 물어봤다.

"2달러입니다."하고, 보이가 바로 대답했다. 그러자 남자는 2달러를 주고 말했다.

"이 것으로 많이 벌겠네요."

"그렇지 않은 걸요."하고, 보이가 대답했.

"올 반년 만에 처음 받은 보통 액수인 걸요."

점검 끝

'존'하고, 뉴욕 식료품점 주인이 종업원을 불러 말했다.

"람 주를 물에 채웠는가?"

"네, 사장님"

"담배를 진열했는가?"

"네! 사장님"

"사탕에 설탕을 섞었나?"

"네! 사장님"

"그럼, 안에 들어가 기도를 드려요."

거품을 적게

"어떻게 하면 맥주가 더 많이 팔리는지 알아요?"하고 취객이 바 주인에게 물었다.

"모르는데요. 꼭 가르쳐 주세요."

"실없는 말인데, 거품을 적게 팔면 좋을 걸."

병의 증상

마을에서 가장 잘 알려진 구두쇠가 큰 중환에 걸려 목사님을 찾아 애원을 했다.

"제발 도와 주십시오, 목사님. 도와 주시면 교회 건설 자금으로 2만5천달러를 기부하겠습니다."

그가 드디어 병이 완쾌되자, 약속한 것을 잊어버리고, 목사님을 만나려 하지 않았다.

이웃 사람 하나가 어느 때, 우체국에서 그를 만나 트집을 잡고 물었다.

"완쾌되면 2만5천달러를 기부한다고 약속하지 않았나요?" "하기는 했지요."하고, 구두쇠는 움찔하며 놀랬다. "때문에 내 병이 얼마나 나빴는지 상상이 가지 않아요?"

다이아몬드 가지기 전후

크로드 베처 부인이 덴버의 베스트 드레써로 선발되어 팜 비치에 도착했다.

어느 날 아침의 일. 그녀는 훌륭한 동부 노부인의 이야기를 들었다.

"어머나, 안 되어요. 낮에 다이아몬드를 붙이는 것은 아니죠." 베처 부인은 생긋 웃었다.

"저 역시 그렇게 생각했어요. 다이아몬드를 제가 가지기까지는 말이죠."

경마와 마주

7번 레이스의 모닝 스타 마권을 3차례나 잔뜩 사들인 남자가 있다. 4차례 또 같은 말에 거는 것을 목격한 사람이 말을 걸어왔다.

"자, 당신, 끈기는 말리고 싶지 않지만, 만약 나라면, 모닝 스타에 그렇게 걸지 않아요. 7번 레이스에서 절대 승산이 없어 보이니 말이죠."

"말 뿐이죠. 대체 어째서 그 것을 알 수 있어요?"

"어떻든 듣고 싶다면 말해 주겠지만, 실은 저 모닝 스타 마주가 바로 나요, 전혀 이길 승산이 없어요." 상대는 잠시 생각하더니,

"그러면, 그럴지 모르죠."하고, 마지 못해 인정했다.

"그러나, 그 것이 사실이라면, 매우 느긋한 레이스가 되겠군요. 나머지 4두는 내가 마주이기 때문이죠."

거위의 나이

마켓 판매원이 어리다는 보증이 붙은 살찐 거위를 손님에게 팔았다. 하지만 구워서 먹자 하니 딱딱해 먹기가 크게 불편했다. 이튿날 손님은 마켓에 가서 항의를 했다.

"당신이 어리다고 판매한 거위가 나이배기여서 혼났지."

"그럴 리가 없어요. 저를 보고 젊다고 하죠?" "그러지"

"아직 저는 19세에요. 그런데 그 거위가 저보다 6주일 후에 낳은 것이라고 어머니가 자주 말했어요."

가스 검침원

인색한 남자가 가스 기구 미터기에 동전을 넣는 대신 날숨을 불어넣고 잘 사용하는 중에 검침원이 들러 미터기 바늘을 보고 의아한 듯 머리를 갸웃한다. "어떻게 된 거죠?"하고, 남자가 물어보자, "아니 그 것이"하고, 검침원이 대답한다.

"무엇인지 납득이 안 가는 일인데, 회사 측에서 고객에게 6달러 20센트 빌려드린 것으로 나와 있네요."

발전기 전문가

거대한 발전기가 고장을 일으켜 이로 인해 움직이던 공장의 전체 기능이 정지되었다. 난처한 처지에 놓인 기사들이 전력을 다해 수리해 보았지만 헛수고로 머물렀다. 공장이 1분 멈추는데 5천 달러의 손해가 발생했다.

드디어 도리 없이 발전기 전문가를 외부에서 불러왔다. 이에 전문가는 냉정하게 꼼꼼히 발전기를 살펴본 뒤 꼼짝 않고 있다가 드디어 그가 말문을 열었다.

"작은 해머를 하나 빌려주세요."

해머를 손에 쥐고 그는 한 파이프에 다가가 꼼꼼히 살피더니 한 군데를 정해 놓고 힘껏 해머로 때린다.

그러자 곧바로 발전기가 움직이기 시작한다.

"수고비를 얼마나 드려야 할까요?"하고, 기쁨을 감추지 못하며 공장장이 물었다.

"550달러입니다."하고, 발전기 전문가가 말했다. 공장장은 눈을 크게 뜨고,

"해머로 파이프를 한 번 때린 것뿐인데 550 달러나 됩니까?"

"그 것만이라면"하고, 전문가가 대답했다. "50달러이지만, 어니를 때려야 할지 알아내는 것이 500 달러 입니다."

나머지 염려 없음

베리맨이 남이 부러워하는 은행에 취직이 결정되었다.

출근 첫 날 출납 담당이 1달러 지폐 다발을 건네며 말했다.

"100매가 되는 지 체크해요."

베리맨은 돈을 세기 시작했다. 43, 44, 45. 여기까지 돈 다발을 세고나서, 돈 다발을 책상 서랍에 던져 넣고 옆 사람에게 말했다.

"여기까지 틀림없으면 나머지는 염려 없지."

3가지 선행

전날 3가지 선행을 한 일로 기분 좋아하는 남자가 있다.

남자는 거리에서 파랗게 질린 어린 아이를 안고 울고 있는 엄마를 보았다. 우는 이유를 물어보자, 세례를 못 받은 아이가 죽을 것 같다는 사정이다. "그런데요?" 하고, 남자가 물었다. "왜 세례를 못 받았나요?"

"돈이 없어요. 세례 받으려면 1달러가 들어요." 하고 엄마가 대답했다.

그러자 남자는 엄마에게 10달러를 건네 주고, 나머지 돈을 붙여 달라 하며 자기 주소를 알려준 뒤 그 곳을 떠났다.

"그럼, 선행은 한 차례 뿐이지 않아, 나머지 두 번을 말해 봐!" 하고, 친구가 말했다. 그러자 그 기특한 남자가 대답했다.

"그 것은 3차례 선행이 하나로 정리된 것이지. 첫째, 우는 엄마의 슬픔을 없애 준 일, 둘째, 아이에게 영원한 구제를 해준 일. 셋째, 일년간이나 가지고 다니던 10달러 위조 지폐로 액막이를 한 일이지."

하늘나라와 지옥

막 군에서 제대한 젊은 이가 중고차를 한 대 샀다. 그 거래가 부정이었으므로 차를 판 사람은 자동차 매매 증명서를 내 주지 않았다.

하지만, 젊은 이가 어떻든 달라고 하자, 속이 끓는 업자는 성을 내기까지 했다.

"알겠나, 자네는 차를 샀고, 나는 돈을 받았지, 양쪽이 모두 만족한 거야, 그런데, 왜, 매매 증서를 달라는 거지?"

"실은" 하고 젊은 이가 설명했다. "제가 죽은 뒤에 하늘나라 문에서 성 베드로가 아저씨에게 지불한 돈을 말하면 거짓말 한다고 생각, 저를 하늘나라에 들이지 않을 거라 생각해요. 그런 까닭에 제가 거짓을 말하지 않았음을 증언해 받기 위해 아저씨를 찾아 지옥을 헤매기는 큰 고통이 되기 때문이죠."

소란 피우기

크란시가 설리반의 바에 뛰어 들며 소리쳤다.
"티미! 난장판 벌어지기 전에 위스키 석 잔만 마시게 해줘!"
설리반은 놀란 나머지 술을 마시게 한 다음 물어봤다.
"그런데 크란시, 그 난장판이 뭐야? 언제 시작해?"
"지금부터야," 하고, 크란시는 침착하게 말했다.
"사실은 내 호주머니에 한 푼도 없어!"

예전 콤비

한 팀 코미디언이 파란만장한 콤비에 종지부를 찍고 각 자 헤어지기로 작정했다. 그리고 그 후 수 년간, 서로 소식이 끊어졌다. 그 중 한 사람이 우연히 빈민가 초라한 식당에 들어가자, 어인 일인가, 그 곳 종업원이 바로 그 콤비가 아닌가!

"아니야! 믿기지 않아," 하고, 그는 탄식하며 말했다. "자네가 이런 곳에서 종업원을 하다니!"

"사실이 그래," 하고, 콤비였던 그가 정색을 하며 대답했다. "하지만, 나는 이런 데서 식사는 안 해."

복권 당첨

보스턴 동쪽 초라한 거리 누추한 아파트 지하실에서, 한 사람 양복 재단사가 하루 15시간 노예처럼 일하고 있다. 무엇 하나 사치하는 일 없이 벌이 가운데서 매주 25센트를 저축, 매년 연말에 그 저금 전액을 털어내 복권을 샀다.

14년간 그 복권은 한 번도 당첨되지 않았다. 그러나 어느 날 밤 점포 문을 거칠게 두드리는 소리가 나더니, 두 사람 호기로운 인상의 신사가 점포에 들어와 재단사 등을 힘껏 때렸다. 자! 25만 달러가 당첨되었어요. 재단사는 뛸 듯이 기뻐하고 몇 번씩이나 놀라는 환성을 질러 댔다. 재단사는 즉시 점포를 걸어 잠그고 열쇠는 찰스 강에 던져버렸다.

먼저, 왕이나 된 것처럼 복장을 갖추고, 릿츠 호텔에 18칸이나 이어지는 방을 빌리고, 시내 거주 무용수와 모델 반 수에게 도움을 주기로 했다.

매일 밤, 새벽이 되기까지 술 마시며 법석을 떨었다. 마치 주정뱅이 뱃놀이처럼 돈을 활수 하게 써버렸다. 그리고 1년이 되자, 25만달러는 탕진되고, 더욱 건강은 온통 망가지고 말았다. 갑자기 맥이 풀린 양복 재단사는 작은 점포를 열고, 다시 본래 생활로 돌아가, 주당 25센트씩 저축, 습관적으로 또 아무 생각 없이 복권을 사게 되었다.

2년 후, 또 점포 문을 두들기는 소리가 들렸다. 그리고 또, 훌륭한 옷차림의 신사 두 사람이 들어왔다.

"복권 시작된 이래 진귀한 사건이 벌어졌어요." 하고, 한 사람이 소리쳤다. "또 당첨이 되었어요, 운이 좋았어요!"

양복 재단사는 비슬비슬 일어나 신음 소리를 냈다.

"그저 또 한번, 그 일을 반복하지 않으면 안 되는가?"

가장 먼저 할 일

"당장 필요한 일은" 하고, 사원 모집에 응모해 온 남자에게 제임스 씨가 말했다.

"고통받는 일을 도맡아 줄 사람, 결국 내 대신 생각해 줄 사람인데, 주당 300달러로 어떨까? 해 줄 수 있겠나?"

"물론이죠." 하고, 응모자가 대답했다. "그런데, 그 300달러는 누가 지불해 주는 것입니까?"

"그 것이 자네가 최초에 할 일이지."

자랑 알레르기

몸이 뚱뚱한 세 여인이 어느 뜨거운 여름날 오후, 허름한 호텔 베란다에 나란히 누워 있다.

"내가 작년에 빼 버린 다이아몬드 반지, 정말이지 보여주고 싶었어요." 하고, 한 사람 여인이 이야기를 시작했다. "다이아만 가지고 30만 달러나 나갔어요. 그런데, 운이 나빠 팔지 않으면 안 되었지요. 실은 요, 파크 애비뉴의 의사 한 분이 나에게 보석 알레르기가 있다는 것이죠. 호호호"

"저는 요, 사실 이런 호텔에 올 사정이 아니 에요." 하고, 두 번째 여인이 입을 열었다. "그런데 역시 저도 알레르기가 있어요. 뉴포트에 10 에이커 나 되는 땅이 있었거든요. 그런데 저는 바닷물 알레르기가 있어 가지고 도저히 땅을 내 놓을 수밖에 없었어요.

호호호"

그러자, 세번째 여인이 갑자기 기운이 떨어져 그 자리에 넘어졌다. 얼마 후 정신을 차리고 나서, 어떻게 된 거냐고 남이 물었을 때, 그 여인은 부끄럽다는 듯이 대답했다.

"사실은요, 저는 뺑 알레르기가 심해요."

지불 날짜

폭스 씨는 채권자에게 집요하게 다그침을 받고 손을 들었다.

"실례지만 폭스 씨. 지금까지 충분히 오래 기다린 일은 당신도 잘 알 것입니다. 동시에 나는 당신 형편이 어려울 때, 지불해 줄 것을 바라지 않습니다. 단지 지불해 주실 날짜를 분명히 정해 주시면 고맙겠습니다."

"그 점 매우 친절하게 생각합니다. 기꺼이 그 요청을 수용하기로 하겠습니다. 지불 날짜를 최후의 심판일로 정하면 어떨까요? 하지만, 잠깐 기다리세요. 그 날은 매우 바쁜 날이기 때문에, 그 이튿날로 하면 어떨까요?"

채권자

회수할 수 없는 돈을 받아내는 일은 엠파이어 스테이트 빌딩 96층 창 유리를 닦는 일만큼이나 어렵고 쉽지 않은 작업이 된다.

"삼가 답장을 올립니다. 13일자 독촉장을 확실히 잘 받았습니다. 다름 아니라 다음 사실을 전하고자 생각합니다. 채권자를 다음 3그룹으로 나누었습니다. A급, 조속히 지불해줄 사람, B급, 언제인가 지불해줄 사람, C급, 절대로 지불해줄 수 없는 사람, 귀하 편지의 우호적인 사정을 감안할 때, 귀하를 C에서 B로 격상함을 알려드립니다. 이만 총총."

당신의 청구서

"당신 요즈음 편지의, 마치 강요하듯 하는 분위기가 마음에 들지 않아요. 매달 우리는 청구서를 헌 모자 속에 넣고, 아내가 눈을 가린 채 그 가운데서 한 장을 고르도록 하고 있습니다. 잘 뽑아낸 행운의 청구권은 즉시 지불합니다. 그와 같은 뻔뻔스러운 편지 보내기를 계속하면 내달부터 당신의 청구서는 모자에 넣지도 않을 작정입니다."

하기 싫은 일

"만약 도움을 바라지 않는다고, 어떻던 간에, 하고 싶지 않은 수단으로 호소하지 않으면 안 됩니다." 하고, 한 사람 걸인이 자비심 많은 부인에게 말을 걸었다.

부인은 그에게 1달러를 주고 동정하면서 물어보았다.

"그런데, 무엇이에요? 하지 않고 끝낸 일은?"

"일 이죠."

서제션(Suggestion)

서제션은 매우 의미가 다양하다. 암시, 시사, 넌지시 비치다, 에둘러 말하다, 무엇을 생각나게 하다, 연상시키다, 마음이 내키게 하다, 똥겨주다, 연상, 훈수, 제안 유발, 제안 기미, 힌트 등이 있다. 누가 무엇을 꼬집어 말하지 않지만 간접으로 짐작하게 말하거나 나타내는 일이다.

남의 실수

목사님은 의아하다는 표정으로 방문자에게 말했다.
"어디선가 만난 적이 있죠?"
"물론이죠." 하고, 방문자가 말했다. "남의 잘못으로 돈을 벌어도 좋은 지 여부를 알아보려고 왔습니다." "그 것은 안 됩니다." 하고, 목사님은 단언했다.
"그럼 돌려주실 수 있습니까? 6 개월 전, 저의 결혼식 대금으로 드린 돈을!"

3개 묘석

남자가 3개 묘석이 나란히 서 있는 앞에서 무릎을 꿇고 비탄에 젖어 있다.
"친척이십니까?"하고, 지나가던 통행인이 조심스레 물어보았다.
"이 쪽은 나의 첫 아내입니다." 하고, 남자가 가리킨다.
"독 버섯을 먹고 숨졌습니다. 그 다음이 두 번째 아내, 역시 그녀도 독 버섯을 먹고 숨졌습니다."

"세 번째 분은 어떻게 되었나요?"

"머리를 다쳤습니다."

"왜, 어째서요?"

남자는 일단 슬픈 표정으로 얼굴을 돌리고 말했다.

"아무리 해도 독 버섯을 먹으려 하지 않았기 때문에."

당신이 먼저 세상 뜨면

어느 겨울 밤의 일, 아이오와 시골에서 초로의 부부가 난로를 앞에 두고 로킹 최어에 앉아 있다.

"세월의 흐름은 덧없이 빠르기만 하군, 사라." 하고, 남편이 말했다. "그래요."하고, 아내가 말했다.

"자꾸만 나이만 먹고, 꼭 때가 되면 누군가가 앞장서게 되지."

"그래요. 그렇게 되면, 나는 캘리포니아로 요양 갈 것이에요."

그녀에게 당신 얘기를

신혼 부부가 호텔 엘리베이터에 탔다.

"헬로우, 다링!" 하고, 작고 예쁜 엘리베이터 걸이 속삭인다.

엘리베이터가 위로 올라가는 동안 차가운 침묵이 흐른다. 두 사람 방이 있는 층계에 도달하자, 신부는 큰 소리로 대든다.

"저 닳고 닳은 여자는 누구인가요?" "여기서는 떠들지 말고 참아 주어요." 하고, 신랑이 애원조로 말했다.

"내일 아침, 그녀에게 당신 얘기를 또 해야 하므로, 그러면 또 얼마나 큰 소란이 벌어질 거냐 말이야."

진심 여부

캘리포니아 산중에서 한 남자가 햇볕에 탄 젊은 이를 붙들고 따지고 있다.

"이 것 봐! 자네는 내 딸과 3년이나 사귀고 있지만 자네 본심은 무엇인가? 진심인가, 아니면 심심풀이야?" 그러자 젊은 이는 얼굴을 반짝이더니, "그러면 지금부터 어떤 쪽을 결정해도 좋겠군요?"

옛날 이야기

"엄마" 하고, 린다가 물었다. "동화, 옛날 이야기라 하면, 모두 '옛날 옛날, 그 옛날, 어느 곳에' 하고, 시작하지요?"

"아니야, 그렇지 않아." 하고, 엄마는 엄숙한 표정으로 말했다. "이따금 말이지, '알겠니 너. 오늘 밤은 회사에서 야근해요.' 하고, 시작할 때도 있지."

큰 잘못

인내의 한계를 벗어날 정도로 아내는 시끄럽게 나에게 잔소리를 해댄다.

"남자가 도리 없을 정도로 바보 군!"

나는 냉정하게 대답한다.

"그 것은 조금 전에 다 알았지. 나는 다만, 아담이 자기 늑골 한 개와 갈라질 정도로 바보가 아니었다면, 하고, 하늘을 우러를 뿐이다."

밤중에 일어나는 이유

왜 남자는 한 밤중에 일어나는가, 하는 원인에 관해 조사한 전국적 조사는 다음과 같은 결과를 얻었다.

꼭 일어나야 하는 경우가 2.4%.

1.6%는 어떤 음식물을 찾아보러 식당을 헤매기 위해.

나머지 96%는 자기 집으로 돌아가기 위해 일어난다.

최후의 면회

교수형을 선고받은 남자가 있는 곳에 그의 아내가 최후 면회를 왔다.

"아빠, 사형 집행 장면을 아이들에게 보이고 싶어요?"

"말도 안 되는 일이지."

"온전히 당신 다운 일이죠. 지금까지 한 번이라도 아이들을 기쁘게 한 일이 없기 때문에."

유언의 집행

미술 수집가가 고호의 그림을 250달러에 판다는 광고를 신문에서 보았다. 그는 인쇄 착오가 있다고 생각한 후, 광고 주소로 급히 달려갔다.

"착오가 아니지요." 하고, 광고를 낸 부인이 말했다. "진짜 정품의 고호 이죠."

수집가는 곧바로 어음을 끊고 그 그림을 손에 넣었다.

"아무리 해도 이해가 가지 않는데요, 부인." 하고, 거래가 끝난 뒤에 질문을 던진 것이다.

"이 정도 그림이면 적어도 100배 이상 판매할 수 있지만." "사실은" 하고, 부인이 설명을 덧붙였다.

"저의 남편이 2주일 전에 세상을 떠나고, 남긴 유언장에, 이 그림을 팔아 그 대금을 비서에게 주라고 써 놓았어요. 그래서 제가" 하고, 부인은 우쭐한 기분으로 덧붙였다.

"그 유언장의 집행자인 셈이죠."

남자 아이

어느 부인이 그의 친구에게 말했다.

"내 남편은 내가 여자 아이만 낳는 데 크게 실망하는 것이죠. 남편의 집안 일을 돌보는 남자 아이를 아무래도 기다리는 모양이에요."

바사와 허만

"바사"하고, 허만 씨가 회사 전화로 고함쳤다.

"지금부터 조수를 식사에 데려 갈려고." "뭐 라 구 요?" 하고, 바사는 비명을 올렸다.

"당신이야 말로 강심장이네. 알고 있죠, 가정부는 아무런 예고 없이 그만 두었지, 두 아이는 앓고 있는 중에, 집안은 엉망이에요. 그런데 나는 감기를 몹시 앓고 있고, 우육점은 청구서를 지불하지 않으면 더 이상 고기를 팔지 않아요. 그런데도 당신은 그 사람을 식사에 데려온다고 하는 것이에요? 죽어도 좋다면 좋아요."

"어떤 일이 있어도 나는 그 사람을 데리고 갈 꺼요." 허만 씨는 단호하게 선언했다.

"저 벽창호가 진정으로 결혼하고자 생각하는 거요. 때문에, 자기 눈으로 확인시켜 주려고 생각하는 거요."

귀족 출신

부부 싸움이 극에 달했을 때, 열화와 같이 성이 난 아내가 최후의 비방을 던졌다.

"당신은 설마 내가 귀족 출신이란 사실을 잊지 않았겠죠?"
"귀족 출신은 귀가 따갑게 들었지." 하고, 남편은 악담을 쏟았다.
"한 집안 종복들을 끌어온 주제에 뭘?"

사위와 며느리

아들과 딸을 한 달 사이에 결혼시킨 어머니가 친구의 축복을 받는다.

"그런데 따님은 어떤 신랑과 결혼했습니까?"
"매우 뛰어난 청년이쇼." 하고, 어머니는 입심 좋게 떠들었다.
"딸을 늦게까지 깨지 않죠. 매일 미용원에 데리고 가 주죠. 딸에게 음식을 시키지 않죠. 매일 저녁 외식을 시키는 거죠."

"그럼 아주 좋네요." 하고, 친구가 말했다. "그럼 아드님은 어떤 분과 결혼했나요?" 어머니는 한 숨을 쉬며, 말했다.

"그게 말이죠, 이 쪽은 틀렸어요. 시집에 와서 게을러 매일 아침 늦잠을 자고, 계속 미용원에 죽쳐 있고, 음식도 안 하고 아들에게 외식만 하자고 조르는 것 이에요."

궁둥이에 깔린 남자

성 베드로가 새로 들어온 영혼을 정리하고 있다.

"자 자, 남자들 어서. 남자만이에요. 여자는 나중이에요. 결혼했고 아내와 함께 한 이는 몇 사람이에요. 네, 좋아요. 폭군 같은 남편은 이 쪽 줄. 아내 궁둥이에 깔린 사람은 저 쪽 줄"

아내 궁둥이에 깔린 쪽 줄은 즉각 이루어져 긴 행렬을 이루었다. 폭군 같은 쪽은 아무도 없었지만 드디어 한 사람 볼품없는 남자가 나타났다. 약하고 약한 얼굴을 한, 안절부절 못하는 작은 남자였다.

성 베드로는 잠깐 쉬더니 남자 얼굴을 본다.

"이 줄은 가정에서 보스 노릇한 남자가 선다는 사실을 알고 있어요?"

"네, 압니다." 하고, 남자가 중얼댄다.

"정말로 여기가 좋은 거지."

"그렇게 하지 않으면 안 됩니다." 하고, 그가 말했다. "아내가 그렇게 하라 했기 때문이에요."

어려운 병명

"의사 선생, 어디 나쁜 데가 있거든 어려운 병명으로 놀래 주지 마세요." 하고, 남자가 의사에게 말했다.

"자, 솔직히 말하면" 하고, 의사가 입을 열었다. "당신은 꾀병이지요." "고맙습니다." 하고, 환자는 안도의 숨을 쉰다.

"그럼 이어서 의학상의 병명을 가르쳐 주지 않겠습니까? 집에 돌아가면 아내에게 말할 필요가 있기 때문이죠."

골프 광

골프 위도우 "당신은 늘 골프만 생각하기 때문에 우리 결혼 날짜 같은 거 외고 있지 않죠?"

골프 광 "물론 기억하지, 내가 30 피트 퍼트를 결정한 날이지."

집안 계통

"어이, 어째서 불경기 한 얼굴이지."

"쌤, 나는 누구지?"

"자네는 자네가 아닌가, 밥 해리슨 아닌가."

"그런데, 그게 아니야.",

"뭐라고? 대체 어떻게 된 거야?"

"마구 헝클어져 가지고 내가 누군지 모르겠어."

"너무 골똘히 생각하지 말게나. 다 부질없는 일이야! 도대체 어떻게 되었다는 거야?"

"결국 결혼을 했지."

"결혼했다고? 그럼 행복 그 자체 아닌가?"

"그런데, 그렇지도 않아."

"그래도 결혼하면 행복해지는 것이 당연한 일 아니야?"

"그렇지만 결혼한 남자가 전부라고 할 수 없지 않아"

"그래 그래, 앞에 말한 것처럼 너무 골똘하게 생각치 말아. 무엇이든 다 말해 봐!"

"사실은 말이야 쌤. 내가 결혼한 상대가 미망인이고, 데리고 온 딸이 있어."

"그러면 알 겠어. 자네, 그 딸에게 구애하지 않았어?"

"아직 그다지 나쁘지 않지만 사실 더 나빠. 자네가 잘 알지만 내 아버지가 홀아비로 그 딸과 결혼 했어. 그러자 아버지가 내 의붓자식이 된 것이지."

"그 것이 모두야?"

"아니야, 그 것만이면 좋겠지만, 내 의붓딸이 내 의붓어머니가 된다는 말이지. 또 더 나아가 그 딸의 어머니가 내 할머니가 되는 셈이지. 하지만 나는 그 딸의 어머니와 결혼했으므로 나는 나의 할아버지가 되는 게 아닌가 그렇지 않아? 이 사람아!"

낚시 여행

두 사람의 남자가 미시시피 강으로 낚시 여행을 갔다가 돌아오는 도중에, 한적한 시골 길에서 엔진에 고장이 생겨, 그 곳 근처 농가를 찾아 문을 두드리자, 뜻밖의 여인이 나왔다. 그녀는 두 사람에게 저녁 식사를 내 주고, 하룻밤 그 곳에서 묵어가게 했다.

6개월 후의 일.

그 가운데 한 사람이 무엇인가 언짢은 공문서를 받았다. 그러나 읽어 나가는 중에 떫은 얼굴이 웃음으로 바뀌었다.

그리고 나서 천천히 낚시 친구에게 전화를 걸어 주었다.

"그런데, 톰." 하고, 상대가 말했다. "우리가 탑승한 차가 고장 났을 때, 그 날 밤, 어쩌다가 그 예쁜 여인과 하룻 밤 지낸 것이지?"

"그래, 지냈지." 하고, 톰은 뒤를 이어 대답했다. "그리고, 마키야베리가 한 것처럼 내 이름과 주소를 대줬지 뭐야" "그렁성저렁성, 너무 성 내지 말아!" 하고, 입을 닫았다.

"자네가 평소 잘하는 유머 센스는 어디로 간 거야?"

"아니야, 조금도 화나지 않아. 사실은 그녀 변호사로부터 편지 온 것을 자네도 알고 싶겠지 하고, 생각했지. 그녀는 지난 주 세상을 떠났고, 나에게 그녀의 농장과 현금 1만 2 천 달러를 남겨 주었어."

그 때는 당신이

보스턴에 사는 한 부부가 셰익스피어냐 베이컨이냐 하고, 다투었다. 아내는 확실히 셰익스피어 작품이라 주장하고, 남편은 베이컨의 작품이라고 주장해, 한 걸음도 서로 양보하지 않았다.

"내가 하늘나라에 가면," 하고, 아내가 말했다. "셰익스피어를 만나 진실을 확인해 볼 거 에요."

"그가 하늘나라에 없으면 어쩌지?" 하고, 남편이 물었다.

"그 때는 당신이 들어주겠지 뭐."

독신자 할아버지

귀염성스러운 한 할머니가 적십자사에 남자가 입을 파자마 한 벌을 기부하고 싶다고 자청했다.

"제가 만든 것이에요." 하고, 할머니는 자못 자랑스럽게 말했다.

그런데, 다만 바지 앞 쪽 부분이 터 있지 않았다.

담당 직원이 그 결점을 지적하자, 순간 할머니는 얼굴을 찌푸렸다. 그러다 갑자기 순간 밝은 표정으로 할머니가 말했다.

"독신자 할아버지에게 드리면 어떨까요?"

화장실은 어디

샤리가 카운터 뒤에서 손톱을 매만지고 있을 때, 멋쟁이 체크 무늬 양복을 입고 빨간 얼굴을 한 남자가 비틀비틀 들어왔다. 탁하고 샤리 등을 때리고 남자는 고함을 쳤다.

"이 봐요, 언니. 화장실은 어디지?"

샤리는 버럭 성을 내면서 냉정하게 말했다.

"맞은 쪽에 문이 있어요. '젠틀맨'이라 써 있어도 상관하지 말고 들어가세요."

할머니 동정

월드 시리즈가 열리는 날 아침 사원이 보스에게 마을 걸었다.

"사실은 저의 할머니가,"

보스는 전부를 말하게 하지 않았다.

"이거 봐, 할머니가 돌아갔다는 등의 종전 방식으로 속이다니, 그런 수법엔 속지 않아."

"아닙니다, 실은 할머니가 일시 쉬려고 집에 오신 것입니다."

심리 반응 검사

바에서 깊은 생각에 빠진 남자, 이따금 옆을 지나는 여성에게 물었다.

"실례지만 지금 몇 시입니까?"

겨우 들리는 목소리로 그녀가 대답했다.

"나에게 잘도 그런 말을 하네요!"

남자는 천장을 보고 놀랐다. 바에 있는 사람들 눈이 자기에게 쏠리는 것을 불유쾌하게 생각했다.

남자는 대체 왜 그러느냐고 물었다.

"나는 지금 몇 시인가 물어본 것뿐이요, 아가씨!"

먼저보다 더 큰 목소리로 그녀가 비명을 질렀다.

"다시 한번 말하면 곧 경찰을 부를 겁니다!"

죽을 만큼 당황한 나머지 남자는 글라스를 잡고 방 구석으로 급히 움직여 테이블을 부둥켜안고 숨 죽인 채, 어떻게 하면 남의 눈을 피해 밖으로 나갈 수 있을까 생각했다.

그러자 채 30초도 되지 않아 그 여성이 가까이 와서 부드러운 목소리로 말했다.

"정말 죄송해요, 놀라게 해 드려서 지는 대학 심리학과 학생이에요. 실은 갑작스런 충격적인 말에 사람이 어떻게 반응하는가에 대해, 논문을 쓰고 있는 중입니다."

남자는 약 3분 정도 말끄러미 상대 여성을 바라보다가 마침내 몸을 뒤로 젖뜨리고 큰 소리로 외쳤다.

"단지 2달러만 줘도, 밤새도록 나에게 그런 일을 해도 좋아요."

이산 가족

유럽 사람들은 우리 미국 사람이 분쟁 조정을 잘 모른다고 경멸한다. 그들 기준에 따르면 우리는 어처구니없게 철면피하고 모양새 사납다고 말한다.

확실히 얼마 동안 해외에 머물다가 미국에 돌아오면 그런 경험을 한다. 어느 때, 이런 일이 있었다.

공항에서 젊은 여성이 남편과 떨어져 우왕좌왕 하고 있다. 보다 못한 직원이 어떻게 된 거냐고 물었다.

"사실은 남편과 이산 가족이 되었어요." 하고, 여성이 대답했다. 그러자 담당이 말했다.

"걱정하지 말아요 언니, 대역을 찾아줄 것이니까."

수면제 복용

"바깥 주인을 완전히 남자답게 만드는 약을 처방 조제했습니다." 하고, 의사가 말했다. "그리고 이 것이 그 가루약입니다."

"언제 복용하게 하면 좋을까요?"하고, 아내가 물었다. "주인이 마시게 할 필요는 없어요."하고, 의사가 대답했다. "수면제이기 때문에 댁에서 복용하십시오."

에즈라 숙부

윌리엄스 부부의 행복한 결혼생활은 에즈라 숙부가 동거하기 때문에 파탄 일보 직전이었다. 12년이란 긴 세월 동안 그는 윌리엄스 집에 얹혀 살았지만 늘 변덕스럽고, 늘 오만하고, 늘 식사 때는 맨 먼저 식탁에 와 앉는다. 하지만, 그 아저씨 역시 폐렴에 걸려 세상을 떠났다.

묘지에서 돌아가는 길 윌리엄스는 아내를 향해 "사실은" 하고, 진지하게 말을 꺼냈다.

"만약 당신을 사랑하지 않았다면, 이렇게 긴 세월 당신의 에즈라 아저씨와 함께 살기는 도저히 감당하지 못했을 것이라고 생각해요." 아내는 파랗게 질린 나머지 남편 얼굴을 쳐다보았다.

"저의 에즈라 아저씨 라니요!" 하고, 아내가 소리쳤다. "당신의 에즈라 아저씨라 생각해 왔어요."

모양 내기

"부탁이에요, 함께 뛰어내려요."

"뛰어내릴 수 없어요. 지금 아버지 팬티를 입고 있어서 말이요. 내일 아침 신문 조간에, '친 아버지 팬티를 입고 뛰어내려'라는 제목의 기사가 나올 모양이니까"

액막이

사랑의 도피 중인 딸이 아버지로부터 전보를 받았다.

"집에 돌아오지 마라. 그러면 모든 것을 용서한다."

여성 운전기사

A "수놈 지렁이와 암놈 지렁이를 무엇으로 나눌 수 있는지 아는가?"

B "아니 모르는데"

A "암놈 지렁이는 구부러질 때 신호를 하지 않는다."

'플레이 보이' 잡지

어느 젊은 기업가가 미인 비서의 테이블 옆을 지나자, 테이블 위에 '불 날 때 열 것'이라고 써 놓은 봉투가 있음을 알았다.

호기심이 강한 기업가가 평소 비서가 자리에 없음을 다행으로 알고 그 것을 열어보았다. 그러자 봉투 안에서 "지금이 아니야! 불이 났을 때, 바보"라 쓴 종이 쪽지가 나왔다.

기업가는 기묘한 것이 머리에 떠 올라, 즉각 보복의 기회를 노렸다.

그 때, 이 사무소에 매달 '플레이 보이'잡지가 오지만, 맨 처음 보려고 사원 서로가 예민하게 다투는 일이 보통이었다.

수 주간 후의 일, 막 배달된 '플레이 보이'를 여비서가 받고 부전지를 붙여 기업가 테이블 위에 가져다 놓았다. 부전지에, "당신에게 최초의 영예를 드립니다."라고 적었다.

수 초 후, 비서쪽으로 부전지가 돌아왔다. 여기에 막 쓴 글씨로 덧붙였다.

"좋아! 어디서, 언제?"

빠른 속도

두 사람 농부가 마을 마트 앞에서 자랑을 늘어 놓았다.

"내 조카는 말이야, 발이 너무 빨라서, 술만 마시면, 총알처럼 뛰는 버릇이 있어. 같이 뛰면 5 마일은 차를 벌리고 말지."

"내가 그 얘기를 들을 때, 그렇게 빠르다고 생각이 안 들어. 어떻든 양초 불을 불어서 끄고 말이지, 방이 어둡기 앞서 벌거숭이가 되고 만다니까"

대규모 농장

다코다 농장의 크기를 자랑하며 남자가 말했다.

"어떻든 지역이 방대한 농장이 있는데, 내 눈으로 직접 보았지만 봄에 괭이로 고랑을 치고 농작물을 북돋우기 시작, 그대로 계속 밀고나가 저쪽 끝까지 갔을 때는 벌써 가을로 철이 바뀐 거지. 그러므로 돌아올 때는 농작물 수확에 들어가는 거지.

그러나 아직 놀라기는 이르지. 신혼에 어리둥절한 부부에게 젖수건을 주면 우유를 짜 가지고 돌아오는 데, 그 아이들은 굳이 말하지 말아요., 그 것이 일상의 다반사 이지."

함께 식사를

브로드웨이의 플레이보이가 지방 이발관에서 수염을 깎이고 있다. 마침내 매니큐어 담당의 예쁜 여성이 등장한다.

플레이보이는 곧바로 오늘 저녁 함께 식사하면 어떻겠냐고 유혹한다.

"안 돼요, 저는 결혼했어요." 하고, 여성은 음전하게 대답한다.

"그럼, 부군에게 말해 보면," 하고, 플레이보이가 제안했다. "꼭 허락해 줄 것으로 아는데.”

"그럼 손님이 부탁해 보세요."하고, 매니큐어 담당이 말했다.

"손님 수염을 깎고 있는 사람이 바로 제 남편이에요."

내 나이 70만 되어도

대법원 판사 올리버 웬델 홈스는 동명의 저명한 문필가 아버지보다 더 장수하고 나이가 90세에 이르렀다.

어느 날의 일, 동료와 함께 산책하는 중에 두 사람 바로 옆을 더없이 차밍한 젊은 여성이 지나간다.

매우 유감스럽다는 얼굴 표정을 짓고 판사는 여성의 뒤를 물끄러미 쳐다만 보며 말했다.

"아아 하다못해 내 나이가 70만 되어도 말이야!"

치과 의사

하로비츠 씨가 치과에 가서 검사를 받았다. 치과의사는 어렵겠다는 듯이 얼굴로 머리를 가로 저었다.

"뭐라 말씀드리기 어려우나 하로비츠 씨, 전체를 틀니로 하지 않으면 안 되어요. 모두 5천 달러가 들겠네요."

하로비츠 씨는 괴로운 표정을 짓더니 입을 열었다.

"분명하게 말씀드리지만, 5천 달러는 저에게 매우 벅차요. 좀더 싸게 안 되나요. 선생님."

"저의 병원은 안 되는 걸요. 이보다 더 싸게는 안 됩니다. 그러면 다른 치과의사를 소개해드리죠. 젊은 의사로 조금 싸게 할 수 있을 것으로 생각합니다."

하로비츠 씨는 소개받은 선생을 찾아갔다. 젊은 치과의사는 일단 진찰한 후에 말했다.

"아무리 해도 전체를 틀니로 하지 않으면 안 되네요. 2500 달러가 들어요."

하로비츠 씨는 곧 덤벼들 수가 없었다. 확실히 싼 것도 중요하지만 얼마간 주저한 끝에 말했다.

"선생님, 솔직히 말씀드리지만 선생은 아직 젊고 경험도 충분하지 않으시죠. 사실 단골로 다니는 치과의 의사가 터무니없이 수가를 불렀어요. 물론 돈을 절약하는데 반대는 않지만 치아의 만듦새를 희생해서까지 하고 싶지는 않아요."

그러자 젊은 치과의사가 말했다.

"손님 하시는 말씀도 일리 있다고 생각합니다. 확실히 저는 나이가 아직 젊고 지금부터 제구실 하게 되겠지만 확실히 저는 아직 경험도 충분하다고 할 수 없죠. 수가가 저렴한 것도 바로 이 때문이죠. 저의 기술은 2년 전에 앤더슨 씨에게 똑 같은 틀니를 해드린 경우가 있습니다. 전화번호를 알려드릴 테니 사정이 어떤지 알아보시면 어떻습니까? 그 후에 다시 또 상담해드리죠."

"그러면 좋죠." 하고, 하로비츠 씨는 감사하고 그 날 저녁 앤더슨 씨를 방문 일의 자초지종을 설명했다.

그 이야기를 다 듣고나서 앤더슨 씨는 정중히 이야기를 시작했다.

"사실 하로비츠 씨, 저에게 취미가 있는데,"

하로비츠 씨는 바로 끊고 말했다.

"앤더슨 씨, 그 이야기는 나중에 가서 들으면 안 될까요? 먼저 틀니 사정을 말해 주시죠."

"그 것은 잘 알겠습니다."하고, 앤더슨 씨는 말했다.

"그래도 지장이 없다면 나대로의 화법으로 질문에 대답하게 하면 안 되겠나요. 지금 말한 것처럼 나에게 취미가 있어요. 그 것은 누드로 수영하는 일입니다. 춥든가, 바람이 불지 않는 한 매일 아침 나는 6시 집에서 일어나 해안 가 인기 없는 장소에 가서 알몸으로 30분간 기분 좋게 수영을 즐기기로 하고 있습니다. 아침 6시 이면 누구에게도 방해되지 않기 때문이에요."

하로비츠 씨는 다시 한번 말을 끊었다.

"앤더슨 씨, 당신이 취미를 즐기는 것은 좋지만 내가 알고 싶은 것은 당신 틀니에 관한 것입니다."

"그렇지, 그렇지"하고, 앤더슨 씨는 앞서보다 일층 더 냉정하게 밀어붙이고 이야기를 계속했다.

"바로 전주의 일이에요. 평소대로 느긋하게 해수욕을 즐긴 뒤, 해변 언덕에 올라 가려 할 때, 한 사람 젊은 부인이 접근해 오는 것을 보았죠. 웬 일인지 나와 똑 같은 취미생활의 주인공으로 예쁜 몸매에 실 오라기 하나 걸치지 않았습니다. 당연하지만 나는 크게 당황해 어찌 할 바를 몰랐습니다. 하지만 그 부인은 조금도 이상한 빛을 보이지 않고 생긋 웃어가며 그대로 접근해 와 그만 몸이 닿고 말았습니다. 그래서 그 때, 이 2년간 온전히 처음 치통을 느낄 수 없던 것입니다."

13층의 미신

한 쌍의 남녀가 서로 포옹하고 있을 때, 입구 도어의 키를 여는 소리가 들렸다. 젊은 여성은 몸을 흔들어 풀고 공포의 눈을 동그랗게 뜨고 소리 질렀다. "큰 일이네, 남편이요! 빨리 창으로 빠져 나가요."

젊은 남자는 놀라서 창 쪽으로 달려갔지만 안절부절 못하고 망설였다.

"안돼, 13층에 있어."

"아 참, 뭘 말하는 거야."하고, 젊은 여성은 성난 눈을 뜨고 소리쳤다.

"미신에 상관할 때가 아니야!"

손자의 얼굴

제임스의 큰 딸이 훌륭한 아들을 낳았기 때문에 그는 축하인사를 받았다. 하지만, 그가 우울한 얼굴을 하고 있어 친구가 물었다.

"어떻게 된 거야 제임스. 할아버지 되기가 싫은 거야?"

제임스는 큰 한숨을 쉬고,

"자, 그 것도 그 것이지만, 그 것만이라면 큰 일이 아닌데, 이제부터 할머니와 함께 자야 한다고 생각할 때, 딱 질색인 거야."

걸 헌트

한 남자가 동료에게 왠지 그는 여자 운이 없다 하고, 푸념을 늘어 놓았다.

그래서, 동료가 지혜를 전수했다.

"자네에게 안성맞춤의 방법이 있네. 저녁 늦게 웨스트 포트 역에서 기다리고 있어 봐. 아내들이 남편을 마중 나올 테니 말이야. 항상 한두 사람 남편은 열차를 놓친다. 그래서 기다림에 지친 한 사람 아내에게 데이트를 신청해 본다. 남편이 돌아오지 않아 마음이 타고 있으므로 기꺼이 자네 청을 들어줄 것이지."

남자는 그가 좋은 생각을 했다고 보고 곧, 그 이튿날 코네티커트를 향해 승용차를 몰았다. 매우 흥분하고 안절부절 못했으므로 스탠포드까지 가리라고 생각했다.

"웨스트 포트까지 가지 않더라도 좋지 않을 까. 여기에도 역이 있으므로 여기서 운을 시험해 보자"

이렇게 결정하고 남자는 열차를 기다렸다.

마침내 남편들이 열차에서 내려오고 아내가 운전하는 차를 타고 각각 떠났지만 한 사람 미인이 뒤에 남았다. 남자는 됐다 하고 나가가 식사를 제안했다. 그러자 그 미인이 곧 응해 왔다. 두 사람은 식사하고 와인을 마시고 댄스를 춘 다음 좀 더 마시기로 하고,

그녀 집에 갔다. 그렇게 하면 갈 때까지 가는 것이 보통이다. 이 때, 뜻밖에 남편이 돌아와 지나친 일에 아내를 향해 욕설을 퍼 붓기 시작했다.

갑자기 남편의 주의가 창으로 도망치는 남자로 향했다.

"야아! 너야. 이 도둑놈아!"하고, 남편은 크게 호통을 쳤다.

"나는 웨스트 포트라고 말했지. 스탠포드라고 말하지 않았지."

야회복

번화한 거리 잘 움직이는 상인이 새 야회복을 진열하고 다음과 같이 써 붙였다. "여기 진열한 야회복은 마치 나무 울창처럼 만들었습니다. 그 안의 물건을 지키는 역할과 동시에 그 것을 보는데 방해가 되지 않습니다."

육질이 좋은가 여부

어느 농부가 아들을 품평회에 데려갔다. 아들은 대단한 흥미를 보이고 이 것 저 것을 돌아본 끝에 아버지에게 돌아와 물었다.

"저 사람은 왜 소를 두드려보고 몰아보고 하는 거죠?"

"그 것은 말이지"하고, 아버지가 대답했다. "소를 사고 싶어서 육질이 좋은가 여부를 살피고 있는 것이지."

며칠 뒤, 아들이 아버지에게 숨차게 달려와 소리쳤다.

"빨리요, 아빠. 우유 장수가 누나를 사가지고 가려 해요."

밍크 코트

사무실에서 제일 예쁜 여성이 동료를 모아 놓고 어젯밤 있었던 사랑 이야기를 꺼냈다.

"그 사람이 말이지, 나를 그의 아파트로 데려간 거야. 옷장을 열자 열 벌이나 되는 멋진 밍크 코트가 걸려 있지 않아. 그래서 어떻게 되었다고 생각해. 내게 그 중 한 벌을 준 거야."

"그래서 그대는 어떻게 해야 했나?"하고, 그 중 의심 많은 여성이 물었다.

"옷 기장을 줄였지 뭐 그 뿐이야."하고 그녀는 대답했다.

의대생의 명답

의대생이 국가시험 첫 문제를 보았다.

"엄마의 모유가 소의 우유보다 유유아에게 적절한 이유 5가지를 들어 보라."

그가 대답을 썼다.

1. 보다 신선하다.

2. 보다 청결하다.

3. 고양이에게 먹일 수 없다.

4. 영화관이나 소풍에 가져가기 쉽다.

5. '그가 조금 생각하더니 덧붙인다.' 대단히 멋진 용기에서 나온다.

그는 합격했다.

사랑의 도피

로미오 얼굴이 애인 침실 창가에 나타났다.

"나와"하고, 그가 외쳤다. "빨리빨리 사랑의 도피를 하지 않을 거야."

"쉿, 조용해" 하고, 줄리엣이 주의를 줬다. "아빠에게 들키면 다 틀어져"

"그런 것은 걱정하지 마! 아빠는 아래서 사다리를 잡고 계셔"

밤의 만남

가냘픈 여성의 목소리가 전화에서 울렸다.

"젊은 남자 둘이 창가에서 저의 방으로 들어오려고 해요."

"참 딱하네요."하고, 답이 왔다. "잘못 걸었어요. 여기는 경찰이 아니요. 여기는 소방서요"

"알고 있어요." 하고, 안절부절못하는 소리가 들렸다. "제가 걸고 싶은 곳은 소방서요. 좀더 튼튼한 사다리가 필요해서 말이죠."

여배우의 생명

그녀 배우의 생명은, 그녀가 입은 쉐타보다 그녀 자신이 더 컸을 때 시작해, 마침내, 짧은 스커트보다 그녀 자신이 지나치게 컸을 때 끝나고 만 것이다.

U.S.A

이그제저레이션(Exaggeration)

　어떤 사실을 과장되게 표현하면 그만큼 우습고 동시에 여전히 사실은 사실대로 바탕을 들어낸다. 과장 역시 유머 또는 조크에 포함된다. 어떤 사실을 실제 상태보다 훨씬 크거나 심하거나 대단한 것으로 나타내는 것이다. 이 유형은 어느 나라 조크에도 다 있다.

참된 원인

아기 지미가 엉엉 울면서 2층에서 아래로 내려왔다

"대체 어떻게 된 거야"하고, 엄마가 물었다.

"아빠가 그림을 달아매고, 망치로 손가락을 때렸어요" 하고, 지미가 울려고 했다.

"큰 일이 아니지 않으냐"하고, 엄마가 위로했다.

"인제 컸으니 그런 하찮은 일로 울든가 하면 안 돼요. 웃어버리면 되지 않아"

"그래서 나 웃었지"

승차 지각

한 남자가 시카고 행 열차를 타려고 급하게 역으로 나왔지만 간발의 차로 열차를 놓치고 말았다. 그는 열차의 뒤 쪽을 바라보며 안타까운 탄식을 멈추지 못했다.

"아아! 운이 나쁘다, 나는! 저 열차에 타는가 타지 못하는가에 따라 나의 운명은 결정된 거야."

"어느 정도 늦었는데요?" 하고, 옆에 있던 남자가 동정하며 물었다.

"그저 10초 뿐이죠."

"그 것만이요? 어어. 그 탄식이면 최소 1 시간은 되는 줄 알았어요."

작업량

"아무래도 모르겠는 걸"하고, 중년 남자가 이야기를 시작했다. "어째서 나는 수염이 머리 털보다 훨씬 빠르게 희어지는가?"

"그 것은 결국"하고, 익살스러운 남자가 입을 열었다. "당신이 머리보다 입으로 작업을 많이 해 왔기 때문이요."

나라가 바뀌면

스타니스라브스키 부인은 81세였다. 소비에트 국경에서 5 마일 떨어진 작은 농가에 살았다.

어느 날 아들이 '이스베스차' 신문을 흔들면서 달려와 외친다.

"엄마, 새로운 조약이 체결되어 이 땅은 소비에트 땅이 되었어요. 오늘부터 우리는 폴란드 사람이 아니고 소비에트 사람이에요."

스타니스라브스키 노부인은 만족스러운 듯이 수긍하고 말했다.

"고마운 일이지. 1년만 더 있으라 해도 이 추운 폴란드 겨울은 참아낼 수 없기 때문에."

컴퓨터

거대한 컴퓨터가 넓은 벽면을 차지하고 있어 그 앞에 서 있는 두 사람 수학자는 마치 난장이처럼 보인다.

이윽고 한 장의 종이가 컴퓨터에서 나왔다. 수학자 한 사람이 그 종이에 쓴 숫자를 정성껏 읽고 또 다른 수학자에게 말했다.

"이런 큰 잘못을 저지르려면 4백명의 수학자가 250년 걸릴 것이라고 생각하네."

자명종 시계

"오늘로 4번째 지각이요, 수잔."하고, 여주인이 도움이에게 말했다.

"네, 주인님, 늦잠을 잤습니다." 그녀가 대답했다.

"수잔에게 준 잠 깨는 시계는 어떻게 된 거지요."

"제 방에 있어요."

"태엽은 감았나?"

"네, 감았어요."

"잠 깨는 장치를 세트 했나요?"

"네, 매일 밤 하고 있어요."

"자! 그런데 알람 소리가 들리지 않았나요?"

"들리지 않았어요, 주인님. 그 것이 문제죠. 언제나 잠자는 중에 울리기 때문이죠."

수수께끼

거리의 바 주인이 깊이 잠자고 있는 중에 새벽 3시쯤 전화벨이 울린다

"댁의 바는 몇 시에 열지요?" 하고, 취한 목소리가 들린다.

"오전 11시죠." 주인은 말하고 전화를 끊었다.

1분 후에, 또 전화벨이 울린다. 같은 목소리기 묻는다.

"몇 시에 연다고 했죠?" "11시라 했죠." 하고, 주인은 성난 목소

리다. "1분 전이라도 안 들여요!"

"누가 들어간다고 했나요?" 하고, 성난 목소리다. "나는 나가고 싶은 것이에요."

장발족

한 사람 히피족이 이발관 대기 손님 자리에 앉아 있다.

한 시간쯤 후에 이발관 주인이 차례가 왔다고 하자, "머리 깎이러 온 것이 아니요."하고, 장발로 얼굴이 보이지 않는 남자가 대답했다.

"그럼 뭐 하러 왔어요?"하고, 주인이 물었다. "아버지에게 꾸중 듣지 않으려고요."하고, 히피가 대답했다.

"제가 이발관에 있으리라고 아버지는 꿈에도 생각하지 않기 때문이죠."

신이 아신다면

성자와 죄인이 함께 배를 탔다.

갑자기 태풍이 불어오고 배는 곧 갈아 앉을 것 같았다. 그러자 다 같이

선원도 승객도 신에게 기도하기 시작했다.

"신이여 도와 주소서, 저희를 도와 주소서." 하고, 죄인이 먼저 부르짖었다.

"쉿!"하고, 성자가 경고했다. "당신이 여기 있음을 신이 아신다면, 큰 일 난다. 그렇게 되면 우리는 한 번에 끝장나고 만다."

참 작가

지방 순회 극단이 '햄릿'을 상연한 그 이튿날 신문에 관극 평론이 크게 나왔다.

"오랜 세월에 걸쳐 셰익스피어 작품으로 알려진 드라마의 참 작가가 셰익스피어냐 아니면 프란시스 베이컨이냐 하는 논쟁이 이어져 왔지만, 오늘 이 평 런에서 드디어 최종 결말이 났다. 먼저, 두 사람 묘지를 열어보는 일이다. 지난 밤, 자다가 몸을 뒤친 사람이 '햄릿'의 참 작가다.

좋아하는 부위

북극해에서 한 척의 선박이 좌초했다. 주위는 겨울이라 빙산으로 둘러 쌓이고 굶어 죽는 일이 뻔한 노릇이다.

마른 생선 한 마리를 먹고 나자 용감한 선장이 한 발 나아갔다.

"여러분, 여러분을 이 지경에 빠지게 한 장본인이 바로 다름 아닌 저이기 때문에 제일 먼저 제가 죽기로 하겠습니다. 그러면 제 몸으로 2주간은 겨우 연명할 것입니다."

선장은 비장의 피스톨을 꺼내 들고 관자놀이를 겨냥했다. 막 방아쇠를 당기려 할 때, 항해장이 소리쳤다.

"멈추세요! 그 건 안 됩니다. 선장님. 머리골을 함부로 하면 안 됩니다. 소원입니다. 그 것이 제가 가장 좋아하는 부위입니다."

아담이란 노인

수 년 전, 일리노이 강이 터무니 없이 넘쳐 흘러 홍수가 되었다.

피오리아 지방의 한 재판에, 파라다이스라는 이름의 강가 집에 사는 아담이란 노인이 증인으로 불려 나왔다.

"이름을 대요!"

"아담입니다."

"이름이 아담이라. 그럼 어디에 사십니까?"

"파라다이스입니다."

"이름은 아담이고 파라다이스에 사신다고. 몇 해나 됩니까?"

"홍수 때부터 줄곧 살아옵니다."

교통 규칙 위반

뉴 헤븐 성공회(聖公會) 저명한 목사가 멋진 신차를 선물 받았다.

기뻐 어찌 할 줄 모른 목사는 즉시 그 멋진 차를 타고 맨하튼으로 나갔다. 기분이 좋아 차를 시승하는 중에 정신을 차리고 보니 일방통행의 길을 역 방향으로 달리고 있는 게 아닌가!

당황한 목사는 어떻든 궁지를 벗어나려고 허둥대다가 위법 턴을 할 뿐 아니라 신호 위반까지 하기에 이르렀다.

곧바로 경찰 눈에 띄어 도로 갓길로 유도되었다.

"목사님, 교통 규칙을 3가지 동시에 위반하셨네요. 저는 눈 감아 드리지만, 좋겠습니까. 저는 경고로 끝내지만, 다음 지점 경관은 침례 교인 입니다.

농장 방문

선교사가 한 신자의 농장을 방문했다. 농토는 최상의 상황으로 풍작은 의심의 여지가 없어 보였다.

그 동안 몇 차례나 되풀이해 온 형식으로 선교사가 말했다.

"당신과 하나님은 여기서 놀라운 일을 해내셨습니다."

농장을 떠나며 선교사는 당신과 하나님은 훌륭한 성공을 거두었다고 계속 반복했다.

당사자 흑인 농부는 부질없는 마음으로 바로 이렇게 대답했다.

"그렇습니다. 말씀대로 입니다. 하지만 5년 전, 하나님이 하나님만으로 소유하고 계실 때, 이 땅을 한 차례 당신에게 보이고 싶네요!"

식인종과 맛보기

전도사가 정글 깊숙이 오지로 들어가 식인종 추장을 만났다.

"당신은 종교에 대해 무언가 알고 있습니까?" 하고, 그가 물어보았다.

"글쎄요, 바로 전에 전도사가 왔을 때, 조금 맛을 보았을까요." 하고, 추장이 말했다.

사전 가운데

"자, 여러분"하고 소탈하고 익살스러운 흑인이 군중을 향해 외쳐댔다. "아무리 고통과 곤란으로 가득 찬 인생이라도 항상 '동정(同情)'을 발견할 수 있는 장소가 하나 있습니다."

"어디야, 어디야." 하고 여러 명의 청중이 소리쳤다.

"사전 가운데서 말이지." 하고, 흑인은 모르는 체하고, 하늘을 우러러보았다.

장수 비결

미국의 특파원이 프랑스 성(城) 안에, 장수(長壽)로 알려진 한 노인을 찾았다. 나이가 105세라 하는데 아직 건강 그 자체 이다.

"장수 비결은 잘 먹고 잘 마시는 것이지." 하고, 노인은 특파원에게 말했다. "분별을 아는 인간의 음료는 포도주 뿐 이지. 오늘 내가 있는 것은 물 한 방울도 입에 대지 않은 것이지."

"믿을 수 없는 데요." 하고, 특파원은 웃었다. "아침에 이를 닦지 않습니까?" "그 건 말이지,"하고, 노신사는 엄숙하게 대답했다. "가벼운 백포도주를 사용하고 있어요."

제주(祭酒)

피네건 "만약 내가 죽는다면 장례식 때, 묘지 위에 아이리시 위스키를 뿌려 주게나."

셰인 "알았다. 그러나 나의 신장(腎腸)을 통과시켜도 좋겠지?"

의문표 하나

에세키엘 하버드가 뉴 햄프샤 어느 지역 보안관에 입후보했다. 표를 얻기 위해서라면 빈틈없이 샅샅이 선거구를 뛰다시피 해야만 했다.

록웰 부인은 하버드의 모습이 가까이 오는 것을 보자, 빗자루에 손을 가져갔다.

"우리 집 안으로 한 발자국도 들여놓지 마라. 이 쓸모 없는 부랑인!"하고, 그녀가 외쳤다.

"하지만 아주머니, 저는 한 표를 주시라고 부탁드리러 왔습니다."하고, 하버드는 항의했다.

"보안관에 나온다며?"하고, 부인은 고함을 쳤다.

"돼지 우리에 들어가야 할 사람에게 그 관리를 맡길 수 있느냐 말이야. 자네도 악당이고, 아버지도 할아버지도 모두 악당이었지. 빗자루 들기 전에 얼른 꺼지라 이 말이야."

하버드는 여기야 말로 한번 참을 필요가 있다 생각하고 그대로 물러났다.

구식 포드 차에 타기 앞서 수첩을 펼쳐보니 록웰 이름 아래 써 놓았다. '의문표 하나'

홀 인 원

하늘 나라에서 이루어진 골프 시합의 결정전이 성 베드로와 성 바오로 사이에 벌어졌다.

성 베드로가 최초의 티를 치는 명예를 얻고 곧바로 홀 인 원을 쳤다.

성 바오로도 흔들림없이 똑같이 홀 인 원을 쳤다.

성 베드로는 충실하게 득점을 기록하고 말했다.

"어때, 바오로, 기적은 커트하고 실력으로 가지 않겠나?"

눈을 뜨고 쳐라

두 사람 초심자가 골프를 쳤다. 다음 그린은 300야드 떨어져 있고 그 사이 장애물이 많았다.

한 사람이 눈을 지긋이 감고 힘 있게 스윙을 했다. 어떤 우연의 결과인가 볼은 그린까지 날라 그대로 굴러가 홀 인 원을 했다.

"홀 인 원!"하고 한 사람이 목청을 떨어가며 외쳤다.

"다시 한번 해 볼까, 걸어도 좋아."하고, 최초의 남자가 나팔을 불었다.

"좋아요."하고, 친구가 대답했다. "걸겠는데 한 가지 조건이 있어."

"조건이라니 무엇이야?"

"이번에는,"하고, 친구가 말했다. "두 눈을 뜨고 쳐 주지게나."

3차례는 메아리

4사람 남자가 골프를 즐기고 있다. 9번 홀의 장애는 깊은 골짝이에 있다. 4사람 중 하나가 그 골짝이를 어떻든 넘을 수 있었는데 3사람은 골짝이에 떨어뜨리고 말았다. 3사람은 골짝이 가장자리까지 가서 아래를 내려다보고 2사람은 이 홀을 포기했다.

3번째 사람은 아래로 내려가 볼을 찾았다. 드디어 볼이 바깥으로 쳐 올려지고 곧 그 역시 모습을 드러냈다.

"몇 스트로크 때렸나?" 하고 1사람이 물었다. "3차례야", "그러나 6차례 소리가 났지."

"그 가운데 3차례는 메아리야!"

화폐 위조범

애틀란타 교도소는 당대 최고 숙련자 이며, 더 없는 이기적 화폐 위조범을 앞으로 20년간 수용하게 되었다.

그 사람이 위조한 5달러 지폐는 조폐국에서 만든 진짜보다 훨씬 정교했지만 아깝게도 단지 1 군데 고치고 싶은 욕망을 끝내 범인은 떨쳐버리지 못했다.

결국, 링컨 초상 대신 자기 초상을 사용한 것이다.

강한 색채

"아무리 보아도 당신 작품은 색채가 너무 강한 편인 걸." 하고, 편집자는 두꺼운 원고를 돌려주며 말했다.

"어떤 현상요?" 하고 실망한 작가가 물어보았다.

"다시 말하면," 하고, 편집자가 설명했다.

"첫 장부터 노인의 성냄을 보라 색으로, 악당의 심술을 파란 색으로, 주인공의 성냄을 푸른 색으로 하고, 여 주인공의 수줍음을 빨간 색으로 하고, 말 부리는 마부의 추위를 창백한 색으로 하지 않았는가? 참으로 새하얗지 않은가?"

새 화재 보험

마을에서 가장 큰 식료품점이 화재로 불에 탔다. 그런데 그 점포 주인은 바로 그 날 새 화재보험에 가입한 터다. 보험회사는 사기가 아닌가 하고 의심했지만 아무 증거가 없었다. 보험회사는 지혜를 짜낸 결과, 다음 편지를 작성하기에 이르렀다.

"머리 줄이고, 보험계약 증서를 가입자가 가지고 간 것은 오전 10시, 그리고 화재가 발생한 것이 오후 3시 30분. 송구스럽지만 그 동안의 늦어진 이유를 설명해 주실 수 있습니까?"

카탈로그, 아기 복장

애리조나 개척시대의 일. 한 사람 판사가 주먹과 두 자루 권총으로 다스렸다. 동내에서 단지 한 권의 책이라면 시아드로 백 회사판의 카탈로그 첫 판.

판사는 그 책을 책상 위에 놓고, 막 사건 판결을 내릴 때는 그 페이지를 찾는 것이다. 어느 날 아침의 일, 전례대로 무작위로 페이지를 펼치고 피고를 향해 소리쳤다.

"벌금 3달러 49센트"

피고가 항의하려 하자, 변호사가 제지하고 나섰다.

"조용히 하오. 당신은 운이 좋아요. '아기 복장'이 아니고, '피아노' 부분을 펼쳤다면 큰 일 날 번 했어요."

토니카티스 처럼

한 남자가 이발관에 들어가 토니카티스 처럼 머리를 깎아 달라고 부탁하자.

"네, 말씀대로 하겠습니다." 하고, 이발사가 수용했으므로 남자는 의자에 앉아 잠이 들었다. 15분 후에 눈을 뜨고 거울을 보았다.

놀라운 사실은 머리가 번들번들하게 깎인 것이 아닌가. 의자에서 곧바로 내려와 손님이 이발사에게 항의했다.

"토나카티스 말이요. 토니카티스 처럼 해 달라고 부탁한 거에요."

"손님 요구대로 깎은 거에요. 내가 토니카티스 머리 모양은 잘 알고 있어요. 지난 주 텔레비전에서 '왕과 나'를 보았기 때문이죠."

좌회전

오콘넬 씨가 차를 운전하며 깜빡 졸다가 정신이 들고 보니 도로 가장자리 농가 거실에 처박혔다. 당혹감을 감추지 못한 채 머리를 쑤석거리며 차에서 내려와 물어보았다.

"애플톤은 어떻게 가면 좋을까요?" 농가 주부는 차갑게 쏘아 부쳤다.

"찬장을 곧바로 제치고, 피아노에서 좌회전 하세요."

불청객

식사 중에 나타난 불청객을 편하게 하려면 절대 말하지 말아야 할 이야기.

나이야크 부근 고속도로에서 3마일 떨어진 곳에 사는 남자가 어느 날 오후 집에서 나와 버스 정류장까지 걸어가, 나이야크 나루터까지 가서 달리 타운까지 가는 패리를 승선하고, 역까지 버스를 탄 뒤, 그랜드 센트럴 역까지 가는 열차를 탔다. 뉴욕에 도착하자, 지하철을 환승하고 브루클린 뉴 로츠에 가서 이 때, 10 마일 정도 버스를 탔다. 다시 20분 걸어 아파트멘트 하우스에 도착, 3층까지 뛰어올라가 친구 집 벨을 눌렀다.

친구는 마침 식사 중이다.

"그런데, 이 시간에 어떤 일 이세요?" 하고, 친구 아내가 물었다.

"아니, 근처까지 온 김에 들렀죠."

고추냉이 맛

미국에 이민 온 지 얼마 안 되는 두 사람 아일랜드 인이 어느 식당에서 운을 시험해 보려 시도했다.

종업원이 식사를 가져오고 그 옆에 서양 고추냉이(겨자, 와사비) 접시를 놓았다. 크란시도 패트릭도 서양 고추냉이를 처음 보았으므로 어떤 새 젤리의 일종으로 생각했다.

크란시가 맛을 보려고 한 스푼 떠 입에 넣었다. 그 순간 눈물이 넘쳤다.

"어떻게 된 거야 크란시? 지금 울고 있는 거야?"

크란시는 자기 잘못을 인정하고 싶지 않아 대답하기를,

"내가 우는 것은 바로 지금, 목을 조이는 할아버지의 일을 생각했기 때문이지."

패트릭은 동정했다. 그리고 그 역시 서양 고추냉이를 맛보려고 생각했다. 입에 넣자 마자 눈물이 쏟아졌다.

이번은 크란시가 그 이유를 물을 차례다.

"내가 우는 것은," 하고, 패트릭이 말했다. "당신 할아버지가 목을 졸렸을 때, 왜 당신도 목을 졸리지 않았는가, 독화살 같았을 텐데 말이지."

일생을 잃기

배로 강을 건너고 있던 대학교수가 도중에서 뱃사공에게 물었다.

"당신은 철학을 압니까?"

"아뇨, 들은 적도 없는데요."

"그럼, 당신 인생의 4분의 1은 잃은 것이오. 지리학은 어때요?"

"아닌데요."

"그럼, 당신 인생의 2분의 1은 그 것으로 잃은 거와 같네요. 천문학은 알아요?"

"아닌데요."

"그럼 4분의 3은 잃었네요."

바로 그 때, 배는 전복되고, 두 사람은 강에 빠지고 말았다.

"수영할 줄 알아요? 당신."

"못해요." 하자, 교수가,

"그럼, 당신 일생은 잃어버린 것이오."

터널을 팔 수 없어서

오랜 동안 고향의 철도에서 일한 스코틀랜드 사람이 미국에 건너와 중서부 시골에 살았다. 그 때, 그 지방에 철도가 놓이게 되었다.

"그런데 말이요" 하고, 스코틀랜드 사람이 이 뉴스를 전해준 이웃에게 말했다.

"이 지역엔 철도를 놓을 수 없어요."

"어째서 말이요? 파가손."

이웃 사람은 그런 바보 같은 일이 어디 있는가 하고, 물어보았다.

"어째서 라니, 그 이유를 몰라서 물어요? 이 주변은 평야 지대야요. 어디에 터널을 팔 수 있는가 말이요?"

대본 쓰기

헐리우드에서 시나리오는 최소한 6회는 다시 써야 일단 고려 대상이 될 수 있다. 셰익스피어나 성서까지도 다시 써야 한다.

시나리오 작가 시릴이 세상을 등지기 바로 앞서 한 편의 시를 써서 장례식 때, 읽어 달라고 동료 친구에게 부탁했다. 사후, 그의 친구는 또 한 사람의 친구를 불러 말했다.

"조금 손 봐주지 않겠나? 시릴이 장례식 때 읽어 달라고, 한 편의 시를 써 주었지만, 사실 어려운 일이야. 다시 써 주지 않겠나?"

이래서 두 사람의 친구는 망자 최후의 작품을, 원형을 상상할 수 없을 정도로 바꿔 써 놓았다.

사람을 착각함

고든 씨는 지하철 계단을 올라 가는 남자를 보고 갑자기 얼굴을 밝게 했다. 달려들려 했으나 등을 두드리는 사람이 있어 남자는 앞으로 기우뚱 했다. 고든 씨가 외쳤다.

"닉슨, 자칫 사람을 잘못 볼 뻔했어요. 먼저 번 만났을 때보다 30파운드는 체중이 늘었고요. 그 코는 정형 했나요? 그러고 보니 키도 약 2 피트는 커졌네요."

남자는 성난 얼굴로 그를 보았다.

"실례지만," 하고, 남자는 차갑게 쏘아붙였다. "나는 닉슨이 아니요."

"이런," 하고, 고든 씨가 말했다. "당신은 이름까지 바꾼 것인가 보네!"

찾는 물건

로스앤젤레스 영화관에서 살인 영화가 최고조에 달했을 때, 한 노 신사가 바닥을 더듬는다. 옆자리 부인은 그 것이 신경 쓰여 머리가 아팠다.

"무엇을 잊어버렸나요?" 하고, 그녀가 초조해서 물어보았다.

"캬라멜이오." 하고, 남자가 대답했다.

"캬라멜 하나로 그렇게 수선을 떱니까?"

"그래요. 틀니까지 말이요."

잠에 취해 멍청함

지방을 돌고 있는 세일즈맨이 호텔에서 방을 찾았다. 모두 만실(滿室)로 거절되었지만 애원한 끝에 혼숙(混宿)을 받아들였다. 어떻든 수 마일 안에 다른 호텔이 없기 때문이다.

1203호실 밤플 대령 방에 마침 미 사용의 베드가 있어서 대령이 기분 좋게 혼숙에 응해 주었다. 겨우 안심한 세일즈맨이 7시 열차를 타야 했으므로 6시 반에 깨워 달라고 부탁하고 하루 밤을 느긋하게 자고 났다.

이튿날 아침, 세일즈맨이 엘리베이터로 내려가자 엘리베이터 보이가,

"안녕하십니까? 밤플 대령님" 하고, 인사를 해 온다. 후론트를 지날 때도 역시, "안녕하십니까? 밤플 대령님"하고, 인사를 해 오는 것이 아닌가. 도어 맨 역시 분명히 같은 말을 반복했다.

이런 인사를 받을 때마다 세일즈맨은 어깨를 움츠리고,

"아침 6시 반이면 누구라도 늦잠을 잘 것이다."하고, 중얼댔다.

열차에 오르자 곧 그는 화장실로 들어갔다. 그리고 거울을 보며 수염을 깎을 필요가 있다고 생각했다.

다시 한 번 바라다보고, 그는 비명을 질렀다. 열차는 이미 움직이기 시작했다. 정신 나간 사람처럼 통로를 뛰는 세일즈맨의 모습에 승객은 모두 어안이 벙벙했다.

"도와주세요! 다른 사람을 깨운 것이에요!"

목적지가 다른데 한 열차를

골드화브 씨가 뉴욕을 떠나 시카고로 향하는 바로 그 날, 리프칸드 씨는 시카고를 떠나 뉴욕을 향했다. 두 사람은 똑같이 기성복 업계 거물로 특급의 '20세기 호' 이외는 타지 않았다. 이 두 최신 열

차는 동시에 버폴로 역에 도착, 플랫폼을 걷고 있던 두 사람이 뜻밖에 마주쳤다.

사업 이야기로 정신이 없기 때문에 2 사람은 함께 상행 열차에 올라탔다. 그리고 1시간 동안 버튼 업계 분석으로 골몰할 때, 갑자기 골드화브 씨가 말했다.

"리프칸드 씨. 매우 놀라운 시대에 우리가 살고 있다고 생각한 적이 없습니까?"

"결국 어떤 일인데요?" 하고, 리프칸드 씨가 의아스러운 표정으로 반문했다.

"가령 오늘 같은 일이죠." 하고, 골드화브 씨는 감개무량한 듯 말했다.

"이래서 저는 뉴욕에서 시카고로 가는 길이고, 회장은 시카고에서 뉴욕으로 가는 길 인데, 그럼에도 불구하고 같은 열차를 타고 있으니 말이죠."

난센스(Nonsense)

유머를 달리 난센스라고 한다. 난센스는 어떤 일이나 말이 터무니없거나 당치 않거나 무의미한 상태를 가리킨다. '난센스 퀴즈'란 말도 있고, 또 "배보다 배꼽이 큰 꼴이니 이건 정말 난센스다."하는 용례도 있다. 난센스는 어리석고 가소로움을 나타낸다.

오른 손 검지

옐로우 스톤 국립공원의 가이드가 왜 오른손 검지가 없는가 하는 무례한 질문에 대답했다.

"저는 말이죠, 지난 25년간 가이드를 담당해 왔는데요, 질문 좋아하는 관광객에게 여기 저기 장소를 일일이 검지로 가리켜 보이고 설명해 온 탓에, 당연한 일이지만 검지가 닳아 없어진 것이죠."

수도공사 사업자

한 텍사스 사람이 나이아가라 폭포를 찾았을 때, 현지 남자가 말을 걸어왔다.

"어떻습니까? 대단한 광경이죠. 텍사스에는 이런 광경이 없을 것이라 생각하는데요."

"없어요." 하고, 텍사스 사람이 대답했다. "하지만, 달라스에 저런 누수는 10분이면 고치는 수도 공사 사업자가 있어요."

공동 있는 큰 나무

캘리포니아 태생 남자가 자기 고향의 큰 나무에 대해 말했다.

"큰 나무라구요? 아니 요즈음도 공동(空洞) 있는 큰 나무를 쓰러뜨려 깊은 계곡에 걸쳐 놓았죠. 어떻든 다리를 새로 놓으려면 많은 공사비가 들기 때문이죠. 이 나무 공동 가운데를 건초 실은 차를 끌고 가자, 저 쪽에서도 같은 차가 와서 마주치고 지나갈 수 없었죠. 그래서 나는 공동 있는 가지 안으로 들어가 스쳐 지나가게 했다는 저간의 사정 이야기이죠."

가물음

"이 지역에 비 오는 일이 있나요?" 하고, 서부 지역 깊숙이 차를 몰고 들어간 남자가 그 고장 사람에게 물었다.

"비라구요?" 그 고장 사람은 침을 퉤하고 뱉으며 "이 고장은 두꺼비가 5년이나 서식하지만 아직도 헤엄 칠 줄 몰라요."

자이언트 선수

"내 발이 무척 빠른 준족이라구요? 좋아요, 잘 들어 보세요. 내가 자이언트 선수였을 때, 홈런을 때리면 내가 1루를 밟기까지 관중들은 탁하는 방망이 소리가 들리지 않았지요. 2루를 돌 때, 항상 2루수가 기분 나쁜 소리를 하기로, 3루수까지 힘차게 제치고, 캐처 쪽으로 몸을 처박죠. 대단한 일이지 뭐입니까?"

돛 포로 된 겉옷

"작년 여름인데요."하고, 떠버리가 이야기를 시작했다. "바다 낚시를 가서 저녁때, 배의 갑판에서 담배 피우고 이야기를 나누는 가운데, 모기 떼가 몰려들어 그 것이 도깨비 새처럼 나타나, 앗 하는 사이에 배에 머물러 15분도 안된 사이 배의 돛을 모두 쓸어내어 돛대는 모두 콩나무처럼 벌거숭이가 되고 말았다는 거죠."

이 얘기를 듣고 있던 사람들이 모두 바보 같은 소리 하지 마라고 상대를 꺾으려 할 때 한 남자가 끼어들었다.

"아뇨, 놀랄 일은 아니죠. 내가 보증해요. 그로부터 1주일 후에, 똑 같은 난바다를 배 타고 지나가는데 같은 모기떼가 몰려왔어요."

이 예기치 못한 지지자의 출현에 처음 말한 남자는 약간 불만스러웠다.

"아니 저런, 그랬군요? 한데, 어떻게 같은 모기라고 알았나요?"

"어떻게 알았느냐고요?"하고, 제2의 남자가 킥킥 웃어 대며 대답했다. 어째서 그랬냐 하면, 그 모기들이 모두 돛 포로 된 겉옷을 걸치고 싫증을 냈기 때문이죠."

거짓말 겨루기

"내가 인도에 있을 때 이야기 이죠." 하고, 노인이 자기 자랑을 시작했다.

"여성들이 세탁을 하고 있는 냇가에 한 마리 호랑이가 나타났어요. 그 것은 사나움 그 자체의 호랑이지만 놀라운 사실은 그 가운데 한 여인이 용감하게 호랑이 얼굴에 물을 뿌렸어요. 그러자 어떻게 되었느냐? 호랑이가 도망갔어요."

"여러분!" 하고, 안락 의자의 남자가 말했다.

"그 얘기가 참말임을 내가 증명할 수 있어요. 그 사건이 발생한 수 분 후에 내가 그 냇가에 가자, 그 호랑이와 마주쳤어요. 그리고 평소의 버릇대로 그 수염을 어루만지자 어땠을까요, 신사 여러분, 그 수염이 젖어 있어요."

얼어버린 말

"우리가 간 곳의 추위는 말로 다할 수 없어요" 하고, 북극 탐험가가 자랑했다.

"어쨌든 양초가 얼어버려서 입으로 불어, 불을 끌 수가 없었기 때문에."

"그런 것이 중요하지 않아요." 하고. 남극 탐험가가 말했다. "우리가 간 곳은 입 밖에 나온 말이 모두 얼음 조각이 되어 입에서 나오므로, 그 것을 기름에 튀기지 않으면 무엇을 말하는지 몰랐어요."

캐비지와 보일러

"새로운 일을 시작했지요?"

"그래요."

"무언데요, 그 일이?"

"농업 이에요."

"무엇을 재배하고 있나요?"

"여러 가지 야채이죠. 믿을 수 없겠지만 캐비지 같은 것을 직접 키우고, 요즈음도 1연대가 행진해 왔을 때, 비가 오니까 전 대원이 그 캐비지 이파리 아래서 비를 피할 수 있었죠. 그런데, 당신은 어떻게 하고 있어요?"

"내가 있는 데서 보일러를 만들고 있죠. 아마 믿지 않을지 모르지만 요즈음 만든 보일러는 세로 2마일, 가로 1마일 반이었죠."

"아 그래요! 그런 엄청난 보일러, 무엇에 쓰는 가요?"

"당신이 지금 말한 캐비지를 데치기 위해 쓰죠."

고향 자랑

플로리다 태생의 남자와 캘리포니아 태생의 남자가 시장에서 자기 고향 자랑을 시작했다. 플로리다 남자가 수박을 가리키며 말했다.

"캘리포니아 포도는 저 정도 크기인가요?"

캘리포니아 남자는 수박을 곁눈질하며 말했다.

"우리 고향은 저 정도 크기 과일로 본 것은 말이죠. 저 것은 건포도일 뿐 이에오."

치열한 경쟁

"말이라니!" 하고, 한 양키가 캐나다 사람에게 말했다.

"나에게 말 자랑 같은 것 할 수 있다고 생각하는가? 내가 키운 늙다리 암말만 해도 특급열차와 달리기 시합을 하면 40마일이나 차이를 보였지."

"그 것을 말이라고 하는가!"하고, 캐나다 사람이 떠들어 댔다. "나는 집에서 50마일 떨어진 농장에서 태풍을 만난 적이 있지만, 그 때, 작은 말의 말머리를 집을 향해 달려간 바, 어떻게 되었을까? 말해볼까? 최후 10마일은 격렬한 경쟁 같았지만 나는 비 한 방울 맞지 않았지. 그러나 10야드 뒤 따른 나의 개는 처음부터 끝까지 헤엄치지 않으면 안 되었지."

암탉

"닭이라고 하면," 하고, 미국에서 온 방문자가 말했다. "아버지가 키운 암탉이 머리에 떠 오르지. 테니스 볼에서 레몬에 이르기까지 무엇이든지 바꿔 놓기 때문이지. 얼마 전 얼음덩이를 품고 2리틀의 더운 물로 데워 놓았지."

"그런 것은 어머니가 키운 새우 발 암탉에 비할 바가 아니지."하고, 아일랜드 사람이 말했다. "어쨌든 오트밀 대신 잘못해서 톱밥으로 키워서 대단했지. 달걀을 12개 낳아 품는 것까지는 좋은데, 바꿔 놓기를, 병아리 가운데 11마리는 나무로 된 다리를 했고, 12마리 째는 딱따구리가 되었지!"

허풍 떨기

"세계일주를 했다며? 물론 라인강을 올라갔겠지?"
"꼭대기까지 올라갔었지."
"상 마르코 사원의 라이온도 보았겠지?"
"먹이도 주었지."
"흑해도 갔었나?"
"응, 거기서 만년필에 잉크를 넣었지."

약의 효능

스코틀랜드를 여행한 미국인이 그 고장 농부와 대화를 나누었다.
"미국의 소에 바르는 약에 대해 들은 적이 있는가? 소의 꼬리를 잘라 자른 부위에 그 약을 바르고 1주일쯤 있으면 새 꼬리가 생겨 나는 것이야."
"그 건 아무것도 아니지. 우리가 난 곳에서 소의 이 꼬리를 자르고, 그 부위에 약을 문질러 바르면, 1주일도 채 안되어 헌 꼬리에서 새 소가 나오는 것이지."

고기 떼의 위치

패트 해리가 맹세코 한 말이지만, 그의 고향 오클라호마에서는 물이 극도로 바닥을 보이면 물을 거슬러 오르는 고기 떼의 위치가 그 고기 떼가 만드는 구름 같은 먼지로 알게 된다는 것이지.

화재보험 증서

화제가 '개' 라고 하면, 이야기는 크게 벌어지기 마련이다.

"스미스 집에서 말인데요."하고, 어느 남자가 말했다.

"대단히 영리한 개가 있어요. 어느 날 밤, 그의 집에 화재가 발생했어요. 앗! 하는 사이에 일어난 일로, 왁자지껄 대소동인데, 스미스 씨 부부와 자녀들은 목숨만 겨우 건져 불을 피했으나 집에서 키우는 개 '로바'가 다시 불길 속으로 달려 들어갔어요. 곧, 개는 모습을 보였지만, 개의 몸 전체는 불에 그슬려 있었죠. 대체 무엇을 하려고 갔었다고 생각해요?"

"아니 모르죠." 하고, 이야기 듣던 사람들이 대답했다.

"젖은 타월에 화재 보험증서를 싸가지고 입으로 물고 온 것이요."

남에게 맡김

뉴 리치 부인이 유럽 여행을 마치고 돌아왔기 때문에 친구들이 몰려와 그녀로부터 여행담을 듣게 되었다.

"여행 일정에 로마도 들어있죠?"

"글쎄, 어찌 했을까 몰라요. 어쨌든 비행기표는 남편이 끊었기 때문에."

지방 사람

미국 여행자가 런던 관광에 나섰다. 일행은 몇 차례 해전(海戰)에서 영국에 승리를 가져온 넬슨 제독의 기함 빅토리아 호에 올랐다.

영국 해군 수병이 안내를 맡아 갑판에 이르러 한 단계 높은 데 있는 구리쇠 기념판 앞에 다가가자 공손하게 인사말을 했다.

"여러분 보십시오. 바로 이 곳이 넬슨 제독이 넘어진 장소 입니다."

"아! 그래요."하고, 그 미국인은 실망하는 모양으로 말했다.

"중요한 것은 말이죠. 나도 그이처럼 발이 걸려 자칫하면 넘어질 뻔했어요."

베수비오 화산

다수의 여행자가 베수비오 화산 분화구를 바라보고 있다.
한 사람 미국인이 남자 동반자에게 속삭였다.
"마치 지옥과 같네."
이 말을 언뜻 들은 영국 부인이 옆 사람에게 소리쳤다.
"어머나, 어인 일이야! 미국인은 가지 않는 곳이 없네."

셰익스피어

영국으로 관광여행을 간 노부인이 관광버스로 스트라트포드 어폰 에이본을 방문하고 놀랐다. 어디도 예의 바르게 셰익스피어로 가득했다.
그래서 책방에 들어가 셰익스피어 전집을 구입, 버스에 돌아와 읽으면서 옆자리 관광객에게 말했다.
"왜, 자꾸 셰익스피어, 셰익스피어 하고, 수선을 떨죠? 전부터 내려오는 유명한 인용구를 연결하는 것이 능숙한 일이 아닌가요."

모나리자

　미국 관광객이 빠리에 가면, 꼭 찾는 곳이 루브르 이다. 관광객 대부분이 아는 그림이라면 플레이보이의 누드 정도라고 하는데.
　어느 때, 신혼여행 중인 한 쌍이 정면 현관으로 차를 대고, 신랑이 신부에게 말했다.
　"자, 당신은 안으로 걷고, 나는 바깥을 걸어 20 분이 되면 여기서 만나요."
　두 사람이 미국에 돌아오자, 친척 한 사람이 물었다.
　"파리에 갔으면 모나리자를 보았겠죠?"
　"만약 루브르에 있다고 하면," 하고, 신부는 딱 잘라 말했다. "확실히 보았죠."

미술 복제품

　"물론, 당신도 미레의 '만종'에는 잠깐 황홀하게 넋을 잃고 보았을 것이지만," 하고, 미국으로 돌아오는 배에서 보스턴 사람이 캔자스에서 온 남자에게 물었다.
　"그 것이야 말로 루브르 첫째 가는 걸작이라고 생각해요."

"당신도 사기꾼 미레에게 감쪽같이 속은 것이 아니오."하고, 캔자스에서 온 남자가 소리질렀다.

"어떻게 생각해요, 당신. 그 그림은 우리집 부엌에 30년 전에 걸었던 것이요. 그 것을 날치기 해가지고 자기 그림이라고 말하는 것이요."

각자의 나라 자랑

아버지와 함께 이딸리아 여행을 하고 돌아온 딸이 친구에게 말했다.

"이딸리아는 어느 고장이나 다 좋았지만, 가장 마음에 든 곳은 베니스 지."

"정말, 베니스! 놀랍게 좋은 곳이지. 아버님도 곤돌라, 싼 마르코, 미케란젤로 등이 있으니 베니스가 가장 마음에 드셨을 것이야."

"그런데 틀려."하고, 딸은 엉뚱한 말을 한다.

"아버지가 마음에 든 이유는 딴 데 있어, 호텔의 창가에서 낚시가 되기 때문이야."

거름의 효용

"이거 봐 삼보. 비료를 주면 어째서 옥수수가 잘 되는지 알아?"

"아니, 몰라. 비료를 주면 옥수수가 자라기 좋은 상태가 되는가 보네?"

"그럼 가르쳐 주지. 옥수수는 말이야, 비료 냄새가 싫은 거야. 그러므로 비료 냄새가 나면 어떻든 지면에서 벗어나려고 점점 자라는 것이지. 자라면 구린내 맞지 않고 끝나는 게 아니야."

영웅

버번 위스키의 병이 깨져 술이 테이블 위로 흐르자, 쥐 3 마리가 모두 핥았다. 위스키로 몹시 취해 제 멋대로 떠들기 시작했다.

제1의 쥐, "나는 캐셔스 클레이를 찾아내어 머리를 때려 뇌수를 빼내 보일 거야."

제2의 쥐, "나에게 선동자를 맡겨줘. 세뇌시킬 거야."

제3의 쥐, "뭐든지 좋을 대로 해. 나는 2층에서 고양이와 사랑을 속삭일 거야."

술 취한 환각

술에 취한 2사람이 바에서 이야기를 나누고 있다.

"저녁에 기묘하고 올찬데 없는 꿈을 꾸었지."하고, 한 사람이 말했다.

"천 명이나 되는 이상한 난장이가 나타나 내 몸 위에서 춤을 추는 거야. 핑크 모자를 쓰고 초록빛 옷을 입은 채, 앞이 굽은 이상한 빨간 구두를 신고 있었지."

"그랬나."하고, 또 한 사람이 말장구를 쳤다. "그리고 그 구두 끝에 작은 방울이 달려 있어."

"이봐, 어떻게 알았지?"하고, 처음 남자가 놀라 외쳐 댔다.

"무리하게 또 두 사람이 당신 어깨에 앉아 있군."하고, 또 한 사람 주정뱅이가 말했다.

술 주정뱅이

미국 중남부 오자크 구릉 지대는 위스키를 물처럼 마실 수 있어 그 지방에 **독특한** 만치에 대한 뜻이 존재한다.

어느 일요일의 일. 남자 한 사람이 뜨거운 대낮에 햇볕을 쪼이며 길거리 한 복판에 쓰러져 있다.

"술 주정뱅이구나."하고, 보안관이 말했다. "유치장에 쳐 넣을까 보다." "취한 게 아니요."하고, 동내 사람 하나가 항의를 했다. "지금 막 손가락을 움직이는 것이 보였어요."

원숭이로 등록

동물원에 새로 들어온 라이온이 바나나를 먹이로 받아먹고 있다.

문득 본 즉, 바로 옆 우리에 나이 먹은 라이온이 큰 고기덩이를 기분 좋게 먹고 있는 것이 아닌가!

새로 들어온 라이온이 견딜 수 없어 물어보았다.

"당신은 고기를 먹고 있는데, 어째서 나는 바나나 밖에 받지 못하는가?"

"이 동물원은 말이지," 하고, 나이 먹은 라이온이 설명했다. "적은 예산으로 운영하기 때문에 자네는 원숭이로 등록된 것이지."

바람과 함께 사라지다

영화 제명이 영화 내용을 한층 더 효과적으로 드러낼 경우가 있다.

이 것은 웨스트 버지니아 그랜딜의 야외극장에서 실제 있던 일.

영화 상영 중에 갑자기 매서운 바람이 불어 스크린을 엉망 진창으로 만들어 놓았다.

뒤에 남은 천막에 걸려 있는 영화 제명은,

"바람과 함께 사라지다"

빈대 벌레

한 사람 여행자가 레브너스 호텔 카운터에서 숙박부에 기재 사항을 적고 있는데 빈대 벌레가 나타나 페이지 위를 가로지르고 있다. 남자는 순간 섬뜩했지만 천천히 말했다.

"세인트 조에서는 벼룩에 물리고, 캔자스 시티에서는 거미에 얽매이고, 포트 스커트에서는 이의 환영을 받았지만, 빈대가 숙박 부를 엿보고, 손님이 묵을 빙을 찾이 내는 호텔은 이번이 처음인 걸!"

나는 철학자

　미국 버지니아 주 어느 도시에서 가죽 무두질하는 업종에 종사하는 남자가 번화가에 점포를 내기로 했다. 가죽 제품을 팔고, 생가죽을 사 드리기 위해서다.

　개점 준비가 끝날 무렵, 손님을 끌기 위해 어떤 간판이 적당할까 생각했다. 수 주간 고심 끝에 좋은 생각이 떠 올랐다. 점포 입구 기둥에 구멍을 내어 송아지 꼬리를 내보내고 꼬리 끝을 흔들흔들 움직이게 할 계획이었다.

　드디어 한 사람 엄숙한 표정의 남자가 그 앞에 멈춰 서서 안경 너머로 한참 그 꼬리를 바라보고 있음에 시선이 갔다. 정신없이 한참 쳐다보고 자리를 뜨지 않자, 주인은 의아한 나머지 점포 앞에 나가,

　"안녕하십니까?" 하고, 남자에게 말을 걸었다.

　"안녕하시요." 하고, 신사가 대답했지만 눈꼬리는 전혀 움직이지 않았다.

　"가죽 제품을 찾으시나요?"

　"아니요." "생가죽을 파시려고요?"

　"아니요."

　"그럼, 농부인 가요?"

"아니요."

"그럼, 상인인 가요?"

"아니요."

"법률가입니까?"

"아니요."

"의사 선생 인가요?"

"아니요."

"그럼, 대체 무얼 하시는 분입니까?"

"나는 철학자요. 내가 한 시간이나 이렇게 서 있는 것은 어찌 해서 송아지가 그 작은 구멍으로 들어갔을까 하는 의문에 도전하고 있기 때문이요."

모두 죽은 것이요

마운트 버논에 사는 한 부인으로부터 닭을 사육하는 방법에 관한 질문 편지가 농무성에 왔다.

"바로 한 달 전에 매일 아침 서너 마리 닭이 쓰러져 다리를 공중으로 올리고 있습니다. 이 원인은 무엇인가요?"

농무성 장관은 급히 3인의 부하 직원과 자주 만나는 국무성 차관

급 및 3, 4인의 대사(大使)와 상담을 했다.

구수회의 결과, 그 부인에게 전보를 쳤다.

"부인 댁 닭은 모두 죽은 것이요."

주의 깊은 여인

겁쟁이 부인이 역장을 보고 물었다.

"북행 열차는 몇 시에 옵니까?"

"오후 3시 30분이오."

몇 분 후에 또 물었다.

"남행 열차는 몇 시입니까?"

"오후 4시 17분입니다."

부인이 또 와서 물었다.

"동행 열차는 몇 시입니까?"

"오늘 밤 오후 8시입니다."

얼마 있다가 또 와서 물었다.

"저, 서행 열차는 몇 시입니까?"

"내일 저녁까지 없습니다."하고, 역장은 몹시 짜증을 내며 말했다.

부인 얼굴이 확하고 밝아졌다.

"자, 윌리야!"하고, 부인은 플랫폼에 있는 남자 아이를 향해 외쳐댔다.

"지금 선로를 건너가면 무사 하겠다.!"

교통 순경

선 세트 대로를 담당하는 한 교통 순경은 존 스톤 부부에게 큰 골치거리다.

매일같이 부부의 차를 멈춰 세우고 아무것도 아닌 것을 가지고 꾸짖고 호통치기 일수다.

두 사람 식사 때의 화제는 그 교통 순경의 처리에 대한 불만 밖에 없었다. 뿐만 아니라, 한 잔 마시며 친구와 같이 털어놓는 이야기도 그 일 뿐이다.

어느 날, 존 스톤 씨가 한 친구에게 말했다.

"하고 말았지! 당당히 그 교통순경을 호통친 것이야."

"정말이야?"하고, 그 친구는 반신반의했다.

"참말이래도. 내가 무엇이라 했는지 자세히 모르지만, 나는 확실히 이렇게 말했지, '당신은 자기가 누구인지 알고 있나, 히틀러야,

신이야? 공복인 사실을 잊어버리고. 사고가 나지 않도록 교통 정리만 하면 좋을 것이지. 세금 내고 있는 온순한 시민을 모욕하지 마오.'하고, 말이지."

"저런 저런, 당당히 해냈군!"하고, 친구는 눈을 크게 뜨고, "그런데, 순경이 뭐라고 해?" 존 스톤 씨는 한숨을 내쉬고 말했다.

"딱지를 떼어 주더군."

어느 겨울 날

내가 10대 시절, 어느 겨울 날 어머니와 함께 거리를 걷고 있었다.

대단히 추웠지만 나는 추위 정도 보통이었으므로 늘 하던 버릇으로 오버의 버튼을 끼우지 않은 채였다.

어머니는 추워서 견딜 수 없었던지, 마침내 나에게 엄중히 말했다.

"요셉, 오버 버튼을 끼워라. 그렇지 않으면 내가 추워 얼어버리겠다."

스테이크 소동

두 남자의 아내가 동행으로 여름 휴가를 떠나, 남편 두 사람은 졸지에 홀아비가 되었다. 두 사람은 4 파운드 스테이크를 사왔다.

두 사람은 그 고기를 식당 테이블 위에 놓고 거실에서 칵테일을 마시기 시작했다. 상당히 마시고 나서 이윽고 스테이크를 먹으러 식당에 가니 놀랄 밖에. 고기가 없다.

필사의 노력에도 불구하고 고기를 찾지 못 했지만 뜻밖에 식당 구석을 보니 고양이가 오로지 만족스럽게 수염을 핥고 있지 않은가.

"제기랄, 이 고양이가 스테이크를 먹었군."하고, 한 사람이 외쳤다.

"증거를 잡으려면 이 방법밖에 없어." 하고, 또 한 사람이 말하고, 고양이 목을 잡고 욕실 저울대에 놓았다. 예상대로 4 파운드에 딱 맞는다.

"자 그러면, 이 놈이 우리 스테이크다."하고, 그는 의기양양하게 외쳤다. "그런데, 고양이는 어디로 갔지."

경찰견

　모오르 부인은 혈통 좋은 경찰견을 50달러에 판다는 신문 광고를 보고, 사려는 뜻으로 급히 어음을 동봉해 우편으로 주문했다.

　수일 후, 집으로 배달된 개를 보니 지금껏 보지 못한 빈약한 잡종이었다. 속이 상한 부인은 전화를 걸어 광고주에게 호통을 쳤다.

　"대체 그런 형편없는 개를 혈통 좋은 경찰견이라고 하니 대체 어떻게 된 건가요?"

　"아니요, 부인. 틀림없어요."하고, 냉정한 답이 돌아왔다.

　"겉으로 대충 보면 안 됩니다. 그 개는 특별 수사 부 소속이니까요."

숨은 이 세상에 놓고

　담배 싫어하는 남자가 곁에 있는 할머니 담배 연기를 견딜 수 없어 할머니는 크리스천이냐고 물었다.

　"그래요, 그렇다고 생각해요."

　"성경에 써 있는 내용을 믿습니까?"

　"믿습니다만."

"그럼, 더럽혀진 것은 하늘나라에 갈 수 없다는 1절이 성경에 적혀 있음을 알겠군요."

"네, 들은 적이 있어요." 할머니는 담배를 태우시므로 하늘나라에 갈 수 없어요. 담배 태우는 숨만큼 더러운 것이 없기 때문이죠. 어떠세요, 할 말씀이 있습니까?" "글쎄요, 저 세상에 갈 때는 숨은 이 세상에 놓고 가야지요."

큰 거짓말쟁이

조 아저씨는 낚시에 정신이 팔려 옆에서 말을 걸어올 때까지 자기가 누군가에게 주목 대상임을 의식하지 못했다

"무엇 좀, 낚았어요?"

"무얼 낚았느냐구요? 송어를 40 마리쯤 잡았어요." 하고, 아저씨가 자랑했다.

"아무래도 내가 누군지 모르는군." 하고, 목소리 주인공이 잇대어 말했다.

"나는 이 주변의 어획 감시인 이요. 아저씨는 법률 위반입니다."

아저씨는 조금도 당황하는 기색이 있다.

"당신도 내가 누구라는 사실을 모르는 것 같군. 나는 전국 유일의 거짓말쟁이요."

낚시터

한 캐나다 사람이 에리 호수에 낚시를 왔다. 가이드가 좋았는지 겁나게 잘 잡히는 터를 잡았다.

"이 거 대어다!"하고, 그가 외쳤다. "내일 역시 좋은 장소가 찾아질까?"

"좋은 곳을 가르쳐 드리죠."하고, 가이드가 무뚝뚝한 표정으로 말했다.

"낚시 장소를 알 수 있게 보트 뱃머리에 표지를 해 놓도록 하죠." 캐나다 사람은 잠깐 생각하더니 말했다.

"그 것으로 잘 될까? 내일 아침 이 보트를 찾지 못하면 어떻게 하죠?"

부주의한 교수 1

매사추세스 공과대학의 노바드 위너 교수는 부주의한 교수로 유명했다.

어느 날 거리에서 친구와 만나 이야기하고 몇 분 후 헤어지려 할 때, 위너 교수는 당혹한 모습을 보였다.

"실례지만 스미스 군, 우리가 만났을 때, 내가 어느 쪽으로 걷고 있었나?"

"바로 매사추세스 거리 쪽이죠."하고, 스미스가 대답했다.

"그래? 그러면 점심은 끝냈군."하고, 위너 교수가 말했다.

부주의한 교수 2

어떤 부주의한 교수가 동물학 수업을 하면서 학생에게 말했다.

"자, 그럼. 오늘 아침에는 개구리 해부를 하고 어째서 개굴개굴 우는가 조사하기로 하지." 이렇게 말하고, 포켓에서 종이 상자를 꺼내 내용을 책상 위에 올려 놓았다. 그러자 여기서 나온 것은 햄 샌드위치였다.

교수는 머리를 긁으며 말했다.

"흐흠, 이 것은 매우 묘한 일인 걸. 점심 먹은 일은 틀림없는데!"

부주의한 교수 3

집에서 책을 읽던 교수, 갑자기 책갈피 종이가 필요했다. 주위에 서표(책갈피)가 될 만한 것이 없어 가끔 미싱 위에 있는 가위를 썼다.

수 분 후, 부인이 가위가 없다고 말했다. 2시간이나 철저하게 집안에서 찾아보았으나 결국 찾지 못했다.

이튿날 교수는 교실에서 학생들 앞에서 책을 폈다. 어찌 된 일인지 여기에 가위가 끼워 있다. 교수는 가위를 집어 머리 위로 들어올리고 외쳤다.

"브라보, 여기 있었네, 여보."

부주의한 교수 4

"차는 어떻게 했어요?"하고, 딩글리 부인이 물었다.

"저런!"하고, 딩글리 교수가 외쳤다.

"차를 타고 나갔었나?" "물론이죠. 차를 타고 시내에 나갔지 않아요."

"이상하구만. 나는 차에서 내려 돌아서서 차를 태워준 신사에게 인사를 하려 했는데, 막 차가 떠나고 말아, 그래 어디에 갔었나 하고, 어떻게 된 것인지 생각한 것은 확실한데."

부주의한 교수 5

부인 "네, 여보. 25년 전 오늘, 약혼한 사실 알고 있죠?"
교수 "25년 전이라고! 이 거 참 큰 일이군! 아주 먼 옛날이라도 일깨워 주지 않으면 안 되어요. 얼마가 되었든 이제 결혼하지 않으면."

부주의한 교수 6

교수 "실은 금 라이터를 도둑 맞았어요."
부인 "자기 주머니에 손이 들어간 것을 몰랐어요?"
교수 "아니, 자기 손이라 생각한 때문이죠."

부주의한 교수 7

교수 "여보 여보, 실례지만 내 침대에서 무엇을 하고 있오?"
여성 "나는 이 침대가 좋아요. 이 주변이 좋아요. 그리고 이 집도, 이 방도 모두 좋아요. 나는 당신 아내 에요."

부주의한 교수 8

물에 빠진 교수를 물에서 구해 주자, 교수는 투덜투덜 했다.
"어떻게 된 일이야! 나 역시 헤엄친 일을 지금 와서 생각하는 것은!"

부주의한 교수 9

부주의한 교수가 서재에서 바쁘게 일하고 있다. 여기 부인이 들어와 말했다.
"당신, 이거 봤어요? 신문에 당신 사망 소식이 났어요."
"그래요?"하고, 교수는 책에서 얼굴을 들지도 않은 채 대답했다.
"그럼, 잊지 말고 화환을 보냅시다."

부주의한 교수 10

친구 "이 보게 교수. 쌍둥이를 낳았다고? 남아야, 여아야?"

교수 "그렇지, 하나가 여아이고, 또 하나가 남아라고 생각했는데, 그 반대인지도 모르지 어쩌면 말이지."

U.S.A

언익스펙티드 턴
(Unexpected turn)

예상 밖으로 돌리는 것이다. 청자로 하여금 지금 화자가 말하고 있는 것이 정상이라 믿게 한 뒤, 정반대의 것을 말하는 이야기 전개다. 이와 유사한 것에 전의(轉義)도 있다. 본래의 뜻에서 다른 뜻으로 바뀌는 것, 또는 그렇게 바뀐 뜻이다.

교통 전쟁

보행자가 교통 우선권을 갖는 경우는 구급차에 실려 병원으로 향할 때다.

뉴욕에서 심심풀이 하는 최선의 방법은 차 타고 1주 하는 일이다.

로스앤젤레스에는 2종류의 보행자밖에 없다. 급하게 구는 자와 죽은 자.

뉴욕시장 린제이 씨는 교통관계 당국 책임자 린제이 씨 말을 인용해 말했다.

"지금은 웨스트사이드에 가는 유일한 방법이 그 곳에 태어나는 길 밖에 없다."

배우 묘사

배우는 호전적이고, 온화하고, 변하는 자 이고, 명랑하고, 바보스럽고, 빈틈이 없고, 빛 좋은 개살구 같고, 우습광스럽고, 슬프고, 즐겁고, 술주정뱅이고, 공명정대하고, 건강하고, 병들고, 바보이고, 컨디션이 좋고, 기분파이고, 감상적이고….. 등이다.

배우는 가발은 쓰지만 안경은 안 쓰고, 평발에 하이힐은 신고, 찢어진 속옷이나 구멍 난 양말은 신어도 야회복을 몸에 걸친다.

배우는 메트로폴리탄 미술관에 자기 초상을 걸게 되기보다 고급 레스토랑에 자기 만화를 걸어 주기를 바란다.

배우는 정신이 돌기보다 더 두려워하는 유일한 것이 제 정신으로 돌아오는 일이다.

배우는 예금통장보다 오히려 네온사인에 자기 이름이 오르기를 바란다.

배우가 소유하는 스크랩북이야 말로 보도의 자유가 위대함을 극적으로 표현하는 것이다. 요컨대, 그는 자기에 관한 혹평까지도 붙여 놓아 양(量)을 불린다.

배우는 만병 통치약이 소문나기 훨씬 전부터 만병통치약을 소지하고 있다. 그 약을 이름하여 '추종'이라 한다.

배우는 끊임없이 활동한다. 순회 흥행은 속이 비어 있으므로 불평할 수 있지만, 히트 칠 날을 기대하고, 배우는 브로드 웨이 연극에 출연할 수 있는 기회를 타진한다. 그리고 브로드웨이를 그리워하며 순회 흥행을 즐긴다.

배우는 할리우드에 대해 이러니저러니 말할 수 있기 위해 영화 출연을 좋아한다.

배우는 열심히 벌 수 있는가, 귀여운 자식을 키울 수 있는가 확신

하면, 어떤 일도 달려들게 된다.

 배우는 한 번 보고 반하고, 두 번 보고 결혼하고, 영원히 잊어버리고 만다.

 배우는 여기저기 끌려 다니고 피를 흘리고 이용당하고 매도되고 내 쫓기고 사랑받고, 결국, 1사람이라도 보아주는 사람이 있다면 밝게 웃으며 일어서는 사람이다.

할리우드 풍문(風聞)

 할리우드에서, 결혼은 이혼의 충분 조건이다.
 할리우드의 정식 음료는 메리지 온더 락.
 할리우드의 아이들이 소꿉장난을 하고 있다. 한 아이가 말했다.
 "우리는 대가족으로 했으면 하고 있어. 아빠 3, 엄마 3이 좋아."
 감상적인 할리우드 스타의 생활을 들은 적이 있는가. 어쨌든 엄마가 이혼할 때 입은 옷을 입고, 이혼하고 싶다고 말했을 정도이니까.
 그 아이는 초등학교에서 가장 콧대가 높았지. 어쨌든 사친회(PTA) 모임에 가장 많은 부모가 출석했기 때문에.
 할리우드에서는 축하 꽃 묶음이 신부(新婦)보다 오래 간다.

할리우드에서는 비밀리에 결혼해도 소용이 없다. 이혼이 곧 공공연하게 알려질 테니까.

어느 여배우가 8번째 남편을 첫 남편과의 사이에서 난 딸에게 소개했다.

"새 아버지를 소개한다. 무어라 한 마디 해라." "좋아요." 하고, 딸이 대답했다.

"아빠, 나의 손님 명부에 사인해 주세요."

할리우드란 사랑을 서약한 2 사람이 결혼과 동시에 바람을 펴기 시작하는 곳이다.

할리우드에서 남녀의 우정이 오래 가지 못한다. 항상 결혼에 의해 종지부가 찍혀 지기 때문이다.

남편이란

남편은 운을 시험하고자 계획대로 짠 연인 이다.

남편은 가정에서 에프롱 아래 바지를 입은 사람 이다.

남편은 그녀가 재산 목표로 결혼했으므로 매일 그 재산 불리기에 급급해 하는 존재다.

남편은 자기가 가졌다고는 전혀 몰랐던 특권을 모두 포기해버린 남자다.

인플레이션(통화 팽창)

미국인은 점점 힘이 강해지고 있다. 20년 전 10달러 해당 식료품을 나르는데 2남자를 필요로 했지만 오늘은 내 아들 혼자 나를 수 있다.

인플레란 당신이 1시간에 4달러 버는데 당신 아내는 1분에 6달러의 비율로 쓰고 있다는 비유와 같다.

1달러 지폐에는 세균이 붙어 있다고 하는 데, 당치도 않은 말이다. 지금 세균이라도 1달러에 먹을 수 없다.

오늘의 세계를 한 마디로 말하면, "돈 없어도 행복해지는 방법"이란 책이 10달러나 한다는 사실이다.

겉보기가 어떻게 먹히는가를 증명하는 최상의 증거는, 1달러 지폐가 15년 전과 형태와 색채가 전혀 변하지 않았다는 사실이다.

여성의 속옷

여성 용 속옷 거들은 여성 체중을 바꿔주지 않는다. 다만 한층 더 흥미 있는 위치에 체중을 옮겨 놓을 뿐이다.

거들은 불행한 상황이 만연하는 것을 막아주는 도구다.

여성 브래지어의 어깨 끈은 매력이 바뀌지 않게 해 주는 놀라운 리번이다.

토플리스

지금까지 그토록 내가 신경 쓴 일은 다만 한 가지, 웨이트리스가 손가락을 수프에 담그지 않았는가 하는 일 뿐이지만… 나는 토플리스의 웨이트리스도, 바의 호스티스도, 구두닦이 여성도, 하여간 토플리스는 어떤 경우도 신경 쓰지 않아요. 선물을 받고 가장 즐거운 때가 그 포장을 뜯을 때이니까.

나의 야심은 토플리스의 아코디언 연주자를 보는 일이다.

토플리스의 웨이트리스란 얼굴 볼 때, 매우 천천히 쳐다볼 수 있는 여성이다.

손님이 토플리스의 웨이트리스에게 감 12개를 1회에 1개씩이라 주문했다.

서부(西部)에 대하여

카우보이의 불만.

서부에 대해 말할 수 있는 것은 다만 한 가지, 세계 중 어디보다 소가 많음에도 버터가 없고, 하천은 있는데 물이 없고, 멀리까지 볼 수 있는데 볼 것이 없다는 사실이다."

편집자

한 사람 성난 작가가 편집자를 다음과 같이 정의 내렸다.

"10계명을 깨는 것처럼 간단히 약속을 무용지물로 하고, 크로스 퍼즐을 만년필로 적을 만큼 자만심이 강하고, 악수할 적마다 자기 손가락을 세어보지 않으면 안 될 만큼 부정직하다."

하늘 모양(기상)

1년 내내 기후가 같은 하와이에서 대화를 어떻게 시작할 것인가?

시카고는 바람이 매우 강하므로 침을 뱉으면 자기 눈으로 들어가버린다.

캘리포니아는 멋지다. 안개가 걷힌 날은 스모그 현상이 보이기 때문에.

밤의 태양

인간이 달 표면에 첫 발을 내딛은 1969년7월20일, 저 빛나는 날에 한 이스라엘 사람이 미국 친구에게 말했다.

"그야 말로 우리 인간의 쾌거가 아닌가요. 그러나 우리 이스라엘 사람은 좀더 놀라운 일을 해 보일 것이오. 바로 태양에 유인 비행을 계획하고 있어요."

"태양이라고요?"하고, 깜짝 놀란 미국인이 외쳤다. "하지만, 열이나 빛이나 방사선은?"

이스라엘 사람은 빙긋이 웃었다.

"이스라엘 사람이 그런 바보라고 생각합니까? 우주선은 밤에 보낼 것입니다."

메아리

미국사람과 스코틀랜드사람이 스코틀랜드 고지를 걷고 있다.

스코틀랜드사람은 자기 고향 자랑을 하려고 메아리로 유명한 장소에서 고함을 쳐 보았다. 메아리가 약 4분 후에 다시 돌아왔을 때, 스코틀랜드사람은 미국사람 쪽을 향해 매우 우쭐대며 외쳤다.

"어때요, 미국에는 아무래도 이런 것이 없죠."

"그렇지 않아요."하고, 미국인이 말했다. "조금 주술적인 것이 있어요. 로키 산에서 캠프를 쳤을 때, 나는 텐트에서 상체를 내밀고 외쳐 댔어요. '일어날 시간이니 눈을 떠요!'하고. 그러자, 8시간 걸려, 메아리가 돌아와 나를 깨워준 것이에요."

휴식

야자나무 아래서 휴식하고 있는 아프리카 사람에게 지나가는 미국인이 말을 걸었다.

"이런, 대체 무엇을 하고 있습니까? 그런 곳에 앉아서. 어째서 바쁘게 서서 움직이고 밭을 갈고 광산을 파고 마을을 만들고 하지 않습니까?"

아프리카 사람이 되물었다.

"무엇 때문입니까?"

미국인이 대답했다.

"교역 때문이에요."

"무엇 때문에 교역합니까?"하고, 당황한 아프리카 인이 다시 물었다.

"돈을 벌기 위해서 이죠."

"돈이 어디에 필요합니까?"

"돈이 있으면 짬이 생기죠."

"짬은 어디에 씁니까?"

"짬이 있으면 휴식할 수 있죠."

"어째서 그런 일을 하지 않으면 안 될까요? 이렇게 휴식하고 있는데."

그 나라 특색

여러 나라 사람이 코끼리에 대해 책을 쓰고 있다.

독일 사람은 각주가 많이 달린 3권의 책을 쓰고, 그 표제는 '코끼리 연구 서설'.

프랑스 사람은 두께가 얇지만 산뜻하고 깨끗한 책을 쓰고, 그 표제는 '코끼리와 그 성생활'

영국 사람은 삽화가 풍부한 여행 안내를 쓰고, 그 표제는 '아프리카 오지의 코끼리 사냥'

미국 사람은 광고 용 소 책자를 쓰고, 그 표제는 '뒤 뜰에서의 취미와 실익을 겸한 코끼리 사육 법'

유태 사람은 전투적인 팸플릿을 쓰고, 그 표제는 '코끼리와 반 유태주의'

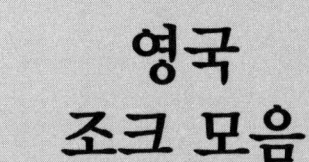

영국 조크 모음

콘트라스트(Contrast)

　둘 이상의 사물을 맞대어 같은 지 다른 지 비교하는 것이 대조다. 대체로 비교는 유사점의 지적이요, 대조는 차이점의 지적일 경우가 많다. 서로 뚜렷한 차이가 있어 비교되는 상태다. 용례를 보면, '사진과 실물을 대조하다.' 또 '그들 둘은 성격이 대조적이다.'

지나친 염려

처칠이 보수당을 떠나 자유당에 들어갈 무렵, 그는 어떤 젊은 부인을 식사에 초대했다.

상대 부인은 요염한 용모로 그를 보면서 대담한 발언을 시도했다.

"당신은 내가 좋아하지 않는 부분이 2가지 있어요. 처칠 씨."

"그 것이 무엇이죠."

"당신의 새로운 정책과 그 콧수염이죠."

"이 것은 말이지요, 부인" 하고, 그는 은근하게 말했다.

"어떻든 신경 쓰지 말아 주시죠. 부인은 그 어느 쪽도 접촉할 기회가 없을 것으로 생각하기 때문에."

선택 문제

아스타 자작부인이 처칠에게 말했다.

"만약 당신이 제 남편이라면, 커피에 독을 넣어요."

"만약 당신이 제 아내라면, 마시고 말어요."

말 재주

람제 맥도날드 수상의 연설에 대해 의견을 요구 받고, 처칠이 대답했다.

"그이야 말로, 최대한의 언어를 최소한의 사고로 압축할 수 있는 재능을 가지고 있다."

종이의 양과 질

처칠이 뉴욕을 방문한 때, 그 인상을 질문 받았다.
처칠은 즉석에서 비평했다.
"신문은 장 수가 매우 많고, 화장실 화장지는 매우 얇구요."

명 연설가

처칠은 찰스 베레스포드 경을 가리켜 말했다.
"그이야 말로, 흔히 말하는 명 연설 가의 전형입니다. 요컨대, 자리에서 일어서기까지 지금부터 자기가 무엇을 말하려 하는지 모르고, 말하는 중에도 자기가 말하는 내용을 모르고, 자리에 앉아서도 자기가 무엇을 말했는지 모르는 연사입니다."

상연극 초대

조지 버나드 쇼와 처칠은 적수의 관계였다. 쇼가 처칠에게 보낸 편지.

"저는 각하를 위해 저의 상연 극 첫 날 초대권을 2장 준비하고 있습니다. 만약 가능하시면 친구들과 함께 오십시오."

이에 대한 처칠의 답장.

"유감입니다만 첫 날은 못 가고, 둘째 날, 표가 만약 있다면, 기다리겠습니다."

자선 흥행

버나드 쇼가 모금을 위한 모임에 출석하고, 은근히 어느 귀족 미망인에게 댄스 상대를 신청했다.

"아아, 쇼 선생, 저 같은 사람에게 잘도 신청해 주셨습니다."하고, 미망인은 눈을 반짝이었다. 쇼가 대답했다.

"이 것은 자선 흥행이 아니었나 보죠."

당신 머리와 내 육체

저명한 무용가 이사도라 던컨이 버나드 쇼에게 러브 레터를 썼다. 우생학적으로 2사람이 아이를 갖지 않음은 개탄할 일이라 했다.

"내 육체와 당신 머리를 가진 아이를 생각해 보세요." 하자, 쇼는 곧, 답장을 냈다.

"그 것은 알지만, 만약 불행하게도, 내 육체와 당신 머리를 가진다면 어떻게 되죠."

영국의 기근

버나드 쇼는 말라 홀쭉하고, 체스터 톤은 작은 산처럼 살이 쪘다. 2사람은 서로 악담을 나누는 사이다.

체스터 톤 "확실히, 자네를 보고 있으면 영국에 기근이 있다고 생각할 수 밖에."

쇼 "바로 그 것인데, 자네를 보면, 자네가 그 원인이다고 누구라도 생각할 거야."

공로 훈장 수여

큰 명예로 알려진 공로훈장을 그 분에게 수여한다고 할 때, 버나드 쇼가 이렇게 대답했다.

"우리나라 최고 훈장을 수여한다고 하기 때문에 심심한 감사의 뜻을 표하는 바이지만, 우리 직업의 성질상 겨우 일생을 가지고 평가할 수 없다고 생각되는 부분 입니다. 결국, 아리스토파네스보다 오래고, 셰익스피어나 모리에르에 비견되는 극작가로, 후세에 오래 기억될 것인가, 아니면, 이 세기가 끝나기 전에, 어릿광대로서 잊혀 질 지도 모르기 때문입니다. 그러므로 단지 버나드 쇼 그대로 있고 싶을 뿐입니다."

노인인 탓에

런던의 주교, 존 에일머는 묘한 말을 하든가, 이상한 일을 하는 것으로 유명하다.

1578년, 궁정에서 엘리자베스 여왕이 치통으로 고통받고 있다. 측근의 시의(侍醫)로부터 발치하지 않으면 나아질 수 없다고 말했지만 여왕은 수술을 크게 싫어 했다.

그러자 에일머는 그런 줄 알고, 여왕 앞에 무릎을 꿇고, 대신 자기 이를 한 개 빼도록 하겠다고 품의했다.

그러나 입을 열어보니까, 노인인 탓에 이가 한 개도 없었다.

해석 차이

디슬래리와 글랫스톤은 서로 원수지간이다.

어느 때, 디슬래리에게 '불운'과 '재난'의 차이에 대해 물은 즉, 그는 즉석에서 대답해 말하기를,

"만약, 글랫스톤이 데임스 강에 전락(轉落)했다면, 그 것은 불운이다. 그러나 민약 누군가가 강에서 구조해냈다고 하면 그 것은 재난이 된다."

두뇌 정도

존슨 박사와 식사를 함께 한 남자가 어쨌든 박사의 호감을 사려고 박사가 하는 말, 한 마디 한 마디에 분별없이 껄껄대고 크게 웃었다.

박사는 철인(哲人) 답게 시치미를 뗀 얼굴로 잠깐 인내했지만, 집요하게 계속되는 큰 웃음 소리에, 더는 참지 못하게 되었다.

"실례 이지만, 어떻게 된 것인가요? 당신이 알고 싶은 것은 어느 것 하나 내놓은 것이 없지 않아요."

인간만

체스터필드 경은, 인간만 웃는 능력을 가진 생물이라는 이야기를 듣자, 곧, 즉석에서 말했다.

"그 것이 그대로 맞는 말이지만, 인간만이 남의 우스개가 될 수 있는 생물이라 덧붙일 필요가 있어요."

남극 탐험

탐험가 스커트가 정치가 로이드 조지에게 가서 남극 탐험의 원조를 요청했다.

당시 재무 성 장관 로이드 조지는 남극 탐험에 관심 가진 대 지주가 있으니 가 보라고 일러 주었다.

탐험가는 그의 권고에 따라 대 주주를 방문한 후에, 또다시 로이드 조지를 찾았다.

"잘 되었나요?" 재무 성 장관의 말에 탐험가가 대답했다.

"네, 천 파운드 받았지만, 만약 당신을 탐험대에 참가시키면 5만 파운드, 또 당신을 극지방에 머물게 해 놓고 오면, 1백만 파운드 내겠다고 말했습니다."

위인으로 출연

어떤 귀족이 유명 배우로 명망이 높은 캐릭에게 의회의원이 되어 보라고 권유했다.

"용서해 주세요." 하고, 그가 대답했다.

"의회에서 어리석은 사람으로 출연하기보다, 무대에서 위인으로 출연하고 싶다고 생각합니다."

에펠 탑

빠리의 유명한 에펠 탑 백년 기념에 즈음해 리버플 포스트 신문이 밝힌 이야기.

영국 시인 윌리엄 모리스가 빠리 체재 중 대부분 시간을 이 에펠 탑 레스토랑에서 보내며 식사만 할 뿐 아니라, 작업도 했다.

"이 탑이 매우 마음에 드는 모양이네요."하고, 친구가 말했다.

"마음에 든다고요!" 모리스가 외쳤다.

"내가 여기 있는 것은 이 꺼림칙한 놈을 보지 않고 살기는 파리 중에서 여기밖에 없기 때문이죠."

진실을 밝힘

문학자의 후원자로 알려진 멜본 경은 매사를 마음 속에 감춰두지 않고 진실을 밝혀 내는 일로 유명하지만 이 것도 그 한 가지.

"작가가 죽는 일은 좋은 일이다. 이 때에 그 이상 작품이 늘어날 일은 없고, 후원자와 인연을 끊을 수 있기 때문이다."

스튜어디스 후보자

항공회사 스튜어디스 후보자가 면접을 거쳐 3사람 유력 후보자로 좁혀져 주도성(主導性), 신뢰성, 적응성 등의 특별 테스트를 받게 되었다. 후보자의 국적은 미국, 영국, 프랑스의 3개 국 이다

먼저, 최초의 테스트는 조기 결단에 관한 문제다.

"가령, 말이죠,"하고, 질문자가 묻기 시작했다.

"칼리브 해 상공을 비행 중 비행기가 사고로 추락했다고 가정해 봅시다. 정신을 차리고 보니, 구조 보트에 단 한 사람이 타고 가까운 섬으로 배를 저어 가고 있다. 자, 바닷가에 접근하니 여기에 많은 미국 해병대가 대기하는 중 이다. 자, 그럼 그대라면 어떻게 할 것인가?"

미국 여성 "저라고 하면 빙그르르 방향을 바꿔 다른 섬으로 저어 갈 것입니다."

영국 여성 "저는 그대로 저어 가서 사령관 면회를 요구할 것입니다."

프랑스 여성은 아무 설명 없이 의아한 표정을 짓고 있다.

"그대는 질문의 의미를 모르는 것입니까?"

"알겠는데요, 대체 무엇이 문제입니까?"

네온사인의 설명

미국에 건너온 영국 사람에게 브로드웨이에 건설 중인 네온사인의 설명을 담당한 남자가 말했다.

"저기에 2만개 빨간 전구, 만7천개 파란 전구, 만개의 흰 전구, 그리고 중앙에 오렌지와 보라 빛 큰 발광 전구가 달립니다."

영국 사람은 감격한 나머지 말했다.

"매우 놀랍군요. 그러나, 당신, 조금 지나치게 자상한 것은 아닌가요?"

옥스포드와 캠브리지

옥스포드 출신자와 캠브리지 출신자의 차이는 무엇인가 하는 질문에, 만델 크라이튼 주교는 대답했다.

"옥스포드 출신자는 세계가 마치 자기의 것인 양 표정을 짓고 있다. 한편, 캠브리지 출신자는 세계가 누구 것이든 조금도 상관하지 않는 표정을 짓고 있는 사람이다."

어느 애국자

어느 잉글랜드 목사가 스코틀랜드 사람을 향해 물었다.
"만약 스코틀랜드 사람이 아니었다면 당신은 어떤 사람인가?"
스코틀랜드 사람은 즉시 대답했다.
"그렇다면 영국인이라 하지 않을까요."
다음에 목사는 아일랜드 사람에게 같은 질문을 했다.
그러자 아일랜드 사람은 잠깐 생각한 끝에 대답했다.
"자기를 부끄럽게 생각하겠지요."

우스개 취급

도시 요직을 맡고 있는 스코틀랜드 사람이 잉글랜드 친구로부터 항상 제 고장 자랑을 우스개로 취급 받았다.
어느 날 휴일, 2사람이 생각치 않게 만났다.
잉글랜드 사람 "자네가 없어 사무실을 어떻게 꾸려 가지."
스코틀랜드 사람 "뭐, 잘 할 거라고 생각해요. 어쨌든 내 대신 2사람 잉글랜드 사람과 한 사람 웨일즈 사람에게 근무하도록 지시했으니까요."

보기와 생각하기

영국에서는 6월21일이, 1년 중 가장 긴 날로 알려져 있다.
그러나, 파리에서 가장 짧은 밤으로 생각되고 있다.

3인의 수상

3인의 수상이 하늘 나라에 가게 되어 있다.

드디어 하늘 나라 문에 가까이 가자, 문지기가 서 있다. 인사를 안 하고 있으니까 문지기가 꽉 영국인의 팔을 잡았다. 그리고 어디에 가느냐고 물었다.

그러자 3인은 하늘 나라에 가는 길이라 대답했다.

"그러면 먼저 지상에서 범한 죄상을 써 놓지 않으면 안 된다. 그 죄의 다소에 따라 이 뜰을 한 바퀴 뛰는 것이다."

하고, 문지기가 말했다.

보자 하니, 뜰은 50에이커 나 되었다.

영국인을 보니 약간 놀란 표정을 짓고 있지만, 웨일즈 사람은 지금이라도 졸도할 것 같고, 스코틀랜드 사람은 크게 개의치 않는 것 같다.

3인의 죄상을 조사한 후에, 문지기는 먼저 영국 사람에게 명령을 시달했다.

"한 바퀴를 돌아오시오. 늦지 않도록."

숨 가쁘게 한 바퀴 돌고 오자, 문지기는 문 저 쪽에 서 있으라고 지시하고, 이 번은 스코틀랜드 사람을 향해 5바퀴를 돌도록 지시했다.

5바퀴를 돌고 오자, 문지기가 물었다.

"웨일즈 사람은 어디 갔나?"

옆 사람이 대답했다.

"그 사람은 자전거를 가지러 집으로 달려갔어요."

귀밀의 말먹이

오트밀이 스코틀랜드 특유의 음식으로 알고 있던 존슨 박사가 말했다.

"영국에서 귀밀은 말을 먹이는 것으로 알려진 일반적 통념인데, 스코틀랜드에서는 사람이 먹는 가요?"

박사 친구로 스코틀랜드 태생의 보스엘이 "여기는 말이죠" 하고, 대답했다.

"때문에 영국에는 훌륭한 말이 나오고, 스코틀랜드에는 훌륭한 인물이 나오는 것이죠."

벌레스크(Burlesque)

해학(諧謔)이다. 우스운 것이다. 익살 피우거나 광대 짓 하는 것이다. 악의 없이 웃음을 자아내는 표현이나 요소를 말한다. 용례는 "풍자와 해학이 가득한 고대 소설"이란 보기를 들 수 있다. 진지한 내용을 우습광스럽게 말하거나, 또는 반대로 우습광스러운 내용을 진지하게 말하는 따위이다.

데임스 강 보트 레이스

어느 미국 사람이 데임스 강에서 보트 레이스를 보고 있다. 여기서 왕실도 보였다. 경기 도중 자맥질을 잘하는 어린이들이 동전을 강바닥에서 주어 올려 관객들을 기쁘게 해줬다.

이 때, 미국 사람이 은전을 던지기 시작했다. 옆에 있던 런던 사람이 그 손을 잡고 말했다.

"당신, 당신. 영국 왕을 던져버릴 셈인가?"

편지를 팔다

빅토리아 여왕의 손자 1사람이 옥스포드 대학에 입학했다. 그런데, 용돈을 다 써 버렸을 뿐 아니라, 10파운드나 되는 돈을 남에게 꾸기까지 했다.

그러자, 할머니에게 편지를 내고 가불을 요청했지만, 돈은 보내주지 않고 잔소리와 충고 뿐인 장문의 편지를 보내왔다.

마침내 그 손자는 답장을 쓰며, 할머니 말씀대로 여러 가지 일에 신경을 쓰고, 특히 절약을 첫째로 할 결심이라고, 갸륵한 마음 가짐을 적은 후에, 이미 그 것을 실행에 옮기고, 할머니 편지를 수집가에게 25파운드를 받고 팔았다고 덧붙였다.

뜨거운 물 한 컵

"밤중이지만, 소화불량을 고치게 소다를 2페니 정도 주시요!" 하고, 새벽 2시에, 문을 두들겨 깨워 일어난, 약국 약사가 성을 내 말했다.

"뜨거운 물 한 잔 마시면 끝날 것을."

"그래요, 충고 고마워요. 그럼 소란은 끝입니다. 편히 쉬십시오." 하고, 손님이 대답, 시원한 기분으로 돌아갔다.

10펜스 더 내세요

손님 "어제 여기서 6펜스 키니네를 샀는데요, 집에 가서 보니까 모르히네 이었어요."

약국 "저런 그랬어요? 그러면, 10펜스 더 내세오."

영국 수병

어느 영국 수병이 휴가로 고향에 돌아와 흥겨운 나머지, 도를 지나친 결과 심한 경우를 당했다.

택시를 탄 것까지는 좋았는데, 목적지에 이르렀을 때, 돈이 한 푼도 없음을 알았다. 그럴 수밖에 없던 것은 마시고 먹고 한 때문이다. 그러나 바로 이때가 영국 해군으로 가장 잘 단련해 온 기전(氣轉)을 발휘할 때다.

"차를 멈추세요!"하고, 그가 외쳤다. "잠깐 저 담배 가게 가서 담배와 라이터를 사야 하겠어요. 차 속에서 5파운드 지폐를 떨어트렸는데 어두워서 찾을 수 없어요."

그는 급하게 담배 가게로 달려 갔다. 그리고 돌아와 보니, 예상대로 택시는 어둠 속으로 사라졌다

겨우 3바늘

크리켓 시합에서 부상당한 스포츠맨이 외과 의원에 가서 3바늘을 꿰맸다.

"치료 수가가 5파운드 입니다."하고, 의사가 말했다.

"5파운드라구요." 부상자가 말했다. "겨우 3바늘인데?"

"그렇습니다."하고, 외과 의사가 웃었다. 그러자 환자가 말했다.

"의사 선생이 나의 양복 재단사가 아니기에 무척 다행이네요."

3페니 정도

어느 아버지, 아들이 늘 훌쩍훌쩍 울기 때문에 안 되겠다 싶어 손을 썼다. 어느 날의 일, 여전히 울기 때문에 드디어 결심하고 말했다.

"이봐, 1페니 줄 테니 울지 마라."

"아니, 아빠. 저는 아무리 따져도 3페니 정도 운 것 같은데요."

절대 틀림없음

앙가스 어린이가 생일에 5파운드를 받아 그 가운데 1파운드를 약국에 가서 바꿨다. 또 다른 가게에 가서 1파운드를 바꾸고, 3번째 가서도 같은 일을 되풀이했다. 아버지가 왜 그런 일을 하느냐고 묻자, 앙가스 어린이가 대답했다.

"그 가운데 누군가가 잘못해서 많이 줄 것이라 생각해요. 나는 절대 잘못이 없지만."

케익 2개

로빈손이 친구들 생일 축하에 초대받고, 집에 돌아오자, 어머니에게 파티 과정 모습을 전부 말했다.

"그런데, 설마 케익을 더 달라고 하지 않았겠지."하고, 어머니가 다그쳤다.

"아뇨, 어머니에게 똑 같은 것을 만들어 달라고 생각하고, 만드는 법을 가르쳐 달라고 말하자 부탁도 안 했는데 따로 2개 더 주었어요."

데이트

앙가스 군이 가장 좋아하는 걸 프랜드와 데이트를 했다.

집에 돌아오자 아버지가 아직 안 주무시고 있다. 아버지는 얼굴을 들어 머리를 흔들었다.

"또 그 아이 하고 갔니."

"그래요, 아버지. 왜 그렇게 못마땅한 표정을 지으세요?"

"오늘 밤, 얼마나 썼을까 하고, 생각한 거야."

"단지, 20페니에요."

"그래? 별 일은 없군."

"그 애는 그 것 밖에 돈이 없어요."

12펜스 절약

산디 어린이가 숨을 헐떡이며 학교에서 돌아왔다. 엄마가 무슨 일이 있느냐고 물었다.

"나는 말이에요, 학교에서 줄곧 전차 뒤를 따라 뛰어왔기 때문에 1페니 절약했어요."

"저런, 저런. 내 아들."하고, 아버지가 들여다보던 신문에서 얼굴을 들며 말했다.

"왜 택시 뒤를 뛰어가 12펜스 절약하지 않았지?"

대서양 횡단

60년 간 일한 뒤에, 결국, 부부 함께 미국 여행에 나섰다. 이 부부, 선상에서도 여비만 가지고 화제를 삼아 트랩을 내려오면서도, 또 투덜거렸다.

갑자기 잠수부가 해면으로 떠 오른 광경을 발견했다.

"저런 복장이 있었다면 나 역시 헤엄쳐 왔을 것을."

자전거 초심자

1, 목숨과 손발에 보험을 들어요. 전자는 집안 사람에게 이익을 주고, 후자는 당신 자신을 위해서랍니다.

2, 남의 자전거로 배우세요. 최상의 방법은 친구에게 빌리는 것입니다. 그러면 빌린 값을 물지 않아도 됩니다. 만약, 타이어가 터지든가, 브레이크가 망가지든가, 벨이 깨지든가, 램프가 어디로 가 버리고, 기어가 못 쓰게 되었든가, 하면, 곧바로 돌려주고, 이 번에는 좀더 좋은 것을 사도록 충고해요.

3, 어딘가 평평하고 떨어져도 아프지 않은 장소에서 연습해요. 가령, 풀밭이고 이웃집 뜰이면 최고요. 질척이는 길이면 떨어져도

아프지 않지만 추천을 받아요. 그 나름대로 결점이 있기 때문에.

4, 연습은 인기 없는 곳을 택해요. 잠깐 생각하면, 근처 사람들이 무료로 재미있는 연기 즐길 기회를 빼앗기므로 조금 이기적인 것처럼 생각될지 모르지만 그 점은 꾹 참아요.

5, 뒤에서 짐 받기를 가져오는 사람을 부탁해요. 연습하며 즐거운 대화가 가능한 친구가 좋을 것이요. 반드시 대화를 나누며 당신을 지켜 줄 것이요. 물론 그에게도 육체적으로 도덕적으로 더 없는 훈련이 됩니다. 또 당신에게 경제적이요. 친구라면 돈을 낼 필요가 없기 때문이요.

6, 2륜차는 타지 말아요. 3륜차라면 안전해요.

요정의 여왕

스펜서가 유명한 장편 시 '요정(妖精)의 여왕'을 쓰고, 당시 시인의 파트롱, 후원자이던 사우삼프톤 백작에게 가지고 갔다.

백작은 원고를 들고 몇 페이지 읽고, 아랫사람을 불러 20파운드를 주라고 일렀다. 다시 읽으며 흥분한 나머지 외쳤다.

"또 20파운드 주어라." 또 읽기 시작, 다시 외쳤다.

"20파운드 추가다."

그러나 마침내 참을 수 없게 되자, 또 말했다.

"저 사람을 바깥으로 내쳐라. 더 이상 읽으면 파산해 버리겠다."

선물

어느 스코틀랜드 사람이 친구를 결혼 기념일 파티에 초대하고, 전화와 주소와 찾아오는 방법을 정성껏 알려주었다.

"5번 버스를 타고 인바네스 거리 끝에 있는 아파트에서 내리고, 한편, 엘리베이터 타고 4층까지 올라오면, 엘리베이터 바로 앞이 내 집이오. 그 때, 초인종을 무릎으로 누르면 돼요."

"고마워요, 하지만 어떻게 무릎으로 밀지요."

"그러니까, 설마 빈 손으로 오겠나요?"

여행 예약

한 사람 남자와 한 사람 부인이 여행사 창구에서 여행 예약을 하고 있다. 그러자 담당 직원이,

"두 분께서는 100만번째 부부 이십니다." 하고 알려주고, 2사

람을 축복, 최고의 신혼 용 선실에서 세계일주 여행을 프리로 제공했다.

두 사람이 여행을 마치고 돌아왔을 때, 여행사 접대 담당이 부인에게 물어보았다.

"이 번 여행 어떠셨습니까?"

"아주 멋 졌어요."하고, 부인은 감탄의 소리를 냈다.

"그렇게 즐거울 수가 없었어요. 하지만 나에게 동반 시켜 준 그 멋진 신사는 대체 누구인가요?"

봉(이용하기 좋은 사람)

산디가 런던 유스톤 역에 내린 것은 정오 경이다.

택시를 불러 가지고, 3시 열차를 타야 하니 워털루 역까지 가 달라고 부탁했다.

이 사람은 봉이라 생각하고, 운전 기사는 길을 돌아서 운행, 3시 조금 전에 목적지에 이르렀다. 그 동안 산디는 런던 관광을 즐겼다.

워털루 역에 싱글벙글 하며 기사가 차를 대자, 산디는 뛰어내려 경관 쪽으로 달려가서,

"유스톤에서 워털루까지 택시 요금이 얼마나 됩니까?"하고, 그가 물어보았다.

경관은 그 요금을 댔다. 산디는 돈을 경관에게 건넸다.

"나의 택시 요금을 이 것으로 지불해 주세요. 열차를 급히 타야 하기 때문이죠."

그렇게 말하고, 산디는 역사 안으로 달려 들어갔다.

못에 걸어요

손님 "싼 양복거리가 하나 필요한데요."

점원 "있습니다. 2펜스입니다."

손님 "2펜스라구요. 좀더 싼 것은 없습니까."

점원 "네, 있습니다. 이 못입니다."

오리 사냥

사냥꾼이 1마리도 수확 없어 풀이 죽고, 미개척 벌판에서 집으로 돌아가는 길이다.

그 때 갑자기, 작은 못에서 한 떼의 오리가 떠 있음을 발견했다.

"저 오리를 1회의 사격으로 얻고 싶은데, 얼마나 드리면 될까요?"

"글쎄요, 1파운드면 되겠죠."하고, 곧 반응이 왔다.

사냥꾼은 흔희작약(欣喜雀躍)하여 엽총을 발사하자, 의외로 14마리나 잡혔다.

"자, 그러면,"하고, 빙긋이 웃으며 1파운드를 농부에게 지불했다.

"1파운드로 이 만큼이나 잡았다면 무엇이라 할까 놀라운 일이네요."

"그래요? 그 것은 사실 저의 집 오리 에요."

1단계 상수

맥퍼슨이 세탁소에 맡긴 세탁물을 찾으러 갔다.

"30펜스 주십시오."하고, 세탁소 주인이 말했다.

"거, 이상한데요, 파자마 2벌 뿐이면, 20펜스가 아닙니까?"하고, 맥퍼슨은 불평을 말했다.

"맞습니다. 별도의 10펜스는 손님이 포켓 속에 넣어 온 옷깃과 양말 대금 입니다."

한쪽 다리미질

"바지 다리미질은 얼마 입니까?"하고, 산디가 세탁소 문 앞에서 물어보았다.

"12펜스입니다."

"그러면 한 쪽만 6펜스로 데려 주세요. 지금부터 사진을 찍는 데요. 앞으로 찍지 않고, 옆으로 찍으니까요."

어릿광대 역

오늘 와서도 임금님의 어릿광대 역 아치는 훌륭한 바가 있지만 예전에는 매우 가혹한 경우도 있었다.

어느 해 신년, 귀족이 있는 곳에 축하 인사를 드리러 가니 귀족이 기뻐서 많은 돈을 주었다.

그 것은 큰 금화로 20매나 되었다.

하지만 욕심장이 어릿광대는 좀더 많은 돈을 기대하고 손으로 흔들어가며 너무 가볍네요 하고, 말했다.

귀족은 성을 냈지만 얼굴에 나타내지 않고 말했다.

"아치, 잠깐 보여주게. 그 가운데 남에게 내줄 수 없는 것이 섞여 있는 것 같아서."

아치는 또 늘려줄 것으로 알고 허겁지겁 귀족의 손에 돈을 돌려주었다. 그러자 귀족은 돈을 주머니에 넣고 말했다.

"자, 이제 나는 한 번 어리석은 자의 손에 돈을 건넸지만, 그 남자는 그 것을 가져갈 지혜가 없어 보이는 군."

1파운드 헌금

3인의 스코틀랜드 사람이 일요일 아침 교회에 나갔다.

설교를 진행하는 중에 목사가 회중을 향해 적어도 1사람 앞에 1파운드 이상의 헌금을 바란다고 적극 요청했다.

하지만, 곤란해진 것은 이 3사람. 모금 바구니가 가까이 접근해 오자, 가슴이 두근거려 결국 1사람이 정신을 잃었다. 그러자 이 때라 생각하고, 나머지 2사람이 그 사람을 부축해 감쪽같이 자리를 피해 밖으로 나갔다.

각 설탕 1개

한 사람 스코틀랜드 사람이 추위가 몹시 심한 날 골프를 치고 있다.

코스를 일주한 뒤에 캐디 손에 무엇인가를 쥐어 주고 친절히 말했다.

"이 것으로 뜨거운 위스키를 한 잔 하게."

캐디가 손을 펴 보자, 각설탕이 한 개.

돼지 요금

"잠깐 물어보겠습니다만, 더블린에서 글라스고까지 요금이 얼마나 됩니까?" 하고, 어느 날 에매랄드 섬(아일랜드의 별칭) 젊은 사람이 항구 승선소에서 담당자에게 물었다.

"18실링 입니다."

"그런데, 돼지와 소는 얼마입니까?"

"돼지는 18펜스, 소는 3실링입니다."

"그러면, 돼지로 부탁합니다."

보상

 마이크 머피는 과부 마로니 씨의 돼지를 훔친 이유로 신부로부터 주의를 받았다. 증거가 확실한 이유 때문에, 변명의 여지없이 마이크는 고개를 푹 숙인 채 다만 "네, 네"하고, 설교를 듣고 있다.
 도둑질한 죄가 얼마나 무거운지 말한 뒤에 신부가 물었다.
 "좋아요, 최후의 심판일에 마로니 씨와 돼지를 만나면 당신은 뭐라 말하고 변명하죠?"
 그러자, 마이크는 무엇을 문득 생각한 듯, 갑자기 눈을 반짝이고 말했다.
 "돼지가 거기 있다고 말씀하셨지요, 신부님."
 "그렇지. 돼지도 있고, 마로니 씨도 있고, 당신의 죄를 분명히 밝히게 되지. 그렇게 되면 어떡하지?"
 "신부님, 저는 이렇게 말합니다. 마로니 씨, 저기 있는 것이 당신 돼지입니다. 돌려 드리니 받아 주시기 바랍니다."

내조의 공

 집을 찾고 있던 남자가 어느 집을 찬찬히 바라보며 중얼댄다.

"아무리 해도 집세를 내지 않아도 되겠네."

그러자, 뒤에 따라오던 아내가 말했다.

"하지만 이 근처를 둘러봐요. 이웃집에서 다리미는 빌릴 수 있겠고, 건너편 집에서 커피와 홍차, 모퉁이집에서 설탕, 그리고 골목 저 쪽에, 학교 소유인지 몰라도 땔나무의 산이 있네요."

노아의 방주(方舟)

2사람 스코틀랜드 사람 사이에 말다툼이 시작되었다. 캠벨과 맥린이 집안의 오래된 내력에 대해 서로 다투었다.

맥린은 자기 선조가 천지 창조와 함께 시작되므로 캠벨 집안이 경쟁할 일은 못 된다고 주장했다.

캠벨은 상대보다 조금 성서의 지식이 있기에 맥린 집안은 홍수 이전부터 있었느냐고 물었다.

"홍수라니! 언제 쩍 홍수요?" "온 세상 생물을 모두 물에 빠지게 하고 노아와 그 가족에게 가축만 살려준 홍수 말이지."

"바보 같은 소리! 물론, 홍수 이전부터 있었다니까."

"성서에 보면, 노아의 방주에 맥린이라는 사람이 타고 있었다고 써 있지 않은데."

"노아의 방주라고?"하고, 맥린은 그를 경멸하듯 반박했다. "대체 자기 배도 갖지 못한 맥린을 들은 적이 없다고."

멋진 런던

어떤 스코틀랜드 사람이 몹시 감격한 나머지 중얼댔다. "런던은 좋은 도시인 걸. 공짜 공원에, 공짜 음악을 듣고, 미술관도 공짜, 화랑도 공짜. 고급 레스토랑에 들어가 식사를 하면, 접시 밑에 꼭 10 펜스 정도는 감춰져 있기 때문에."

집 오리

감리교회에 오래간만에 디크가 나타났다. 그는 안식일에만 신을 섬기고 나머지 6일은 악마를 섬기고 있다고 악명을 얻은 남자다. 그래서 목사가 물었다.

"어이 디크. 잘 왔네. 지난 번 왔을 때부터 칠면조는 훔치지 않았겠지?"

"그럼요, 존스 씨. 칠면조는 한 마리도요."

"그럼 닭은 어떤가, 디크."

"물론이죠. 1마리도 잡지 않았어요."

"놀라운 일이군, 디크. 잘하고 있군."하고, 존스 목사는 감탄한 나머지, 디크를 방면했다.

그러자 과연 디크도 양심의 가책을 느끼고 크게 탄식을 하며 곧 옆 사람에게 중얼댔다.

"만약 집오리를 훔치지 않았느냐고 물었다면 만사가 끝났지 뭐."

걸식인가 상인인가

"당신은 어떻게 손을 쓸 수 없는 비렁뱅이구만."하고, 상인이 서생(書生)에게 말했다. 서생은 성내지 않고 대답했다.

"그렇죠, 나는 정직하기 때문이죠. 그러나 당신은 거렁뱅이도 안 되죠. 당신이 상인인 척하는 것을 동네 사람들이 다 알고 있으니까요."

수하물 요금

차장과 수하물 요금으로 언쟁하던 스코틀랜드 사람이 좀처럼 하는 말을 듣지 않으므로, 업무에 화가 난 차장은 갑자기 그 큰 가방을 창을 통해 바깥으로 던져버렸다.

바로 그 때, 철교 위였으므로 가방은 강물 속으로 텀벙 빠졌다.

"여보시오!"하고 산디가 비명을 올렸다.

"초과 요금을 내라 하면 충분하지 않아요. 자식을 물에 빠지게 하지 않으면 기분이 풀리지 않는 모양이죠."

친구의 석관

친구가 석관을 준비했다고 말하는 것을 들은 아일랜드 사람이 말했다.

"야! 그 것 참 놀랍군. 석관이면 일생을 지닐 걸."

내각을 바꿔 보겠다

애국심이 강한 후보자가 농부에게 투표를 부탁하고 자기 힘으로 내각을 바꿔 보이겠다고 약속했다.

"자, 그러면 나는 당신에게 투표하지 않아요."하고, 농부가 말했다.

"왜, 안 된다는 거지요?"하고, 후보자가 물었다.

"나는 당신이 애국자라고 생각했어요."하고, 농부가 말했다.

"그 말이 맞아요."하고, 애국자가 대답했다.

"나 역시 그렇지만, 그 때문에 내각을 바꾸고 싶지 않아요. 나는 오랜 동안의 경험에서, 수척한 돼지를 먹이면 걸근걸근 죽기 살기로 미친 듯이 먹어 대지만, 조금 살진 돼지는 반도 먹지 않는 것이지요. 그런 까닭에 현재 상태로 좋다고 생각한 것이지만 결국, 신인(新人)의 반 정도도 쓰지 않을 것이기 때문이죠."

배 멀미

한 스코틀랜드 사람이 영불 해협을 배로 도항하며 배 멀미에 고통을 겪고 있다. 곧, 그는 선장에게 가서 배 멀미에 걸리지 않는 방법을 물어보았다.

선장 "6펜스의 동전을 가지고 있습니까?"

선객 "네."

선장 "그럼, 항해 중에 그 것을 입에 물고 계세요."

위조 지폐

2사람의 남자가 술집에 들어와 맥주를 주문했다. 상대에게 거만하다고 말한 남자가 돈을 낼 단계에서 잔돈은 없고 5파운드 지폐밖에 없음을 알았다.

주인은 잠깐 의아스럽게 생각했지만 돈을 살펴보고 환전했다. 이어서 의심받은 쪽은 주인을 포함해 2사람이 의아했지만 그 역시 잔돈을 갖지 않았다.

주인은 일층 의심이 깊었지만 거만하다는 사람 것도 도와 돈을 바꿔 주었다.

다 마시고 나서 2사람은 나갔다.

10분 정도 후에, 한 남자가 뛰어 들어와, 방금 2남자가 5파운드 지폐를 바꾸지 않았느냐고 물었다.

주인이 2장의 돈을 꺼내자 남자가 외쳤다.

"생각이 맞다. 실로 잘 만든 위조 지폐다. 이 번만은 잡혔군."
남자는 돈을 쥔 채 문 밖으로 사라졌다.

신혼 여행

선박 위에서 선객과 이야기하던 스코틀랜드 사람이 자기는 신혼 여행을 하는 중이라고 털어 놓았다.
"그러세요, 그런데 신부는 여행을 좋아하십니까." 하고, 선객이 물었다.
"아뇨, 그녀는 전에 한 번 이 선박 여행을 한 일이 있어서, 아바진에 남아서 집의 개를 돌보고 있어요."

아내의 초상화

벼락부자의 남편이 아내의 초상화를 화가에게 부탁하기로 했다.
저명한 화가가 초청되고 고용주와 모델이 만났다. 남편은 단 하나의 조건을 걸었다. 결국, 진주를 장식한 것으로 해 달라는 것이다.

화가는 동의하고 걸치는 가운을 선택한 뒤 아내를 모델 자리에 앉혔다.

마침내 초상화가 완성되고 화가에 단정하게 놓이고, 남편이 불리어 왔다.

남편이 잠깐 넋잃고 보다가 마침내 화가 쪽으로 다가가서 말했다.

"놀라워요, 썩 잘 됐어요. 다만 조금 가슴이 작고, 진주가 커지면 더할 말이 없어요."

큰 부자

22개나 되는 큰 저택을 가진 부자가 때마침 그 하나를 처분하게 되었다.

계약서가 교환되고, 5만 파운드의 돈이 테이블 위에 놓였다.

부자는 4차례나 거듭 세어보고, 서서히 더러워진 헌 가방을 열어 고무줄로 묶인 권리증과 보험증서, 세입자의 계약서 등을 꺼내 놓았다.

그는 잠깐 생각하더니 고무줄을 풀고 서류 일체를 상대방 변호사에게 건넸다. 변호사는 정성껏 서류를 살펴보고 만사에 아무 하자가 없음을 확인하고 부자를 향해 무심하게 말했다.

"그 고무줄도 주시겠습니까?"

부자는 순간 망설이더니, 5만파운드의 돈 더미를 흘끗 보고 대답했다.

"그 고무줄 말이죠? 좋아요. 3펜스 받기로 하죠."

식사대와 숙박비

스코틀랜드에서 범죄가 급격히 감소했다. 왜 그렇게 되었는지 각계에서 조사한 바, 가까스로 그 원인을 밝혀낼 수 있었다.

교도소 입구위에 다음 계시가 부착되어 있었다.

"앞으로 범죄를 저지르고 체포되어 교도소에 들어온 자는 누구도 식사대와 숙박비를 지불해야 한다."

수염 난 아우들

어느 스코틀랜드 사람이 미국에서 30년만에 귀국하게 되었다.

귀국에 앞서 아우들에게 열차역까지 마중을 나오도록 편지를 썼다.

그가 고향역에 도착하자 2사람 수염 투성이 남자가 기다리고 있었지만 누가 누구인지 알아볼 수가 없다.

"형, 형."하고, 부르는 소리를 듣고, 비로소 아우들임을 알았다.

"무어야, 수염을 길게 기르고."하며, 그는 놀란 나머지 반가워 했다.

"형이 면도칼을 가지고 갔기 때문에."하고, 아우들이 대답했다.

바다 바람

스코틀랜드 어느 부인이 의사 선생에게 바다 바람이 필요한데요, 하고, 말했다.

이튿날 아침, 눈을 떠 보니, 남편이 열심히 청어를 들고 흔들어 보인다.

술 부대

어떤 스코틀랜드 사람이 좀처럼 마시기 어려운 고급 위스키를 얼어 유리병에 가득 담고 기뻐 어쩔 줄 모르며 밤 길을 서둘렀다.

그 때, 갑자기 자동차가 맹렬한 속도로 바로 옆을 지나자, 그는 옆으로 비키다가 넘어지고 말았다. 다리가 몹시 아프지만 간신히 넘어진 자리에서 일어나 절름거리며 집을 향해 걸었다. 마침 그 때, 따뜻한 액체가 다리로 흐르는 느낌을 받았다.

"아이고 맙소사, 신 이여, 아무튼 술이 아니기를 바랍니다."

무죄 주장

스코틀랜드 사람과 유태 사람이 술을 많이 마신 이유 때문에 재판관 앞에 끌려 나왔다.

2사람은 모두 무죄를 주장했다.

"그렇다면, 담당 경관은 피고인이 왜 취해 있었다고 판단했나요?"

"그 것은 말이죠, 맥도날드가 돈을 흩뿌리고 있었기 때문이죠."

"그렇구만, 알겠어요. 그럼, 또 한 사람은?"

"이삭은 그 돈을 맥도날드에게 되돌리느라 던져 버렸어요."

포킹(Poking)

　사람은 남을 빈정대기 좋아하는데, 남의 권위 또는 위세를 풍자하는 포킹이 바로 그 것이다. 원래 영어 포크는 손가락이나 막대 끝으로 찌르거나 찔러 꽂는다는 뜻을 가지고 있다. 남의 사적인 일을 꼬치꼬치 캐내는 일을 말한다. 자칫하면, 인신 공격, 명예훼손으로 번질 수 있어 조심할 필요가 있다.

연기력

배우 갸릭이 어느 때, 목사에게 말을 들었다.

목사가 말하기를, 인생에 휘감기는 엄숙한 설교를 해도, 회중은 거의 좀처럼 눈물 흘리는 일이 없는데, 같은 사람들이 극장에 가면, 꾸민 내용임에도 불구하고, 어째서 저렇게 쉽게 비탄하는가를, 알지 못하겠다고 한다.

"그 이유는 간단하죠."하고, 갸릭이 대답한다.

"결국, 우리는 만든 이야기를 마치 진실인 것처럼 연기하지만, 진실을 만든 이야기처럼 해 버리기 때문이죠."

설교

성공회 주교가 대학에서 설교하기 위해 캠브리지의 성 마리아 교회를 방문했을 때, 그의 학생 시대에도 거기 있던 같은 관리인이 의연하게 근무하고 있음에 주의를 돌렸다. "오랜 동안 근무하시느라 수고가 많습니다. 더욱 건강하시어 크게 다행입니다."하고, 말을 거니까, 관리인이 대답했다.

"그렇습니다. 주교님. 감사할 일이 너무 많습니다. 저는 여기서

50년간 설교를 남김 없이 들어왔지만, 감사할 일은 나는 아직도 크리스찬입니다."

위병의 약

 헨리 8세가 어느 날, 윈저 숲속에서 사냥을 즐기고 식사 때가 되어 근처 레딩 수도원을 방문했다. 미복잠행(微服潛行) 이므로 신분을 감추고 근위병 대장이라고 해 두었다. 수도원 주방장이 진수성찬으로 비프 스테이크는 물론, 대식가처럼 그를 이해하고 떡 벌어진 상을 차렸다.
 그 것을 보고 수도원장이 큰 소리를 냈다.
 "그 만큼 훌륭한 식탁에서 나도 비프 스테이크를 먹으면 1백 파운드를 내야 해요. 유감스럽지만, 나는 소화기관이 약해, 새고기도 소화가 될까 말까 한 사정이요."
 그 후, 수 주간이 지나고 놀라운 일은 수도원장이 갑자기 체포되고 런던으로 연행 런던 탑에 쳐 박혔다. 그리고 식사 때, 나온 것은 빵과 물 뿐이다.
 대체 언제 어떻게 왕의 노여움을 샀던 것일까 하고, 의혹이 차례차례 떠 올라 마음은 공포로 가득 찼지만, 배가 고파 도리가 없었다. 그럭저럭 하는 가운데 보니, 최고급 스테이크가 놓여 있다. 이 것을 보고 수도원장은 아귀처럼 걸신 들린 듯 먹었다. 마치, "두 번 배 고픈 식사를 하면, 세 번째는 대식가가 된다."는 격언을 기초로 말해 버렸다.

몰래 수도원장의 모양을 지켜보던 헨리 8세는 모습을 보이고 말을 걸었다.

"자 원장, 빨리 금화 백 파운드를 내요. 그렇지 않으면 두 번 다시 햇볕을 볼 수 없을 것이요. 어떻든 나는 당신 위병을 고친 명의이므로 그 정도 보수는 당연한 것이요."

이래서 석방된 수도원장은 허둥지둥 레딩에 돌아왔다.

와서 보니 지갑은 가벼워졌지만 마음은 훨씬 경쾌해졌다.

꼬집는 장소

요크의 대주교가 노령으로 신체가 마비되는 것을 늘 두려워했다.

어느 날 저녁, 회식 석상, 대주교 바로 옆에 앉은 부인이 그의 중얼대는 말을 들었다.

"마침내 왔지. 언제인가 올 것이라 생각했지만, 신체의 자유가 듣지를 않아."

부인이 놀라는 것을 보고 그가 덧붙였다.

"5분이나 다리를 꼬집어 보지만 조금도 느낌이 없는 것이야"

그러자 부인은 긴장을 풀어주려고 곧 이렇게 말했다.

"뭐, 그 것이라면 괜찮아요, 대주교님. 당신이 꼬집고 있는 것은 저의 넓적다리 인 걸요."

천국의 열쇠

로마 교황 식스토스 5세가 숨져, 지옥에 가자, 지옥 문지기가 말했다.

"여기 오는 것은 그 만큼 이유가 있다고 생각 하지만요. 나는 당신을 들여 보내라는 명령을 받지 않았으니 연옥으로 돌아가세요."

그러자, 교황은 지옥을 떠나 이 쪽 저 쪽으로 연옥을 찾았으나 찾지 못했다. 또 그러자, 이 번은 크게 결심하고 천국의 문을 두드렸다. 성 베드로가 나와, 물어 보았다.

"누구요?"

"교황 식스토스요."하고, 그가 대답했다.

그러자, 성 베드로가 말했다.

"왜 문을 두드리시죠. 당신은 열쇠를 가지고 있죠?"

교황 식스토스는 대답했다.

"확실히 가지고 있습니다만, 열쇠를 받은 지 하도 오래 되어, 자물쇠가 바뀌지 않았나 하고 생각한 나머지"

수염 깎기

일생 술을 끊고 있는 스코틀랜드 목사가 매일 소량의 위스키를 뜨거운 물에 타서 마시라고 의사의 충고를 받았다.

목사는 매우 당황하여 만약 그렇게 하면, 매처럼 눈에 빛이 나는 신심 깊은 가정부에게 들키고, 곧장 야단을 맞게 됩니다 하고, 항의했다.

"그렇다면, 수염을 깎을 때, 온수를 쓰시겠죠. 목욕탕에서 마셔요."하고, 의사가 대답했다.

1주일 후, 의사는 가정부를 만났다.

"자, 좋은 데서 잘 만났네요, 선생님."하고, 가정부는 얼굴에 어두운 표정을 지으며 말했다.

"저는 목사님 일로 매우 머리가 아파요. 아무래도 정신이 흔들리는 것으로 생각해요. 어쨌든 매일 10번씩이나 수염을 깎으시니 말이죠."

고해를 하다

스코긴이 프랑스에 가서 사제가 되었다. 많은 교우가 그에게 와서 고해를 했다. 그 가운데 양치기가 섞여 있어 스코긴이 물었다.

"당신은 10계명을 잘 지키고 있죠?"

"어림도 없는 일입니다."

"그럼, 아무 것도 지키지 않는지요?" "한데, 말씀이죠, 저는 일생 양들만 지켜왔습니다."

프로테스탄트

어느 더블린 시민이 25명의 어린이를 가졌다고 알게 된 바티칸이 특별 메달을 수여하기로 결정, 당지 사제가 수여했다.

"교황님은 매우 훌륭하시다."하고, 콧대 높은 아버지가 말했다.

"내가 가토릭이 아닌데도 특별히 주시는 것은,"

"뭐라고요!"하고, 격노한 사제가 외쳤다.

"교황님이 색조가 다른 프로테스탄트에게 특별 메달을 주었다고 말할 작정이났나, 낭신은."

브라우닝의 시

로버트 브라우닝의 가장 난삽하고 난해한 시는 '소데로'이다. 그 첫 행은 런던 시인 협회에서도 눈에 띄지 않았다. 그래서 브라우닝에게 직접 물어보았다.

브라우닝은 두 세 번 읽고나서 어깨를 움츠리고 말했다.

"이 것을 쓸 때는 신과 나 밖에 의미를 몰랐지만 지금은 신 밖에 모른다."

목사가 필요한 날

스코틀랜드 어느 교회 목사가 안개가 짙은 밤, 마을 길을 가다가 깊은 홀에 빠지고 말았다.

밖으로 나오려 해도 사다리가 없다. 그래서 큰 소리로 도움을 요청했다.

한 사람 농부가 이 소리를 듣고, 홀을 굽어보며 누구인가 물었다.

목사가 신원을 밝히자, 농부가 말했다.

"그렇게 소란을 피울 필요가 없어요. 당신은 일요일까지 필요하지 않아요. 오늘은 아직 수요일이니까."

쇼크 효과

어느 스코틀랜드 교회가 지붕 수리를 하지 않으면 안 되었다.

하지만 장로는 아직 그럴 필요가 없다고 말하는 것이다.

그런데 집회가 열려, 이 문제를 막 토의하려 할 때, 그 장로의 머리 위에 회 반죽 덩어리가 떨어졌다.

장로는 그 충격에서 벗어나 자리에서 일어났다.

"지붕 수리를 곧 하지 않으면 안 된다고 확신했습니다. 먼저, 제가 5파운드 기부합니다."

이 말을 듣고 있던 목사, 눈을 감은 채, 열심히 기도했다.

"주여, 다시 한 번 장로님 머리를 때려 주십시오."

여학생의 냉정한 대답

여학교 종업식에서 주교가 상장을 수여한 후, 현관에서 차를 기다렸다.

이 때, 수석 여학생이 지나간다. 방년 16세 금발의 학생으로 정숙히 걸어간다.

"이봐, 학생 잘했어요. 그런데 앞으로 어떻게 할 것이죠?"하고,

주교가 말을 걸었다.

"글쎄요 주교님, 지금 곧바로 집에 가고 있는 길인데요."하고, 여학생은 매우 냉정하게 대답했다.

지옥은 만원

더블린에서 가극 '파우스트'가 상연되었다. 장면은 악마가 파우스트를 지옥 입구로 이끌고 가는 것이다. 낡은 문짝에서 나락으로 들어가는 것이다. 악마는 무사히 내려갔지만 파우스트는 체중이 나가 반쯤 들어간 채 잡히고 말았다.

관람석에 앉아 있던 손님 귀에 외치는 소리가 들렸다.

"야아, 이제 살았다. 지옥은 대만원이다."

방심할 수 없음

회중 한 사람을 향해 목사가 주의를 기울였다.

"당신은 내가 설교단에 서면 항상 앉아 조는데, 모르는 사람이 들어오면 갑자기 눈을 크게 뜨고 눈망울을 뒤룩거리는 것은 무엇 때문인가요?"

"그 것은 결국, 목사님 설교는 틀림없다고 생각, 안심하고 있지만, 딴 사람은 방심할 수 없어, 신경을 집중, 눈을 크게 뜨지 않으면 안 되기 때문이죠."

백치 아들이면

머리가 굳은 지주가 목사 시드니 스미스에게 논쟁으로 몰리자 화풀이로 외쳤다.

"만약 나에게 바보 아들이 생기면 나는 그 아들을 목사로 만들겠네."

"있을 법한 일이네요."하고, 시드니가 대답했다.

"그러나, 당신 아버지는 전혀 다른 생각이 있음을 알고 있어요."

3위 1체

감리교회 목사인 호세아 브라운 씨가 스코틀랜드 고지를 여행하던 때의 이야기,

어느 호텔에서 방이 없느냐 물었다. 그러자 만실이므로 동숙을 하게 될지 모른다고 하며 그래도 좋은가 반문한다.

아직 시간은 이르지만 목사는 방에 들어가 도어를 잠그고 침대에 올라가 잠을 청했다.

한 밤중에 도어를 두드리는 소리에 눈을 떴다.

"야, 야, 대체 지금 어인 소란이야"하고, 목사가 외쳤다.

"미안한데요, 또 한 사람 동숙을 원하기 때문이에요."하고, 주인 말이 들렸다.

"뭐라구요! 또 한 사람이"

"그렇습니다. 여기에 또 한 사람을."

"한 사람이라고! 여기에 브라운 씨, 감리교회 목사, 그리고 내가 벌써부터 있고, 이 고장에서도 한 침대에 이로써 만원이요."

주인도 납득하고 '3위 1체'를 그대로 쉬게 해 주었다.

만장 일치

웨일즈 교회가 도괴(倒壞) 직전에 놓여 건축사에게 집 수리를 부탁하니 새로 짓는 것이 좋다고 강하게 주장한다.

그러자 목사는 교구민을 소집 사태를 보고하고 여러 결정 사항을 물어보았다.

첫째, 새 교회를 짓는 일(만장 일치 채택)

둘째, 새 교회가 완성되기까지 구 교회를 사용할 일(만장 일치 채택)

셋째, 새 교회는 구 교회의 석재로 세울 일(만장 일치 채택)

인콘시스텐시(Inconsistency)

이는 불일치, 모순, 주견이 없음 등의 뜻을 가진 말이다. 바꿔 말하면, 모순된 사물을 지적하는 경우를 가리킨다. 남의 일을 생각할 줄 모르고, 지각과 분별을 모르는 사람을, 빗대고 하는 말일 경우가 많다. 우리가 사는 이 세상은 모순 투성이라 하지 않는가. 돈키호테 식이란 말을 떠 올리게 한다.

100파운드 목숨

아바진의 사람이 병원으로 친구를 병 문안 갔다.

"얼마 전보다 건강해졌군, 존."하고, 방문자가 말을 걸었다.

"응, 사실 죽을지도 모른다고 생각했는데, 의사 선생이 나을 수 있다고 말했지. 그런데, 100파운드쯤 수가가 든다는 거야."

"우와, 그 사람 정신 나갔군. 자네 목숨이 그렇게 가치 있다고 생각했나?"

삶은 계란 하나

어느 스코틀랜드 사람이 아침에 눈을 떠 보니 아내가 죽어 있어 놀랐다.

그는 베드에서 일어나 새파랗게 질린 가운데 아래 층으로 뛰어 내려갔다.

"메어리!"하고, 주방에 있는 가정부 이름을 불렀다.

"네, 네, 어떻게 된 것이죠. 어떻게 된 것이죠?"

"오늘 아침은 계란을 한 개만 삶으면 좋아요."

용서

프러시아 왕은 의동생, 영국왕 조지 2세를 가장 싫어했다. 그는 임종에 즈음해 루터 교회 목사로부터 적을 1사람 남김 없이 용서하지 않으면, 하늘 나라에 갈 수 없다는 이야기를 들었다.

"참말인가?"하고, 왕은 되물었다.

"참말입니다."하고, 목사가 대답했다.

"그렇다면,"하고, 왕은 왕비 쪽을 향해 말했다.

"아우에게 용서한다고 편지를 써 주게. 다만 내가 죽은 뒤로 해 주게."

묻히는 사람

어느 유능한 헝가리 배우의 장례식이 거행되었다. 애석한 일은 그가 참으로 위대한 존재가 되기 전에 요절한 것이다.

그의 연출가가 "대단한 재능이 있어 시재에도 뛰어난 사람이었다."는 추도사를 바쳤다.

"당신의 뛰어난 재능에 처음 주목한 것은,"하고, 눈물을 흘리며 말했다. "이 나였습니다. 무대 연극학교에서 당신을 선발, 당신과 최초의 무대 계약을 한 것도 나였습니다. 당신이 장래가 기대되는 빛나는 성공을 거둔 일은, 다름 아닌 내가 경영하는 극장에서의 일입니다. 바로 내가 연출한 '존 왕'과 '시트'에서 각각 당신은 명성을 확립했습니다. 그리고 최후를 내 극장 무대에서…"

이때, 사체가 벌떡 일어나 비난하는 시선으로 연출가를 보고 매우 조용히 물었다.

"실례 말씀이지만, 여기 묻히는 사람은 누구입니까. 당신입니까 아니면 저입니까?"

술 마시기

"야아, 들었나, 케리란 놈, 술집 밖에서 모로 자빠져 죽었다고."
"들어갈 때야, 아니면 나올 때야?"
"들어갈 때이지."
"야아, 그 놈 비극이다!"

취직 문

운하 가운데서 발버둥치는 남자가 지나가는 사람에게 도움을 청했다. 제방 위에서 남자가 물었다.

"당신 이름은요?"

"존 스미스. 물에 빠져들고 있어요."

"어디서 일하세요?"

"언덕 위 제재소요, 도와주세요!"

그리고 그 남자는 도와주지 않은 채 제재소 직공장을 만나러 갔다.

"존 스미스는 여기서 일했습니까?"

"그런데요."

"그럼 나를 대신 고용해 주세요. 그는 지금 운하에 빠져 있어요."

"저런, 한 발 늦었네요."하고, 직공장이 대답했다.

"그 사람을 밀어 떨어뜨린 남자를 고용했는 걸요."

조롱 한 마디

한 사람 신사가 나이 먹은 아일랜드 사람과 함께 말을 타고 가는

데, 예전에 사용한 교수대가 눈에 들어온다.

조롱 한 마디 할까요, 문득 신사가 말했다.

"아저씨, 저 것 보입니까?"

"물론, 보이지요."

"오늘 만약 저 것을 쓴다고 하면 어떻게 하죠."

"그럼 나는 혼자 말 타고 가겠죠."

조문 편지

"저 소니 씨. 저의 집 하리의 슬픈 사고에 대해 누구보다 빠르게 조문 편지를 주시고 당신의 배려에 깊은 감사를 드립니다."

"어떻든 그런 말씀 마세요. 그런 편지를 쓸 기회를 얻은 것이 매우 기쁜 일입니다."

조문객 대접

죽음의 잠자리에 들어간 스코틀랜드 사람이 아내에게 전 재산 25,000파운드를 보낸다고 말했다.

"당신이야 말로 참으로 좋은 분이요."하고, 그녀는 한숨을 쉬었다. "최후의 희망이 무엇인가요?"

"냉장고 햄을 한 접시 먹고 싶군."

"그런데, 그 것은 안 되어요. 장례식 끝나면 조문객들에게 대접할 몫이에요."

옛 친구

산디 드라몬드가 맥도날드와 의외로 만났다. 옛 친구이지만 몇 년째 만나지 못 했다.

"이 앞서 만난 뒤에 결혼했지, 맥."

"결혼했다고, 멋진 일이군."

"그렇게 좋은 것도 아니야, 시끄러운 여자야."

"시끄러운 여자와 결혼했다고. 그 것은 달콤새콤한 일이군."

"아니, 아니, 그렇게 나쁘지 않아 부자야."

"부자 아내. 그 거 참 멋지다."

"아냐, 그렇지도 않아 맥. 구두쇠야."

"부자인데 구두쇠라, 운이 나쁘군."

"아니야, 그렇지 않아. 집을 지어줬기 때문에."

"이봐, 자기 집이야, 더더욱 좋군."

"아니야, 좋지 않아 맥. 그 집이 불에 타 버렸네."

"새 집이 불에 탔다고? 모처럼 지참금으로 지었는데, 매우 유감이군."

"아니야, 그렇지도 않아. 아내도 함께 불타 숨 졌지."

가문의 비밀

존슨 박사가 포터 부인에게 구혼할 때, 2사람은 후에 맺어지지만, 자기는 가문이 좋지 않아 가난했으며 교수형을 당한 숙부가 있다고 고백했다.

부인은 자기 역시 박사와 동등한 입장이라고 대답했다.

"저도 당신과 마찬가지로 재산이 없어요, 그리고 교수형을 받은 친척은 없지만, 당연 교수형에 해당하는 친척이 50명이나 있어요."

나의 좋은 아내

2사람 예비역 대령이 골프장에서 사귀게 되어, 매일 2라운드는 돌고 때로는 저녁에 3라운드를 돌 때도 있었다.

어느 날 오후, 가도 옆 훼어 웨이를 지날 때, 장례 행렬이 지나간다. 길가에 있던 대령이 모자를 벗고, 장례 행렬이 다 지날 때까지 부동자세를 취했다.

"오늘 따라 어인 일이요?"하고, 상대가 물었다.

"오늘 나에게 이 것이 정성을 다하는 일이요. 35년간 나의 좋은 아내였어요."

모래 시계

"나는 남편을 화장했어요."하고, 미망인이 말하기 시작했다. "
"그리고 재를 모래 시계에 넣었어요. 이로써 결혼 이래 처음으로 그가 나를 위해 일해 주는 것을 볼 수 있게 되었어요."

2사람의 꿈

　　스코틀랜드 사람과 아일랜드 사람이 자주 길 동무가 되고, 터무니없이 큰 숲 속에서 헤매게 되었다.
　　2사람은 우왕좌왕 한 끝에 겨우 금방 무너질 것 같은 작은 집을 찾았다. 공교롭게 인기척이 없고, 1마리 닭이 졸랑졸랑 돌아다니고 있을 뿐이다.
　　어떻든 먹을 것은 닭 밖에 없으므로, 즉시 잡아 저녁 식사용으로 요리해 버렸다.
　　눈 앞에 그 것을 놓고 패트가 제안했다. 1마리 가지고 두 사람이 충분하지 않으므로 이튿날 아침까지 먹지 않기로 하고, 그 날 밤 즐거운 꿈을 꾸는 것이 좋겠다고 제안했다.
　　소니는 동의했다.
　　이튿날 소니가 먼저 꿈 얘기를 했다. 천사가 그를 대바구니에 넣어 천상으로 끌어 올려 그 만큼의 행복감을 느끼기는 지금껏 없었다고 하는 것이다.
　　그 꿈 얘기가 끝날 즈음 패트가 외쳤다.
　　"야아, 정말 잘 되었다. 나는 그대가 하늘에 오르는 것을 보고, 두 번 다시 지상으로 돌아오지 않을 것이라 생각하고, 일어나 닭을 다 먹어 버렸지."

관목이 클 때까지

웨일스에서 영국인, 아일랜드인, 스코틀랜드인 3사람이 살인죄로 교수형을 선고받았다.

판사는 마지막 정으로 각 사형수에게 좋은 나무를 선택케 했다.

스코틀랜드 사람은 즉각 물푸레나무를 선택하고, 영국인은 떡갈나무를 선택했다.

"그럼 패트, 당신은 무엇에 매달리고 싶은가?"

"만약 가능하면 잘 타지 않는 관목에 매달리고 싶네요."

"아니 그 것은 안 되오. 매달릴 정도로 크지 않아요."

"그렇다면,"하고, 패트는 순간 얼굴 표정을 밝게 지으며 말했다.

"크게 자랄 때까지 기다립시다."

장례 행렬

여행을 즐기는 친구가 이 곳 저 곳 돌아다니고 있을 때, 굉장히 훌륭한 장례 행렬에 맞닥뜨렸다. 그러자,

"저 장례는 누구인가요?"하고, 그 고장 사람에게 물었다.

"그 게 말이죠,"하고, 질문 받은 아일랜드 사람은 더 없이 참된

표정으로 답했다.

"확실한 것은 저도 모르지만, 역시 신중하게 생각하면, 아무래도 관 속에 들어간 사람의 장례 같습니다."

훈계

어느 아일랜드 판사가 사형수를 향해 말했다.

"당신은 교수형을 받는다. 두 번 다시 죄를 범하지 않도록 자기 자신에 대한 좋은 교훈으로 삼기 바란다."

사실은 잔혹

한 중년 여성이 허풍 떠는 몸짓을 하고 말했다.

"말하자면, 존스 씨, 나는, 아름답고 싶어요. 겨우 30분 정도라도 좋아요."

존스 씨는 낙담하듯 말했다.

"그렇겠지만, 다시 처음으로 돌아가기는 싫겠지요?"

장인을 만나려면

어느 날 저녁, 패트는 퀘이커 집회장에 섞여 들어갔다. 너무 사정이 달라 모두 입을 다물고 있어 놀랐지만 뛰어나갈 수 없어 그대로 앉아, 전개되는 상황을 지켜 보기로 했다.

그로서 드물게 예의 바른 자세로 앉아 있는데, 젊은 이가 성령에 움직여 무엇인지 심상치 않은 모양으로 말하기 시작한다.

"저는 결혼했어요."

패트는 약간 흥분한 가운데 말했다.

"악마와 말인가요?"

이 방해에 대해 젊은이는 순간 곤혹스러웠지만 정신을 가다듬고 계속했다.

"저는 주님의 딸과 결혼했어요."

이 말을 듣고 패트가 큰 소리로 말했다.

"침착해요, 젊은이. 장인을 만나려면 어느 정도 시간이 걸려요."

베이컨 경

베이컨 경은 재사로서, 법률가로서, 철학자로서 후세에 이름을 남길 사람이지만, 상당한 유머가 있다.

호크라는 흉악범이 고소되어 사형을 면할 수 없는데, 베이컨 경에게 목숨만은 살려줄 것을 탄원했다. 그 이유는 베이컨과 호크(돼지)는 친척 관계이기 때문이라 했다. 그러자 경이 대답했다.

"친구여, 유감이지만, 자네가 교수형이 되지 않으면 우리는 친척이 될 수 없네. 돼지는 죽어 비로소 베이컨이 되는 것이니까."

죽은 적 없는 사람

"이 땅은 아무래도 건강에 나쁘죠."하고, 아일랜드 태생의 남자가 말했다.

"그래요."하고, 동료 한 사람이 말했다.

"올해는 지금까지 죽은 적이 없는 사람이 퍽 많이 죽었어요."

지친 몸

아직 젊은 기분의 부인이 골똘히 생각한 듯이 말했다.

"그렇죠, 밀드 레드, 당신도 나도 언제 인가는 젊음도 미모도 잃고 말죠."

밀드 레드는 부드럽게 위로했다.

"그런데, 그렇게 실망할 필요는 없습니다. 당신은 상당히 지쳐 있습니다."

살아있는 표본

포츠 씨, "안녕하십니까? 페디파 부인. 당신 '리온의 귀부인' 연기는 매우 놀라웠습니다. 진실로 축하 드립니다. 매우 완벽했습니다."

페디파 부인, "매우 완벽 했다구요? 그 배역은 젊고 아름답지 않으면 안 되는 데요."

포츠 씨, "부인, 당신은 그렇지 않아도 할 수 있다는 살아있는 표본입니다."

할머니 백발

어머니가 아직 어린 아우에게 책을 읽어 들려줄 때, 선 채로 듣고 있던 7살 되는 형이 갑자기 소리를 질렀다.

"어머니 머리에 흰 머리가 있어요."

"그럼, 빼 주렴."

형은 흰 머리를 빼어 어머니에게 넘겨주며 말했다.

"꼭 할머니의 그 것이네."

병 증세

수습 간호사가 병자의 침대 커버를 부랴부랴 바로잡으며 말했다.

"의사 선생이 아침 회진 오시면 생긋 웃으며 건강한 표정을 지어 주세요."

"나는 웃고 싶지 않아요. 대단한 건 아니지만, 심한 통증으로." 환자가 가느다란 목소리로 답했다.

"부탁이에요. 선생을 위해서 그렇게 해 주세요. 그렇게 하면 선생도 기운이 생겨요. 당신 병환으로 선생이 매우 지쳐 있어요."

획일적 교육

보스웰이 거울에 비친 자기 얼굴을 꼼꼼히 바라보며 중얼댄다.

"아무래도 나의 조작(造作)은 전혀 다른 종류의 엄청난 부분부터 만들어졌군. 그렇다고 하면 획일적인 교육은 어떤 것이든 바람직한 성격을 만드는 일은 있을 수 없다고 추론해야 하는가."

어느 소설가의 말

'나는 왜 드라마를 쓰지 않는가?'

1, 어떤 작품이 무대에서 상연되는 것을 보기보다 읽는 편이 훨씬 즐겁기 때문이다.

2, 출판인이 연출가보다 훨씬 만나기 쉬운 때문이다.

3, 무대 뒤는, 소설 속은 별도로, 전혀 환멸의 공간이기 때문에.

4, 소설 한 편을 쓰자면 불과 3년밖에 걸리지 않는데, 왜, 드라마를 써서 3주간을 헛되게 할 까.

5, 제법 성공한 소설도 5백 파운드밖에 안 되는데, 같은 내용의 드라마가 수 천피운드 번다는 것은, 물론, 나에게 금전적 동기가 전혀 없다 할 수 없다.

6, 소설가는 몇 해이고 가불하고, 펜 한 자루로 벌고 있지만, 아르바이트 할 여유는 없다.

7, 끝으로 한 마디. 왜 드라마를 쓰지 않는가. 사실 해 본 적은 있지만 아무래도 쓸 수 없다고 알게 되었다.

죽음의 길 동무

막대한 부채를 안은 채 남자가 갑자기 숨졌다. 이 뉴스가 전해지자 채권자들은 입에서 입으로 소란을 피우기 시작했다.

"내 돈을 5백파운드나 묘지로 가지고 가버렸네."

"내 돈 2백파운드도 저 세상으로 갔네."

그러자, 그 가운데 1사람이 냉정한 판단을 내렸다.

"어떻든 돈을 저 세상에 가져 가면 안 되지만, 몇 사람 동료를 길 동무할 것은 확실해."

자동차 운전자 보호연합

보행자 보호연맹이 보행자 권리를 지키기 위해 만든 것처럼, 자동차 기사도 자위상 대립적인 조합을 만들고, 다음 규칙의 채용을 요구한다.

1, 보행자는 쉽고 빠르게 신원을 알 수 있게 신체 전후에 크고 분명하게 쓴 번호표를 붙인다.

2, 보행자는 정해진 건널목 외에 보도를 벗어나면 안 된다. 시골길이나 보도가 없는 곳에서 길옆의 도랑을 보도로 한다.

3, 보행자가 건널목을 건널 때, 클랙슨으로 3차례 주의 신호를 울린다. 주의 신호가 울린 뒤, 시속 12마일 이상으로 건넌다. 위반자는 2파운드의 벌금 또는 1개월의 금고에 처한다.

4, 깔려서 자동차를 방해하든가 자동차를 멈추게 하든가 속력을 떨어뜨리든가 교통을 방해한 자는 5년간 징역에 처한다. 체포 또는 퇴원의 날을 기점으로 한다.

5, 만일 교통 방해로 인해 목숨을 잃은 보행자는 징역형을 적용하지 않는다. 충격 또는 시간 손실에 대한 배상은 검시관의 사정에 따른다. 자동차 운전자에게 보행자 유산에서 지불한다.

6, 자동차에 충돌된 모든 소, 말, 양, 돼지, 토끼, 거위, 집 오리, 닭 등 날짐승 들짐승 일체는 그 사정에 따라 자동차 차주의 것으로 몰수된다.

7, 자동차 및 기사의 상태, 속력, 용모, 소리, 냄새, 그 밖의 모든 속성에 관한 비평, 언동, 조소, 빈정대기 등은 기소 대상이 된다.

보행자로서 이상의 죄를 범한 자는 5백파운드에서 내밀(內密)이 가능하다.

완전 무결한 운전자

1, 완전 무결의 기사는 남의 일 밖에 생각치 않는다.

2, 바로 자동적 이타주의자다.

3, 그는 결코 일부러 사람을 숨지게 하지 않는다.

4, 만약 같은 인간을 상처 주는 일이 있다면 (죄는 항상 상대에게 있지만), 자진해서 충분한 연금을 준다. 만약 상대가 여성일 경우, 사고로 인해 회복 불능의 외짝이 되면, 그때는 아내가 없다고 가정하고, 자진 결혼을 신청한다.

5, 날짐승과 들짐승의 목숨도 인간과 마찬가지로 동등하게 신성시한다.

6, 만약 잘못해서 닭이나 돼지를 차로 치었을 경우, 즉시 인근 동물 병원으로 이송, 잘린 다리에 깁스를 해 주고, 그 밖에 가능한 대로 응급 처치를 한다.

7, 만약 날짐승 들짐승이 사고로 인해 죽든가, 영원히 외짝이 되면 사정에 구애됨 없이 동물 소유자를 찾아내 시가의 4배를 지불한다.

8, 적정 속도를 꼭 지키고, 완전 우수 기사는 시속 20마일을 준수하고, 급 경사 길을 내려갈 경우, 중력을 이용, 휘발유 사용의 경감을 셈한다.

9, 만약 사회적 의무를 이행할 필요가 있을 경우, 가령, 생사가 걸린 문제로 환자를 병원에 급히 이송할 경우나, 정부에 적군의 상륙을 통보하러 갈 경우 등, 벌금을 절대 지연시키지 않는다.

10, 그러므로, 직접 통보인을 경찰에 파견, 자기를 지키고, 만약 경찰 망에 걸리지 않을 경우, 귀로 경찰서에 자수하든가, 만약, 통과한 각 군, 읍 면, 동의 경찰서에 전화로 통보한다.

11, 자동차 뒤 부분에 살수 장치를 하고, 각종 기념일에 적절히 길에 살수를 한다.

12, 자동차 소음이 지장을 주지 않게 배려, 군악대, 예배중인 교회, 개회중인 각급 의회, 증권 거래소, 각종 데모 대 등의 옆을 지날 때, 물론 서행한다.

13, 사나운 말을 만나면 되돌아가든가, 옆길로 들어선다. 옆길이 말로 그득하면 집에 돌아가고, 귀로까지 말로 막히면 들판으로 피한다.

14, 어떻든 간에, 이따금 고장이 일어나게 한다. 그 것은 심심한 사람들에게 운전 기사가 고장차와 씨름하는 광경은 더 없는 오락이 되기 때문이다.

15, 최대의 즐거움은, 걷기 피곤한 보행자를, 마침 좋게 차 태워주는 것으로, 떠돌이, 우체부, 도로 청소원, 형사 등을 보면, 꼭 태워준다. 만약, 차가 사람으로 만원이 되면, 바로 차에서 내려, 자기는 집까지 아직 4,50 마일 남아도, 용기를 내어 걷는다.

16, 색안경은 쓰지 않도록 한다. 눈은 마음의 창이다. 신이 준 신성한 눈을 가리는 일은 모독이기 때문이다. 마찬가지로, 매우 좋은 몸 치장도 하지 않는다. 계급 차를 그 때마다 강조하지 않기 위해서다.

17, 마지막으로, 이상의 관점에 서서 완전 비할 데 없는 운전 기사는 호화스러운 부속품이나 장식품을 모두 팔아, 노인 양로원 건설 자금으로 기부한다.

동명 이인

외국의 앞잡이가 웨일스 중부 마을에 보내지고, 그 곳 체재중인 스파이와 연락을 취하도록 명을 받았다.

그 주변 집에 문패도 없고 번지도 표시되지 않아 망연자실하여, 어느 집 문을 두드렸다.

한 여성이 위 창으로 머리를 내 밀고,

"무슨 일 이셔요?"하고, 물었다.

"존스 씨 댁이죠?"

"그런데요, 어쩐 일이시죠?"

불안한 듯 주변에 신경을 쓰며 남자는 가능한 대로 작은 목소리로 암호를 댔다.

"아뇨, 틀립니다."하고, 큰 소리로 말했다. "스파이 존스라면 두 집 앞입니다."

정신을 호리다

크리스마스 초대손님이, 충실한 듯하지만, 기분이 좋지 않은 직원에 의해, 도깨비가 나온다는 침실로 안내되었다.

방 입구에서 3사람이 멈춰 섰다.

"그, 그런데, 어, 어떤 결국, 변한 일이 이 방에서 일어난 적이 있나요?"하고, 겁먹으며 물었다.

"그 동안 50년은 없었죠."하고, 직원이 속 빈 소리로 대답했다.

"그럼, 그 옛날 무슨 일이 있었나요?"하고, 손님은 조심스럽게 물었다.

"여기서 하룻밤 지낸 신사가 이튿날 아침, 식사에 보였습니다. 네."

사냥 총과 사냥개

어느 시청 연회에서 한 사람 귀족이 시장에게 농담으로 집에 놀러 오지 않겠느냐고 말했다. 참말로 듣고, 시장은 이튿날 곧 그의 집을 찾았다. 귀족은 놀라면서 상대 지위에 걸맞게 정중히,

"모처럼 오셨으니, 사냥을 즐기십시오."하고, 집사에게 일러 사냥 총과 사냥개를 몇 마리 준비케 했다.

시장은 좋아라 하고, 뛰어나갔다.

30분쯤 지나자, 시장이 귀족의 서재를 창 틈으로 들여다보고 말했다.

"사격수라니 참 흥미 있는 일인데요. 그럼 몇 마리 사냥개를 준비해 주지 않겠습니까?

바보 같은 소리

캐시와 라이리가 3층에서 일하는 중에, 라이리가 발을 잘못 딛어 아래로 떨어지고 말았다.

캐시는 놀라 급히 라이리가 넘어진 곳으로 달려 내려갔다.

"죽지 않았어, 라이리."

"죽었어."

"바보 같은 소리. 이 거짓말쟁이. 죽은 자가 말을 해!"

라이리는 가까스로 머리를 들었다.

"죽은 것은 틀림없어. 이 의심 많은 사람. 내가 살았다면 나를 거짓말쟁이라 부르는 것은 불가능한 일일 세."

빠른 승부

얼굴에 잔뜩 점이 많은 남자가 서슴없이 이발점에 들어가 수염을 깎아 달라고 주문했다. 그러나 의자에 앉기 앞서 이발사에게 말했다.

"좋겠죠, 잘 보세요. 보시는 것처럼, 내 코나 볼에 모두 아름다운 루비가 흩어져 있어요. 이 것을 손에 넣기까지 많은 돈이 들었어요. 그 만큼 중요시합니다. 수염을 깎을 때, 절대로 피를 흘리지 않도록 해 주세요. 잘해주면 크라운 금화를 주죠. 그렇지 않으면, 욕을 할 것이고요."

이발사는 그다지 어려운 일이 아니라 생각하고, 이 조건을 받아들였다. 그리고 멋지게 깎아 주었다

신사는 약속대로 돈을 내고 이발점을 나오며,

"만약, 면도 칼이 미끄러지면 목숨이 없는데, 용케 이런 일을 맡아 주는 군."하고, 감탄했다.

이발사는 태연하게 대답했다.

"아니 별로 힘들이지 않고 했어요. 결국, 만약 한 방울이라도 피가 흐르면, 가장 먼저 손님의 목을 동강치고 말 것이고요."

모독하는 말

패트가 얼굴이 잔뜩 부어 있는 상태로 더불린의 한 바에 들어갔다.

"누구에게 그렇게 맞았어요?"하고, 바텐더가 물었다.

"마이크 샤논 하고 싸웠지."

"뭐라구요? 그런 남자에게 그렇게 맞은 것이에요. 부끄러움을 아세요. 마이크 같은 부스러기를 상대하는 것이에요."

"말하지 마, 죽은 자를 모독하는 말은 삼가는 게 좋아."

세상을 뜨다

리튼 경의 부인 로지나 위러가 어느 때, 디스래리 부인과 대화를 나누었다. 우연히 화제가 스위프트에 관한 것인데 인기가 내려가는 대목에서 디스래리 부인이 물었다.

"스위프트라구요? 어떤 분인데요. 우리 파티에 부를 수 있을까요."

"아무래도 무리지요."

"어째서요? 로지나."

"수 년 전에 두 번 다시 사교계에 나올 수 없게 되었어요."

"이런, 대체 어떤 일로요?"

"세상을 뜨셨어요."

도박 취미

영국인의 도박 취미는 대단한 것이다. 도박밖에 다른 취미가 없는 사람이 많다.

어느 탄광촌에서 폭발 사고가 나 새뮤엘 브라운 씨가 목숨을 잃었다. 3인의 친구가 모여 누가 부인에게 이 사실을 알리러 갈 것인가 상의했다.

오랜 의논 끝에 결국, 알버트가 가장 빈틈없이 할 수 있다고 의견을 모았다.

그러자 알버트가 새뮤엘 브라운의 집으로 가서, 2사람 친구도 따라갔다. 3사람은 한 줄로 서서 황량한 산중턱에 올라갔다.

알버트가 문을 두드리자, 브라운 부인이 나왔다.

"당신이 미망인 브라운 씨죠?"

"아뇨."

"자, 내기할까요."

선택된 귀족

헨리 8세가 곤란에 즈음해 프랑스왕에게 대사를 파견하려 했다. 선택된 귀족은 고사하며 말했다.

"잔뜩 화가 나 있는 프랑스 왕에게 그런 위협적인 글귀를 전하러 가면 목숨을 버리러 가는 것과 같습니다."

"무서워하는 군."하고, 왕이 말했다. "만약 프랑스 왕이 당신 목숨을 빼앗는 일이 있다면, 내가 억류하고 있는 프랑스 사람 목을 12사람이나 칠 것이다."

"그러나 아무리 목이 있어도," 귀족이 대답했다. "내 어깨에 맞는 것은 이 것 하나밖에 없습니다."

묘비명(墓碑銘)

여기, 수평의 위치에 시계포
토마스 힌드, 바깥 케이스가 가로로 눕다

그 제조주 손에 잡혀,
완전히 분해 소제된 후,
돌아올 세상에서 새로 움직이기 시작하리란 희망을 가지고
목숨의 태엽을 끊은 것이다.
    1836. 8. 15, 향년 19세, 다비샤 보르스바의 묘지

새타이어(Satire)

새타이어는 풍자, 야유, 모순이다. 새타이어는 어떤 진지한 목적을 위하여 또는 악의나 농으로 아이러니나 사캐섬을 사용하는 것이 특징으로 설명되고 있다. 풍자문, 풍자문학을 뜻하기도 한다. 야유, 비꼼, 빈정댐, 어떻든 남을 웃음거리로 만드는 것인데 모순이 될 경우도 있다.

알코올의 죄

재판장이 피고를 향해 거칠게 말했다.

"좋아요? 모두 알코올 이요. 당신이 이렇게 참혹한 모습이 된 것도, 모두 알코올 탓 이요."

"그렇게 말씀해 주셔서 고맙습니다. 재판장님."하고, 남자는 한숨 돌리고 말했다.

"다른 사람은 말하지 않고, 모두 내가 나쁘다고 말하는 군요."

불의의 재난

라브 맥나브가 귀가 동창에 걸리지 않게, 귀까지 깊게 모자를 쓰는 것이 좋다고 주의를 들었다.

"아니요, 나는 사고 이래 귀걸이는 쓰지 않기로 하고 있어요."

"어떤 사고인데요?"

"윌리 톰슨이 한 잔 마시지 않겠냐고 술을 권했을 때, 공교롭게 들리지 않은 것이요."

누구를 위한 기도인가

도노반 신부 "저 병(瓶)으로 당신을 오브라인이 때린 일을 당신이 용서한다고 기도합시다."

크렌시 "그런 걸 말해도 신부님, 시간 낭비지요. 제가 먼저대로 건강이 회복되기까지 왜 기다리지 않는 것이지요. 그 때가 되면, 오브라인을 위해 기도해 주세요."

음주 폐해

강사는 음주의 폐해에 대해 청중에게 설명하고 있다.

"중요한 부분을 알기 쉽게 설명하죠. 보시는 바와 같이 여기 보통의 지렁이가 있어요. 이제 물 속에 넣어요. 자, 아직 살아서 힘이 좋아요. 이 번은 물에서 건져내어 위스키 속에 넣어요. 자, 어떻게 되었죠. 이런 죽네요. 질문하세요!"

한 사람 남자가 일어나 물었다.

"그 위스키 이름을 가르쳐 줄 수 없나요?"

"조니 워커."

"고맙습니다. 갈 때 한 병 사겠습니다. 오랜 동안 회충으로 고생하기 때문이죠."

술의 효용

"술은 이 나라에서 가장 꺼림칙한 것이요."하고, 아일랜드 목사가 설교했다.

"술을 마시면 주변 사람들과 언쟁이나 싸움을 걸고 싶지, 지주를 때려 죽이고 싶기도 하고, 죽이기는 그렇다 하고, 이 번은 지주가 없어진 것이 슬퍼져 견디지 못하게 되죠."

술 마시는 법

잔치 자리에서 연장자가 연소자에게 술 마시는 법을 몰래 가르치고 있다.

"알겠나, 포도주만 마신다. 포도주만, 위스키, 브랜디는 안돼. 그리고, 사과술에 맥주라면 말 타기를 해도 좋지만, 맥주에 사과술 마시면 기분이 매우 나빠진다. 꼭 기억해 두도록. 저 2자루의 초가 4자루로 보이면 이제 돌아갈 때란 말이지."

"매우 고맙습니다. 그런데 아저씨도 이제 돌아가시는 것이 좋지 않습니까. 초가 1개밖에 없습니다."

조강지처(糟糠之妻)

오레아리의 부인이 한밤중에 눈을 떠 보니, 남편이 주방에서 살금살금 움직이는 소리가 들린다.

"무엇을 찾고 있어요? 당신."

"아니야, 아무 것도 아니야, 아무 것도 아니지."

"그래요? 늘 위스키가 들어있는 병에 마실 만큼 들어있어요."

장수의 비결

스코틀랜드의 어느 저명한 법률가가 장수의 비결이 무엇인가에 관심을 가졌다. 재판정에 증인으로 2사람 장로가 나온 것을 다행으로, 그는 각 자에게 어떻게 해야 건강을 유지하고 두뇌도 명석해지는지 그 이유를 물었다.

1사람은 자기가 90까지 건강한 것은 한 마디로 알코올을 금지한 일 밖에 없다고 말했다.

"할아버지도 금주주의자 입니까?"하고, 또 한 사람 93세 노인에세 물었다.

"아니요, 나는 21세때부터 계속 하루 한 병은 위스키를 마시고 있어요."

"저 쪽은 장수의 비결이 금주라 하는데 이 차이를 어떻게 설명하십니까?"

"그 것은 간단하죠. 떡갈나무로 만든 술통을 햇볕에 쪼이지 않으면 언제까지나 지탱이 되지요. 또 물에 적신 채로 놓아두어도 지탱이 되지요. 하지만 말리든가 젖게 하든가 하면 금방 썩고 말지요. 술을 마시고 안 마시고도 같은 이치이죠."

위스키

참견 잘하는 교구민들이 주교를 찾아와서 그들 목사에 대해 불평과 불만을 늘어놓았다.

그 불만은 목사의 집에서 매일 나오는 쓰레기 가운데 위스키 병이 많이 섞여 있다고 했다.

"위스키 병이라니,"하고, 주교는 충격이나 받은 양 외쳤다. "그 사람은 안 돼요, 주의 주지요. 병이라니! 말도 안 되는 얘기 죠. 나는 위스키를 통으로 사 오고 있어요."

선택의 여지

영국인은 식사에 앞서 스페인산 셰리술을 즐기는 일이 보통이다.

어떤 포도주 상인이 통풍에 잘 듣는다는 상표의 셰리술을 찾아 통풍으로 고통받는 체스터 필드 경에게 증정했다.

그러자 경으로부터 감사 편지가 왔지만 여기 다음과 같은 덧붙임이 있었다. "보내주신 셰리술을 마셔보니 통풍을 참는 편이 더 나을 것 같습니다."

새침데기

그녀에게 그의 가족과 처음 갖는 식사였다. 그녀가 스카치의 하이볼을 따는 것을 보고 모두 부드럽게 웃는다. "저는 아직 한 번도 입에 댄 적이 없어요."하고, 그녀가 변명했다.

"시음해 보면 어떨까."하고, 그의 아버지가 권했다.

"좋아하게 될지 여부를 맛보면 어떨까?"

그녀는 얼굴을 붉히며 부끄럽다는 듯이 동의했다.

그리고 스카치와 소다를 섞어 건네자, 그녀는 머뭇머뭇 입가로

가져갔다.

"그런데, 이 것은 아이리시 위스키가 아닌가요?"하고, 그녀는 의외로 외쳐 댔다.

대음주가

어느 때, 어느 남자가 눈이 찌부러진 채 위스키를 마시고 있다. 두 잔 째도 석 잔 째도 마찬가지로 눈이 찌부러진 채이므로, 기묘하게 생각한 사람이 그 이유를 물었다. 그러자 그가 대답했다.

"위스키 잔을 보고 있으면, 침이 나오기 때문이요. 그래서 위스키가 묽어 지면 마시지 못해요."

길 너비

시장에서 돌아갈 때, 갈지자 걸음으로 걷는 아일랜드 사람을 참아 볼 수 없는 신사가 그에게 말을 걸었다.

"어이, 다비 씨. 아무래도 자네가 걷는 길은 자네가 생각한 것보다 훨씬 긴 것 같은 모양이네."

"그렇죠. 다만 저를 괴롭히는 것은 도로의 길이보다 너비인 걸요."

신문 광고

더블린 술집이 신문에 광고를 냈다.
"본 주점은 돌아가신 전 영국왕이 더블린 체재 중 마시고 돌아다닌 위스키가 조금 있음."

아이리시 칵테일

손님 "아이리시 칵테일을 만들어 줘요!"
바텐더 "무엇인데요, 그 것은"
손님 "위스키를 반쯤 넣고, 또 위스키를 부은 것이지."

도덕적 용기

 유명한 정치가로부터 포도주를 권해 받고, 그 것을 거절할 만큼 도덕적 용기를 갖춘 청년이 있다.
 그는 친척도 재산도 없이 이제부터 세상의 거친 파도에 휩쓸리기 쉬운 바로 그때다.
 "포도주를 마시지 않는가!"하고, 정치가가 놀라 물었다. "정말 마시지 않겠나요?" 하고, 말하며, 아름답고 매력적인 정치가 부인이 글라스를 들고 수도사라도 흔들릴 자세로 청년에게 권하려 했다.
 "받을 수 없습니다."하고, 그 영웅적인 젊은이는 단호하게 거절하면서 권하는 글라스를 잽싸게 되 돌렸다.
 마치 도덕적 고결함을 보이는 한 폭의 그림이다. 가난하고 친구도 없는 청년이 유명한 정치가의 식탁에서 아름다운 부인이 권함에도 불구하고 포도주를 거절하는 것은!
 "싫어요."하고, 되풀이하는 젊은이 목소리는 떨리고 뺨은 홍조를 띄었다.
 "저는 포도주를 마신 일이 없습니다. 하지만, (여기서 그는 위의를 갖추고 목소리를 조금 높였다) 고급 위스키가 있다면 훌쩍 마셔도 좋겠는데요."

자기 규제

"왜? 자기가 제한하도록 하지 않나요?"하고, 의사가 절제하지 않는 남자에게 주의시켰다.

"병에 선을 긋고 여기까지 좋으나 그 이상은 마시지 않음, 하도록 하면 어떨까요."

"아니죠. 사실은 저도 그렇게 생각하고 실행하고 있지만, 선을 그어 놓은 부분이 멀기에, 그 선까지 도달하기 앞서 벌써 취하고 있는 것이에요."

확실한 예측

금주자가 예전 습관을 여러 사람 앞에 나가 이야기하고 싶다든가, 그 열성 정도에 따라 청중의 박수가 터지는 일은 이 음주 교정(矯正)에 얽히는 하나의 현실일 것이다.

어느 금주자 모임에서 한 남자가 말을 시작했다.

"여러분, 저는 3개월 전에, 금주 서약서에 서명했습니다(박수 길채). 그리고 1달이 지니지 여러분, 저의 포켓에 5파운드 지폐가 들어 있어요. 지금까지 한 번도 가져본 적이 없는 큰 돈입니다(한

층 더 큰 박수 갈채). 또 1달이 지나고, 여러분, 저는 훌륭한 정장을 했어요. 지금껏 해보지 못한 일이죠(큰 갈채와 '계속하라'는 청중 반응). 그리고 2주 후에 여러분 저는 관을 구입했어요."

청중은 또 박수를 치려 했으나, 생각을 고쳐 그 설명을 들으려 숨을 죽였다.

"어째서 관을 샀는가 하고, 생각하시겠죠. 자, 여러분, 그 이유를 말씀드리겠습니다. 제가 관을 산 일은 다름이 아닙니다. 다음 2주간 이대로 서약을 실천하면, 반드시 관이 필요할 것이라 확신한 때문이죠."

수염의 효용

영국도 포도주를 생산하게 되었지만, 아무래도 걸쭉하여 좋지 않았다. 예전 영국 사람이 얼굴에 긴 수염을 기르고 있던 이유도 여기 있던 것 같다.

그리스에서 영국 탐험에 나선 남자가 영국사람 수염에 주의하고, 식사 때는 장애지만 이 땅에서 걸쭉한 포도주를 마실 때는 안성맞춤이라 생각했다.

꿈 이야기

어느 아일랜드 사람이 그 날 아침에 꾼, 꿈 이야기를 하고 있다.
"나는 교황님과 함께 있었어요. 이 주변인데 조금 보기 힘든 훌륭한 신사였어요. 교황님이 나에게 물었지요. 무엇을 마실 것인가 하고. 물로 만족하다고 하고 싶었는데, 선반에 위스키와 레몬과 설탕이 있어서, 그러면 펀치라도 마실까요 하고, 말씀드렸죠. 찬 것을, 뜨거운 것을 하고, 중첩된 질문. '뜨거운 것을 마시겠습니다. 교황님', 하고, 대답했어요. 그러자 뜨거운 물을 가지러 주방으로 가지 않았습니까. 그러다가 그가 돌아오기 전에, 내가 눈이 떴지요. 왜 찬 것으로 하지 않았나 하고, 머리를 앓고 있는 중이죠."

위스키 소재

아내가 남편에게 대들었다.
"당신은 1년 중 내내 포켓에 위스키 병을 달고 있지 않아요."
"그러면, 시종 병을 입에 물고 있는 것이 좋다 하기라도 할 것인가?"

금주

함께 사는 매크래가 씨와 맥파슨 씨는 금주할 것을 맹세했다

그러나 매크래가 씨는 잠깐 생각하고, 몸이 아플 때를 위해 위스키 한 병만 선반에 올려 놓는 것이 좋겠다고 제안했다.

3일 후, 맥파슨 씨는 참을 수 없어 말했다.

"매크래가, 아무래도 조금 기분이 안 좋아."

"조금 늦었어, 맥파슨, 나는 어제 하루 종일 기분이 매우 나빴어."

천국 행

항시 술에 젖어 있는 아일랜드 사람이 어느 날 교구 목사말을 들었다.

"그러고도 하늘 나라에 갈 모양인가?"

"물론이죠. 그 건 쉬운 일이죠. 하늘 나라 입구에 도착하여 문을 열고 닫고 몇 번이고 반복하고 있으면, 그 때, 문지기 베드로 성인이 초조해 하며, 문 밖에 나와서 이봐, 마이크, 들어올 거야 안 들어올 거야, 어느 쪽이야 하고 말할 게 아닌가요?"

알코올의 효능

글랫스톤의 주치의 앤들 클라크 경은 좀처럼 알코올을 처방하지 않았기에 이 위대한 정치가는 클라크가 금주 의사라고만 생각했다.

어느 때, 그가 글랫스톤에게 포도주를 마시게 권고하는 바람에 이 정치가는 놀라고 말았다. 환자가 너무 놀라움을 표시한 까닭에 의사가 덧붙였다.

"포도주가 때로 작업을 도와주기도 합니다. 더욱이 저녁을 들고 편지를 20통 써야 할 경우가 이따금 있지만, 샴페인을 한 병 마시면 크게 도움 받지요."

"뭐라구요! 샴페인 1병 마시고, 정말 20통의 편지를 쓸 수 있습니까?"하고, 글랫스톤이 놀라자, 클라크는 침착하게 대답했다.

"아니죠, 샴페인을 1병 마시면, 답장을 써야 할까 말아야 할까, 전연 정신이 안 들어요."

컵 바닥

찬비 나리는 어느 날 밤, 더블린의 거리, 마차가 손님을 태우고 멀리 갔다.

그러자, 기분이 좋은 손님이 요금을 내며 말을 걸었다.

"잠깐 기다려요. 1잔 가져올 것이니까."

곧 심부름꾼이 물 탄 위스키를 가지고 나왔다.

마부는 한 입으로 홀짝 마시고 그 심부름꾼 얼굴을 말끄러미 바라보았다.

"어느 것을 먼저 넣었나, 위스키인가, 아니면 물인가?"

"물론 위스키요."하고, 심부름꾼이 몹시 화내며 말했다.

"그래요, 그러면, 컵 바닥까지 가면 위스키를 만날까?"

숨진 사람

"위스키를 많이 마셔 숨지는 사람이 총탄에 맞아 숨진 사람보다 많다고 하네."

"그렇다고 하더군. 그런데, 당신은 총탄에 맞아 죽기보다 위스키로 죽는 편이 더 나을 걸.

술 마시는 이유

술 마시는 이유가 2있다. 하나는 목이 마를 경우이고, 곧 그 것을 낫게 하려고. 또 하나는 목이 마르지 않을 때, 곧, 목이 마르지 않게 하기 위해.

화스(Farce)

화스는 골계와 익살이다. 골계는 말이 매끄럽고 익살스러워, 웃음을 자아내는 것이다. 골계화, 골계 소설 등 보기가 있다. 익살은 남을 웃기려고, 일부러 하는 우스운 말이나 짓을 가리킨다. 용례를 보면, '익살을 부리다', '우스꽝스런 몸짓으로 익살을 떠는 바람에 모두 배꼽을 잡았다' 등이 있다.

달력

어느 숙녀, 창가에서 책을 읽고 있는 신사에게 접근해 말했다.

"나는 당신의 책이 되고 싶어요."

그녀는 그에게 홀린 것이다.

"그렇게 되고 싶은 데요."하고, 그가 대답했다.

"된다고 하면 어떤 책으로?"

"그래요, 달력이 좋겠네요. 해마다 새 것과 바꿀 수 있기 때문이죠."

키스

대단히 매력적이지만 크게 허풍스러운 부인이 그림 전시회에서 화가 서전트 씨에게 급히 뛰어가 크게 말했다.

"저, 서전트 씨. 제 9호실 그림은 참으로 놀라웠어요. 온전히 당신 다운 그림이라, 생각지도 않게 키스해 버렸어요."

"그랬나요, 부인. 그런데, 그림은 답례 키스를 해드렸나요?"

"아니요."

"그런데, 그 것이 저와 같지 않은 부분이죠."

앙갚음

뻔뻔스러운 남자가 좁은 길에서 훌륭한 차림의 여성과 마주쳤다. 어느 한 쪽이 양보하지 않으면 지나갈 수 없다.

이때, 남자가 무례하게 말했다.

"당신은 매춘부가 아닌가요."

이 무례에 조금도 기가 꺾이지 않은 채 단호한 여성, 매우 재치 있는 사람.

"지금은 그렇지 않지만, 과거에 1회 정도 그런 일이 있어요. 상대는 당신 아버지로, 난폭도 좋은 부분이었어요. 그렇게 하루 밤 함께 자는 동안, 입구에서 파수 본 사람이 당신이 지금 어머니라 부르는 사람이에요."

다른 장소

치안 판사가 집에 돌아오자, 남자 하인이 부인에게 키스하고 있는 게 아닌가. 판사님 크게 성이 나서 욕설을 퍼 부었다.

"이 놈아, 무얼 하는 거야!"하고, 몹시 나무랐다.

"무얼 하다니요, 부인하고 키스를 하고 있네요."

"이 다음 키스하는 것을 보면, 다른 장소에서 키스시킬 테니까 (목을 자르다)"

"그렇죠. 주인님이 들어오시지 않았으면, 다른 장소에서 키스했을 거에요."

밤 늦게 귀가

어느 날 밤, 트라바스 씨가 밤 늦게 귀가했다.
"당신, 왜 이렇게 늦은 시간에 돌아왔어요?"
"지금도 상대해 주는 곳은 여기 뿐이기 때문인 걸."

구두 뒤에

신부와 신랑이 축복을 받기 위해 제단 앞에 무릎을 꿇었을 때, 맨 앞 자리에 앉은 신부 어머니가 성낸 소리를 냈다.
"보아요." 그녀는 남편에게 대들 듯이 말했다.
"흰 드레스를 몸에 걸치고 있는데, 2사람이 다 같이 구두 뒤에 42호실이라 분필로 써 있는 것은 무슨 이유 때문 이죠!"

환상

어느 2사람 반려자가 교회를 찾아와 결혼하고 싶다고 사제에게 고했다. 하지만 이때, 남자는 취해 있다. 사제는 신부에게 말했다.

"그 남자를 데리고 가세요. 그리고 술이 취하지 않을 때, 다시 한 번 데리고 오세요."

신부가 대답했다.

"부탁드립니다. 신부님. 술에 취하지 않으면 아무리 해도 오지 않아요."

결혼

밀가루 가게 주인이 많은 미혼 여성을 설득해 같이 잠자리를 해도 결혼은 계속 오판이다. 그런데 1사람 전혀 설득되지 않는 여성이 있다.

그러자 할 수 없이 결혼하고, 신혼 초일 침대에서 만약 당신이 다른 여성처럼 말을 듣기만 하면 결혼하지 않았을 거라고 말했다.

"사실은 저도 같은 생각이에요."하고, 신부가 말했다. "저도 그 방법을 써서 6명 남자에게 좋은 생각을 갖게 했던 것이에요."

고속도로

이울던 중년 독신자와 결혼한 젊은 신부가 보기에 슬픈 듯이 불만의 표정을 보이며 연회석에 앉아 있다.

그러자 옆에 앉은 쾌활한 노부인이 신부 기운을 돋우어 주려고 신부 귀에 입을 댔다.

"오늘 만난 신랑이 나쁘다고 후회하지 말아요. 비록 늙은 말도 4살 배기 말과 같이 긴 여행이 가능해요."

"그럴지 모르지만 저는 승마가 서투르기 때문에 제가 좋아하는 고속도로에서 그이가 인기 있을지 몰라요."

모주꾼과 창녀

남편이 동네 가운데서 몹시 술에 취해 전혀 서 있지 못함을 깨닫고, 그 아내가 남편에게 앙알댔다.

"당신, 대낮에 동네 한복판에서 모주꾼으로 짐승처럼 잘도 자고 있네요."

"당신 역시 술 취하지 않은 창녀처럼 자는 게 아닌가. 만약 내가 짐승이면, 모주꾼으로 잠이야 앉은뱅이의 그 것이지."

들에서 한 일

미혼녀를 아기 갖게 한 대처자가 판사로부터 심한 말을 들었다. 피고는 침대를 더럽힐 것이라 했다. 그러자 남자가 대답했다.

"그렇지 않습니다. 나는 특별히 침대를 더럽히지 않습니다. 들판에서 한 일이기 때문이죠."

같은 일을 저지른 다른 남자, 다른 여성 침대에 몰래 들어가지 않았느냐 하는 힐문을 듣고, 죄를 피하려는 한 마음으로 대답했다.

"아니요, 다릅니다. 침대는 내 것입니다."

말고기 보답

고르체스터 공방전에 참가한 대장이 11주간이나 말 고기 밖에 먹지 않았다. 어떻든 다른 것은 아무것도 먹지 않았다.

겨우 전투가 끝나고 귀환했다. 이 번은 예부터 낯 익은 여성과 한 번 교제하고 싶었다. 허겁지겁 밖에 나가니 여성이 싫다고 한다. 왜 그러는가 하고 물어보니,

"어쩐지 임신한 것 같은 기분이 들지만, 망아지 낳을 결심은 들지 않아요."

어느 쪽이 이상한가

옥스포드까지 아기 세례를 주러 갔던 목사님이 돌아오는 길에 위치 우드에서 길을 잃고 말았다.

매우 춥고 비까지 내리는 밤인데, 마침내 어느 작은 집에 이르렀다.

"하루 밤 묵어 가도 되겠습니까? 난로 가에서 몸을 말릴 정도면 되겠습니다만."하고, 목사님이 요청했다.

"집에 침대가 하나 밖에 없습니다. 만약 집 사람하고 함께 자도 좋다 하시면 말이죠."하고, 집 주인이 목사님을 청해 들였다.

그러자 먼 길을 걸어와 피곤한 목사님은 저녁 식사 후 곧 침대에 들어가 잠들고 말았다. 이튿날 아침 일찍, 집 주인은 위트니 시장에 나갔다. 숲을 벗어나자, 역시 시장으로 향하는 이웃 사람들과 만났다.

집 주인이 웃음을 참지 못하는 것을 보고 이웃들이 그 까닭을 물었다.

"목사님이 눈을 뜨고 내 아내와 같이 잤다고 알면, 얼마나 부끄러워할 것인가 생각만 해도 우스운 걸."

젊은 부부

옥스포드 학생인데, 신혼의 날 밤에 침대에 들어가 책을 가져오라고 신부에게 말했다. 그러자 신부는 잠깐 생각하더니 실 뽑는 물레를 빼 왔다.

"이봐요, 지금 무엇을 할 작정인가요?"

"물레를 돌리는 것이에요. 당신이 눈을 돌리는 것처럼. 술에 취한 듯이 눈이라도 돌리지 않고 있으면, 임신시키는 공부쯤 안 해도 될 것이에요.

밤 놀이

결혼 적령기의 젊은이가 근처 미망인의 집에 매일 밤 가서 차를 대접받고 오는 것이다.

친구가 마음먹고, 그녀와 결혼하면 어떠냐 하고, 권해 보았다

"나 역시 그렇게 생각하지 않은 것은 아니지만, 결혼하면 어디서 매일 밤 지내면 좋을 것인가? 고민 중이지."

결혼 상대

남자 "결혼해 주지 않겠나요? 그런데, 주인은 재산을 남겼나요? 두 번째 질문의 답을 먼저 들려주세요."

과부 "전 재산을 저에게 남겨 주었어요."

남자 "그래요. 그러면 지금부터 제가 드릴 말씀을 예상할 수 있습니까? 저는 당신을 사랑하고 있습니다."

과부 "야! 멋지네."

남자 "당신 자신의 능력도 그렇게 나쁘지는 않기 때문이죠."

미인과 술

장교 식당에서 성탄절 만찬을 즐기고 있을 때, 파커 소령이 말했다.

"나는 결혼한다면 미인이 아니면 안 해. 먼저 번에도 여자 영화 배우를 보았지만 아주 예뻤지. 알구만 있어도 곧, 결혼했을 거야."

그러자 옆 자리 군의관이 말했다.

"내 친구 쇼우가 말하는데, 일생을 예쁜 여성과 있고 싶다는 소망은, 좋은 포도주가 좋다고 해 1년 중 내내 그 포도주를 입안 가득 머금고 싶다고 바라는 일과, 같다는 거지."

"그럴 일이 없다고,"하고, 소령은 반론했다. "그럴지라도 시종 나쁜 포도주를 입안 가득 머금는 것보다 훨씬 낫다는 거지."

맛을 봄

영불 해협의 조지 섬에서 포도주 품평회가 열렸다.

차례대로 마시고 견주어 조금 좋은 기분이 되었을 때, 누구에게도 특징이 잘 잡히지 않는 형편 없는 것이 나왔다.

그러자, 시음의 베테랑에게 그 것을 가지고 갔다.

그는 냄새를 그러모으고 맛보고 팔짱 끼고 생각한 끝에, 느긋하게 고개를 끄덕이며 말했다.

"맛도 기미도 없네. 자네 할머니와 키스한 것 같네."

코납작이

브라운 씨는 여성에게 예의 바른 사람으로 알려졌다.

어느 날의 일, 그는 추한 여성을 본 일이 없다는 의견을 개진했다. 곁에 있던 코가 납작한 여성이 그 이야기를 듣고 그에게 말했다.

"잠깐 저를 보세요. 그리고 분명하게 제가 추하다고 말씀하면 어떨까요."

"부인!" 하고, 브라운 씨가 말했다. "부인도 다른 여성들과 같이 하늘에서 내려온 천사입니다. 그리고 착지할 때, 불행하게 코가 가장 먼저 땅에 닿았던 것이지만, 그 것은 부인의 잘못이 아닙니다."

매기와 약혼함

1902년 캠브리지 학생이던 남자가 짧은 기간이지만 매기라는 젊고 아름다운 웨이트리스와 약혼한 일이 있다.

이 학생의 아들이 1927년에 캠브리지 학생이 되고, 또 같은 커피숍에서 일하던 의젓하고 매력 있는 이미지에 홀딱 반해 버렸다.

그는 마침내 아버지에게 전보를 쳤다. "매기와 약혼함, 허락하시기를."

아버지의 답전(答電). "축하. 나도 25년 전, 약혼한 일이 있음."

신랑 고르기

5인의 남자들에게 맹렬히 사랑받은 젊고 아름다운 여성이 선상에서 충고를 받았다

"먼저 바다에 뛰어 들어가 보세요. 곧 그 뒤를 따라 뛰어 들어간 남성과 결혼하면 당신은 행복해질 것이요."하고,

그래서 이튿날 아침 5인의 연인이 배의 갑판에 나가 그녀에게 뜨거운 시선을 던지고 있을 때, 그녀는 곤두박질로 바다에 뛰어들었다. 곧, 바로 이어, 그 중 4사람이 뒤를 따랐다.

젊은 여성과 4사람 연인이 다시 배 위로 돌아왔을 때, 그녀는 선장에게 말했다."자, 이제 어떻게 하면 좋을까요. 흠뻑 젖은 남자와 결혼하기는 싫어요."

"그럼, 마른 사람과 하세요."

이래서 그녀는 선장과 결혼했다

당신 딸은 가능함

어느 산부인과 의사가 아이가 서지 않는다고 상담 온 여성에게 말했다.

"안심하세요, 아이는 가능해요. 만약 당신에게 되지 않아도 당신 따님은 가능해요."

일하는 자

법정에서 아들을 위해 증인으로 나온 여성이 증언을 했다.
"저 아이는 나면서부터 농장에서 일했어요."
반대 심문에 들어간 변호사가 물었다.
"나면서부터 농장에서 일했다고 하셨지요?"
"네"
"그러면 1년 되던 해에 무엇을 했지요?"
"젖 짜기를 했어요."

나쁜 병증

어느 퀘이커 교도가 정숙하고 평판 좋은 여성을 아내로 맞아드렸다.
하지만 2주가 지나도 별난 병을 옮겨 받아 몸 상태가 나빠지는 것을 알았다.

퀘이커 친구가 와서 어떻게 된 거냐고 물어도 다만 '상태가 안 좋아서'라, 말할 뿐이다.

또 한 사람의 남자가 와서 의사 선생을 찾아가 고쳐 달라고 하면 어떻겠는가 하고 종용했다. 이 남자가 이전에 그 여성에게 병을 옮겨준 장본인이다.

그러자 병원 의사 선생을 찾아갔지만, 어디가 나쁘냐 물으면 똑같이 '상태가 나빠서.'라 할 밖에.

"어디가 나쁘냐 묻고 있지 않아요?"

그래도 여전히 상태가 나쁘다고 되풀이 말할 밖에. 마침내 의사가 짜증을 내고 호통을 쳤다.

"이 성병 놈!"

"그 겁니다. 사실은 그 겁니다."

열쇠 구멍

"여보세요, 노크도 하지 않고 들어오면 안 된다는 정도 모르세요."

하고, 아름다운 수영복 차림의 영국 소녀가 예쁜 눈썹을 곤두세우고 노인에게 소리쳤다. 노인은 마침 해수욕장 탈의실에서 젖은 타월과 해수욕복을 거두어 가려고 온 것이다.

"입고 있으니 다행인데 준비가 안 된 상태에서 들어오면 매우 큰일이죠."

"그럴 위험은 없어요, 아가씨. 확실하게 열쇠 구멍을 살펴보고 모두 확인해요."

에뮤가 알을 낳음

말보로 공작이 에뮤(오스트래리아에 서식하는 날짐승의 일종)의 기증을 받았다. 곧 프래님 집으로 보내지고, 이 나라에서 번식할 수 있는가 여부가 관심의 초점이 되었다.

마침내 기대한 대로 에뮤는 알을 낳았다. 공교롭게도 공작 부부는 집에 부재중이므로 이 경사를 알리는 전보를 받았다.

"에뮤가 알을 낳았음. 마님 부재중, 부랴부랴 에뮤에게 깃털로 품게 했음. 양해 바람."

지루한 봄

빈틈없는 어느 스코틀랜드 사람이 분명한 의지 표시를 하지 않은 채, 지루할 정도 길게 어느 여성을 만나고 있다.

한편, 여성은 아무리 기다려도 기분 좋은 반응이 없어 기분이 답답해 조바심마저 생긴다.

어느 날, 이 제자리 걸음의 남자가 작은 수첩을 넘기며 말한다.

"매기, 나는 지금까지 그대의 장점을 세워보고 있었지. 만약 12개가 되면 중대 결정을 할 작정이요."

"잘 찾게 되면 좋겠네요, 잭."하고, 그녀가 대답했다. "사실 나도 작은 수첩을 가지고 당신의 결점을 세어보고 있어요. 그런데, 벌써 19나 되네요. 만약 20이 되면, 조니의 희망을 들어줄 것이에요."

상처 부위

군 병원 간호 장교로 온 여성이 새로 온 입원 환자에게 물어보았다.

"상처 부위는 어디입니까?"

"그런데, 내가 상처 난 부위에 당신이 상처가 나면, 그 것은 전혀 상처가 난 것이 아니죠."

기대에 어긋남

여 주인이 미소를 지으며 말했다.
"참으로 잘 와 주셨어요, 그레이 소령 님. 초대장을 드릴 때는, 당신이 오시리라 조금도 생각치 않았어요."

바람기를 막으려면

질투심이 강한 남자가 어느 날 밤, 아내와 함께 자고 있자 하니, 꿈을 꾸는 베갯머리에 악마가 나타나 말했다.
"부인의 바람기를 막아주면 기쁘지 않아요?"
"물론이죠."
"이 반지가 떨어지지 않는 한, 어떤 남자든 샛서방을 하게 되지 않을 거요."
남자는 좋아했다.
눈을 떠 잠에서 깨어보니, 자기 손가락이 아내의 꽁무니 구멍에 들어가 있다.

내기하기

빙크스가 새 셔츠를 샀을 때, 셔츠 안쪽에 종이 쪽지가 핀으로 꽂혀 있다. 여성의 이름과 주소에 덧붙여, "꼭 사진을 부쳐 주세요." 하고, 써 있다. 드디어 로맨스가 시작된다고 가슴을 설레며 서둘러 편지를 쓰고 사진을 동봉했다.

마침내 답장이 왔다. 엽서다.

"저는 친구와 내기를 했어요. 요컨대, 이 같은 셔츠를 입는 사람은 어떤 남자인가 하고요. 친구는 깨끗한 사람, 저는 멋없는 사람이라 한 것이죠. 제가 이겨서 대단히 기뻐요."

한바퀴 돌면

워터 로리 경이 아들과 함께 어떤 고관 댁 연회에 참석했다.

로리는 다투기 좋아하고 사나운 아들에게 오늘만은 예절 바르게 행동할 것을 약속 받고 2사람이 나란히 갔다.

연회가 시작되고 중간쯤 어른 답게 굴던 아들이 갑자기 이야기를 시작했다.

"사실은 오늘 아침 단골 창부 집에 가서, 는실난실하려 할 때, 나를 밀치고 이렇게 말하는 것이에요. '1시간 전에 당신 아버지와 자고 났어요.'"

이야기 듣던 로리가 놀랜 나머지, 갑자기 옆 자리에 앉은 아들 뺨을 한 대 때렸다.

뺨을 맞은 아들은 아버지를 되받아 때리려 하다가 한 바퀴 돌더니 아무 죄도 없는 옆 자리 남자를 때리고 말했다.

"차례대로 때려 주세요. 그렇게 한 바퀴 돌면, 아버지가 맞을 차례가 될 테니까."

조지 5세

조지 5세가 아직 젊었을 때, 형 크라렌스 경과 함께 캐나다를 방문했다.

어느 날 저녁, 퀘백에서 2사람을 위한 무도회가 열렸다. 황태자는 나이 든 부인들에게 눈 한 번 주지 않고, 젊은 여성들만 상대로 즐기고 있다.

형이 참을 수 없어 사회적 지위와 의무가 있을 것이라 주의를 환기했다.

"그런 것은 염려 마세요."하고, 황태자가 대답했다.

"2사람이 와 있기 때문에 형님이 저쪽에 가서 빅토리아 여왕 만세를 부르고, 나는 젊은 여성과 춤 추면 좋지 않아요."

생일 축하

작가가 서점에서 신간 소설의 사인 모임을 열었다.

"저의 아내를 위해 사인을 부탁합니다."하고, 그의 앞에 표지를 펴며 책을 건네는 남자가 있다.

"이런 생일 선물을 받으면 아내도 크게 놀랄 것이에요."

"놀래요?"하고, 좋은 기분이 든 작가는 싱글벙글했다.

"그런데, 사실은 무엇을 원하고 있어요?"

"밍크 코트이죠."

비밀 편지

아내가 남편에게 밀봉한 편지를 건네고 회사에 도착하기 전에 절대로 뜯지 말라고 부탁했다.

회사에 도착하자 의자에 앉을 겨를도 없이 황급히 겉봉을 뜯었다.

"지금부터 걱정 끼칠 일을 아무리 해도 전하지 않을 수 없어요. 하지만 그래도 그렇게 하지 않으면 안 될 의무가 있다고 판단했어요. 결과야 어찌 되건 당신이 알아야 할 필요가 있다고 결심했어요.

앞으로 1주일, 이 날이 올 것을 알았어요. 그러나 오늘의 오늘까지 가슴 속에 담아 놓았어요. 그러나 이제 더 이상 어떻게 할 수 없다고 생각, 말씀드리는 것이에요. 당신도 나도 결과에 대한 책임이 있으므로, 지나치게 나를 책망하지 말아 주세요. 당신에게 충격이 되지 않기를 바라요."

여기서 다음 용지로 옮겼다. 차례대로 형편을 나열했다.

"석탄이 하나도 없어요. 오늘 오후에 배달해 달라고 부탁했어요. 이렇게 하면 잊지 못할 것이라 생각했어요."

남편은 잊어버리고 말았다.

신혼 여행

신혼 여행 중 호텔 현관에서, 2사람이 택시에서 내렸다.

아내 "여보, 나는 기운이 약해요. 결혼하고 몇 년이 지난 것처럼 하지 말라고요?"

남편 "좋아요, 그래도 트렁크 4개 혼자서 가져 갈 수 있지요?"

익살꾼

예전 궁중에 고용된 익살꾼이, 임금이 얼굴을 씻고 있는 곳에서 맞닥뜨렸다.

그는 재미 반으로 임금의 궁둥이를 힘껏 차버렸다.

크게 골이 난 임금은 이 발칙한 익살꾼을 처형해 버리라고 지시했으나, 주변의 만류로 그 모욕보다 훨씬 크게 사죄를 해온다면 용서해 주자고 했다.

그러자 당사자 익살꾼이 잠깐 생각하더니 말했다.

"임금님 용서해 주십시오. 바로 임금님이신 줄 몰랐습니다. 여왕님 인 줄로 알았습니다."

쫓김을 받음

떼를 몹시 쓰는 아기와 하루 종일 시달린 엄마가 아기를 벌 주려 하자, 아기는 2층 침대 밑으로 숨어들어 결코 나오려 하지 않는다. 엄마는 도리가 없어 아빠가 돌아올 때까지 그대로 놓아두었다.

집에 돌아와 이 얘기를 듣던 아빠는,

"그럼 나에게 맡겨요."하고, 조용히 2층으로 올라갔다.

그러자 놀라운 일은 아빠가 아기의 인사를 받게 되었다.

"야아, 아빠, 아빠도 엄마에게 쫓김을 받아요?"

어머니와 딸

어느 지방의 토크 쇼에서 상품 수여를 부탁 받고 목사가 그 한 관계자인 젊은 여성의 옷 차림에 눈썹을 찌푸렸다.

"저 것 좀 보세요, 저 젊은 사람을,"하고, 그가 말했다.

"머리를 짧게 자르고, 담배를 물고, 반 바지를 입고, 2마리 강아지를 안고 있는 것을, 남자인가요, 여자인가요."

"여자 이죠."하고, 옆 사람이 말했다. "저의 딸 이요."

"저런, 그럼 실례."하고, 목사는 매우 당황했다.

"어떻든 용서하세요. 당신이 아버지라 알았으면, 이런 말을 함부로 하지 않았을 것인데."

"아버지가 아니죠. 저는 어머니죠."

열차 사고

"열차 사고 당한 적 있어요?"

하고, 데시가 새로 사귀는 남자 친구에게 물었다.

"있어요, 열차가 터널에 들어갈 때, 딸에게 키스할 것을 아버지에게 하고 말았지."

묘비명

엘리자베스 샤롯 여기 잠들다

처녀로 출생 창부로 숨지다

그녀는 17세의 처녀

아바진에서 매우 드문 일이라

                '아바진의 묘지에서'

나 때문에 탄식하지 말아요, 사랑하는 남편이여

나는 숨진 것이 아니고 잠들고 있는 것이요

조용히 기다리고 잠들 준비를 하세요

멀지 않아 당신도 내 있는 곳으로 올 것이요

(그 아래 남편이 새긴 글귀)

나는 탄식하지 않아요, 가장 사랑하는 아내여

편안히 잠들어요, 나는 재혼했어요

그러므로 당신 있는 곳에 가지 않아요

그녀와 생활하지 않으면 안 되기 때문에

      '헬리포트'의 묘지에서

여기 여인 잠들다

엄연한 사실이라

떠들썩하게 살던 삶 돌연 조용히 숨지다

남편은 빌고 있을 뿐

누군가 이 땅을 밟는 일 있으면 조용히 밟기 바란다고

눈이 물크러지면 이야기가 부끄럽다

      '웨스트모얼랜드, 트라우드백' 묘지에서'

나의 아내는 얼마나 기분 좋게 잠들고 있는가

지금 아내는 휴식에 들어갔다 나 역시 함께 되리라

'스타포드샤, 올스탄톤' 묘지에서.

리뷰크(Rebuke)

리뷰크는 비난, 힐책, 등을 뜻한다. 어리석음(foolishness)에 대한 것이다. 달리 말하면, 싱거운 것이다. 명랑하고 바보스러운, 어떻게 보면, 지능이 낮은 듯이 보이는, 분별력과 판단력이 없는, 또 어떻게 보면, 우둔하고 멍청하게 보이는 어리석음을, 조롱하는 뜻이 있다. 동문서답도 여기 포함된다.

고담의 현인(賢人) 1

고담(Gotham)의 남자가 결혼하기로 했다.

목사가 말했다.

"내가 하는 말을 되풀이 하시요."

남자가 말했다.

"내가 하는 말을 되풀이 하시요."

목사가 말했다.

"그런 식으로 말하는 것이 아니다. 지금부터 말하는 것을 되풀이 하는 것이다. 결혼에 대해 성서를 모독하는 것은 삼갈 일이다."

남자가 말했다.

"결혼에 대해 성서를 모독하는 것은 삼갈 일이다."

목사는 기가 막혀, 둘째어구가 달리지 않았지만, 우려를 대지 않고 없앴다.

"이 바보, 어떻게 하면 좋을까."

그러자 남자가 말했다.

"이 바보, 어떻게 하면 좋을까."

목사는 분개한 나머지 자리를 박차고 일어났다. 그러자 남자는 친구 주의를 받고, 겨우 목사의 허락을 받아 결혼했다. 그러므로 지금도 고담 현인의 가계는 이어지고 있는 것이다.

*고담은 옛날 영국 바보들이 살았다는 마을

고담의 현인 2

예전 고담의 부인들이 펍(선술집)에 모여 자기들은 모두 각자 남편에게 도움을 주고 있다고 자랑하기 시작했다.

첫째 부인.

"나는 맥주 양조도 빵 구이도 할 수 없으므로 매일 똑같이 살고 있습니다. 결국 교회에 가지 않고 이 펍에 와서 남편이 행복하도록 기도하고 있습니다. 나는 이 기도가 어중간하게 일하기보다 남편에게 도움이 될 것이라 믿고 있습니다."

둘째 부인.

"나는 겨울, 양초를 절약함에 도움을 줍니다. 어쨌든 날이 어둡기 전에 2사람 같이 자고말기 때문이죠."

셋째 부인.

"나는 빵을 절약합니다. 결국, 매달 1갤런의 맥주를 마시기 때문이죠. 더욱 고기는 좋아하지 않아요."

넷째 부인.

"나는 자기 집에서 먹고 마시고 하는 것이 싫어요. 그래서 노팅

험의 팝에 가서 와인을 마시며 신이 나에게 은혜 주시는 것을 받고 있습니다."

다섯째 부인.

"어느 누구도 자기 집보다 이웃집 쪽이 대화 상대가 많기 마련이죠. 유달리 팝이 좋지 않기 때문에."

여섯째 부인.

"나는 이웃집을 돌며 놀기 때문에 남편의 아마(亞麻)와 땔나무를 절약합니다.

일곱째 부인.

"나도 남편의 땔나무와 천을 절약하고 있어요. 어떻든 하루 종일 그 집 난로 옆에 앉아 수다를 떨고 있지요."

여덟째 부인.

"쇠고기와 양고기나 돼지고기는 비싸기 때문에 닭이나 토끼를 쓰고 있어요."

아홉째 부인.

"나는 남편의 비누를 절약하고 있어요. 1주일 1회 몸을 씻는 대신, 3개 월에 1회로 하고 있어요."

마지막으로 팝의 안주인이 말했다.

"나는 남편의 맥주가 상하는 것을 막고 있어요. 입을 맞추면, 꼭 모두 마셔 버리기 때문에 한 방울도 헛되이 하지 않고 있어요."

고담의 현인 3

고담의 남자가 밀 2부대를 시장에 운반해 가게 되었다.

무거운 짐을 말에게 맡기면 말이 파김치가 되면 안 되겠다고 생각, 자기가 등에 지기로 했다. 그러나 마켓에 도착하기까지 그는 말을 계속 타고 있었다.

고담의 현인 4

고담의 남자가 아내를 향해 당신은 샛서방 같은 것 안 될 걸 하고, 조롱했다.

"그런 일 없어요."

"후회되면 해 보지."하는 형편이 되었다.

그러자 어느 때, 마개란 마개를 전부 감추고, 아내가 양조장 안에 들어가 맥주 통 마개를 빼고 큰 소리로 외쳐 댔다.

"여보, 이봐요. 빨리 마개 가져와요. 그렇지 않으면 맥주가 모두 흘러버려요."

남자는 서둘러 마개를 찾았지만 있을 리가 없다.

"빨리 와요, 손가락으로 마개를 해 줘요."

할 수 없이 남자는 손가락을 술통 입에 끼웠다.

그리고 아내는 유유히 근처 재봉사를 불러들였다.

고담의 현인 5

고담의 남자가 말 타고 거리를 지나는데 큰 치즈가 떨어져 있어, 칼을 빼내 치즈를 찌르고 주어 올리려 하지만, 중요한 칼이 없다. 그래서 긴 칼을 사려고 노팅험에 갔다. 그 후 그 곳을 지나던 다른 남자가 곧바로 말에서 내려 치즈를 주어 가지고 가버렸다.

칼을 사가지고 온 고담의 남자 칼을 빼어 들고 겨우 치즈 있던 데를 찔렀지만 지면을 찔러버려 빼낼 수 없게 되었다.

부주의한 교수 1

골똘히 생각에 빠진 교수가 이발점에 들어가서 머리를 깎이는 여성 옆에 앉았다.

"머리를 깎아 주세요."하고, 교수가 부탁했다.

"좋습니다. 하지만 머리를 깎이기 앞서 모자를 벗어 주시기 바랍니다."하고, 주인이 말했다.

손님은 급하게 모자를 벗었다.

"이 것은 실례인 걸."하고, 주변을 둘러보며 사과했다.

"부인들이 동석하고 있음을 알지 못한 걸요."

부주의한 교수 2

교수가 파라슈트(낙하산) 장치를 완성했다. 테스트를 위해 기구에 타고 하늘로 올라갔다.

1천 피트까지 올라간 데서, 교수는 서서히 바구니 가장자리에서 뛰어내렸다. 3천 피트 강하(降下)한 후에 유감스럽다는 듯이 투덜댔다.

"아뿔싸, 박쥐 우산 가져오는 것을 잊었네."

부주의한 교수 3

1955년, 브리스톨에서 열린 학회가 끝나고, 3사람 교수가 역으로 달려갔다.

3사람은 플랫폼에 선 채로, 의연하게 의론을 계속했다.

런던 행 급행이 도착했음에도 여전히 이야기를 멈추지 않는다.

몇 분 뒤 도어가 닫히고 기적이 울렸지만, 또 이야기를 계속하고 있다.

열차 차장이 깃발을 흔들 때, 2사람 교수가 1사람 교수를 옆으로 밀고, 막 출발한 열차 도어를 비틀어 연 뒤, 속으로 뛰어들어 갔다.

플랫폼 담당자가 당황한 나머지 열차 후미를 전송하는 교수에게 접근했다.

"당신 친구는 법률 위반입니다. 매우 위험한 일입니다. 귀찮으시지만 2사람 이름과 주소를 알려 주십시오."

"여보세요, 화내지 마세요."하고, 교수가 말했다.

"저 2사람은 나를 전송하러 온 것이에요."

부주의한 교수 4

어느 교수가 시내 전차의 손잡이를 잡고 있다.

다른 한 쪽 손은 몇 가지 짐을 들고 있다.

오른 쪽 왼 쪽 흔들려가며 어쨌든 위험한 모습이다. 교수 얼굴이 당황하는 표정이다.

"손을 빌려드릴까요?"하고, 차장이 물었다.

"고맙습니다."하고, 교수는 안도의 표정을 짓고 대답했다.

"요금 낼 때까지 이 손잡이를 잡고 있어요."

부주의한 교수 5

터무니없이 공상에 빠지기 잘하는 유명 교수가 집에 돌아와 벨을 누르자, 새 도움이가 나왔다. 그녀는 의아스러운 표정으로 교수를 바라본다.

"저, 톰슨 교수는 집에 계십니까?"하고, 자기 이름을 대고 물었다.

"아니요, 조금 있으면 돌아오실 거 에요."하고, 그녀가 대답했다.

교수는 뒤로 돌아서고 그녀는 문을 닫았다. 불쌍하게 교수는 입구 계단에 앉아 자기 자신을 기다리고 있다.

부주의한 교수 6

교수 "부인, 내 침대에서 무엇을 하고 있습니까?"
부인 "나는 이 침대가 좋고, 이 주위도, 이 집도, 이 방도 좋아요. 나는 당신 부인이에요."

부주의한 교수 7

"그런데, 선생은 안경을 3씩 사용하십니까?"
"네, 하나가 근시 안경, 하나가 노안경, 또 하나가 그 둘을 찾는 안경이요."

부주의한 교수 8

교수 "뭐라고, 빚쟁이가 왔다고. 없다고 돌려보내지."
사환 "따돌림 받는 것으로 알 텐데요."
교수 "그러면, 내가 스스로 말해, 없다고 하지."

부주의한 교수 9

정평이 나 있는 부주의한 교수가 있다.

그는 아내를 탁 치고, 도어에 키스를 했다.

부주의한 교수 10

교수는 회전 도어에서 빙글빙글 돌며 중얼댔다.

"약해졌지, 나가는 경우인가, 들어오는 경우인가, 잊어버렸네."

부주의한 교수 11

"교수님, 왜 또 그렇게 큰 초콜릿 상자를 들고 귀가하시는 것입니까?"

"안전 제일이기 때문이죠. 사실은 아침 출근 길에 아내 키스 세례를 받았지. 그 것은 아내 생일인가, 우리 결혼 기념일인가 해서."

부주의한 교수 12

근무자 "무엇인가 잊으신 것은 없습니까?"

교수 "언제나 똑같이 팁은 건넨 것 같은데."

근무자 "그 것은 받았어요. 그런데 식사를 아직 드시지 않기에."

부주의한 교수 13

건망증 때문에 무엇이건 놓고 잊어버리는 교수가 있다.

어느 날, 교수가 우산을 갖지 않고 귀가했기에, 아내는 어떻든 놓고 잊은 장소를 실마리라도 찾을까 해서 물어보았다.

"여보, 당신. 어디서 처음 없다는 생각이 들었어요?"

"그 것이 말이지, 억수 같은 비가 그치고, 우산을 접으려고 손을 위로 올릴 때였지."

항로

왕실 요트의 브리태니어 호가 어느 날 밤, 싱가폴 난바다를 지날 무렵, 전방에 빛이 보인다.

선장은 당황해 무전을 쳤지만 전혀 통하지 않고 불빛은 브리태니어 호에 접근할 뿐.

드디어 말을 걸면 들릴 만한 곳에 이르렀다. 선장은 메가폰을 들고 호통을 쳤다.

"어이, 여기는 왕실 요트의 브리태니어 호. 여왕 폐하가 승선 중이다. 길을 비켜라."

"비키는 일은 그 쪽이다. 이 바보. 이쪽은 황송하게도 등대 님이다."

식전 기도

뜻밖에 무장하지 않은 탐험가가 라이온과 우연히 마주치고 말았다.

이 때, 최상의 방책은 동물에게 눈을 떼지 말라는 주의를 들었기 때문에 꼼짝 않고 라이온을 응시했다.

라이온 역시 얼마 동안 응시하더니 마침내 라이온은 앞다리를 가지런히 하고 그 위에 절을 했다. 남자도 허둥대고 똑같이 했다.

그리고 얼마 동안 그 상태가 이어졌다.

결국, 라이온이 머리를 쳐들고 말했다.

"당신은 지금 무엇을 하는지 모르겠는데, 나는 먹기 앞서 기도를 드리는 중 이요."

식중독

시골 부자집에 고용된 소녀가 장갑을 세탁하기 위해 휘발유를 운전 기사에게 받았다.

그녀는 사용하고 남은 휘발유를 어떻게 하면 좋을지 몰라, 집 밖의 화장실에 버렸다. 조금 뒤 그 집 정원사가 화장실에 들어와 파이프에 불을 붙이기 위해 성냥을 켰다.

돌연 폭발이 일어나 화장실 문짝이 날아갔다. 소리를 들은 주인이 뛰어와 보니 정원사는 눈을 희번덕이고 화장실 밖에 나뒹굴어 있다.

"이런, 조지. 무슨 일이 있던 것인가?"

"식중독을 일으킨 것이 틀림없습니다."

특별 연속물

할아버지는 텔레비전 보기가 싫었지만 1주일 1회는 특별 연속물을 보기 위해 수상기 앞에 앉는다.

화면은 한 사람 미소녀가 호수에서 수영을 즐기려고 옷을 벗는 장면인데, 마지막 바지를 벗으려는 순간, 공교롭게 그 앞으로 기차가 지나가는 바람에, 그녀의 모습이 지워진 것이다.

이 장면을 7회나 거듭 반복해 본 뒤 할아버지가 투덜댔다.

"기차 란 놈, 또 시간이 되면 기세를 올리겠지."

별을 쏘다

한 사람 아일랜드 사람이 천문대에 고용되었다.

첫 야근할 때, 학자가 자못 큰 망원경으로 우주를 바라보는 장면을 곁에서 보고 있다.

그러자 갑자기 유성이 떨어진다.

"야아, 놀랍다."하고, 깜짝 놀란 아일랜드 사람이 외친다.

"잘 맞추었네요, 선생."

행선지

교수가 기차로 여행에 나섰을 때, 마침 차장이 왔다. 차표를 찾았으나 보이지 않는다. 먼저 지갑, 그리고 가방, 또 포켓을 하나 남기지 않고 찾았으나.

그래도, 차표는 보이지 않고, 점차 초조해질 수 밖에.

"만약 찾지 못하시면, 이름과 주소를 알려 주십시오. 너무 염려 마시고."

"사실은 걱정입니다. 차표를 찾지 못하면, 지금부터 내가 어디로 가야 좋을지 모르기 때문이죠."

운전

2사람의 남자가 더블린 근처를 드라이브하고 있다.

"좀더 주의해 운전하자고, 바로 시내로 들어가네."

"어떻게 알지?"

"사람 통행이 많아 졌기에."

수 분 후,

"제발 좀더 주의해 운전 하게, 정말로 시내에 들어왔네."

"내가 말인가. 운전하는 것은 그대이지요."

처음 먹는 바나나

두 사람 자매가 기차 여행을 하고 있다. 맞은 쪽은 해외에서 막 돌아온 병사가 앉아 있다.

병사는 배낭을 열고 2개의 길고 노란 것을 꺼냈다.

"바나나 좋아하세요?"하고, 그가 물었다.

"그 것은 뭐이죠?"하고, 언니가 물었다.

"바나나이죠, 껍질을 벗기고 먹으면 돼요. 맛 있어요."

소녀들은 의심하는 눈으로 바나나를 보고 있다가 언니가 1개의 껍질을 벗기고 먹기 시작했다. 바로 그때, 기차가 터널에 들어갔다.

언니가 동생에게 말했다.

"지금 바나나 먹기 시작했니?"

"아직 아니."하고, 동생이 대답했다.

"그럼, 해봐. 눈이 보이지 않게 돼."

혼자 하는 연극

기차로 여행하고 있는 남자가 앞 자리에 앉은 남자 동작이 심상치 않은데 눈길이 모아진다.

잠깐 히죽히죽 하는가 하면 곧 정상으로 돌아오고, 견딜 수 없는 몸짓을 하다가, 또 히죽히죽한다.

도저히 참을 수 없어 물어보았다.

"실례지만, 무엇인데 그렇게 우스운 가요?"

"우스운 얘기이기 때문에 우스운 얘기를 자신에게 하고 있는 것이에요."

"그 것 참 재미 있네요, 하지만 이따금 괴로운 얼굴 표정을 짓는 까닭은 왜인가요?"

"그 때는, 앞서 들은 적이 있는 얘기이기 때문이죠.."

명쾌한 답변

프랑스 택시 운전 기사가 어느 때, 아더 코난 도일 경을 속임수에 걸었다.

이 저명한 추리 작가를 역에서 호텔까지 모셔오고 요금을 받자.

"멜시,(고마워요) 무슈 코난 도일"이라 말했다.

"어허, 어떻게 내 이름을?"하고, 도일 씨가 물었다.

"바로 그 일인데요, 신문에서 손님이 남부 프랑스에서 파리에 오신 것을 알았습니다. 손님의 모습에서 영국인이 틀림없다고 생각, 또 머리는 남부 프랑스 특징이 보입니다. 이상을 정리, 바로 손님이라고 추측한 것이죠."

"그 것은 참으로 놀라운 일이네요. 그 밖에도 단서가 있나요?"

"글쎄요, 손님 이름이 가방에 써 있다는 사실도 놓칠 수 없지요."

명 탐정

샤록 홈스 "야아, 와쓴 군. 자네는 아직도 겨울 바지를 입고 있네."

와쓴 "놀랍군, 홈스. 사실 놀라워. 어째서 그런 추론이 가능했나?"

홈스 "자네가 바지 벗기를 잊어버렸기 때문이지."

의사의 진단

의사 "잘 알려진 일이지만, 사람은 좋은 공기가 없으면 살아갈 수 없어요. 나도 마찬가지로 실내에만 갇혀 있으면 죽은 것과 같은 것이죠. 신선한 공기가 필요해요. 산책을 해, 밖에서 원기를 붙이는 것이죠. 오래 하는 산책이 물론 좋죠."

환자 "하지만 선생."

의사 "좋아요, 대화하기는 좋아요. 그러나 나의 격려를 따라 주지 않겠나요. 매일 어느 정도 길이는 걸으세요. 하루에 몇 차례는."

환자 "나는 걷고 있어요, 선생, 나는."

의사 "물론 걷고 있겠지요. 잘 압니다. 하지만 지금의 10배는 걸어야, 그렇게 하면, 낫게 됩니다."

환자 "그러나 내가 하는 일은,"

의사 "그래요. 하는 일 때문에 안 된다 구요? 그럼 좀더 걸을 수 있는 일을 하세요. 그런데 지금 하시는 일은?"

환자 "우편 배달입니다."

의사 "어디 다시 한번 혀를 보여주세요."

자명종 시계

"나는 자명종 시계 울림이 듣기 좋아요. 단 잠을 방해한다고 비난하는 사람이 이해가 안 돼요. 내게는 존재 그 자체의 상징처럼 생각합니다. 큰 도시가 잠에서 깨어나 새로운 하루를 시작한다는 신호 아닌가요. 거리도 건물도 드디어 활기가 넘치죠. 바로 현대적 생활 그 자체지요. 충실한 하인이죠. 나는 그대 소리가 좋아요." 하고, 조반 집 단골이 말했다.

"저런, 당신은 꿈이 있네요, 그런데 하시는 일은?" 하고, 또 한 사람의 단골이 물었다.

"나는 야간 순찰이죠."

시력

변호사가 사건 목격자에게 반대 심문을 하고 있다.
"기차에 승차한 그 남자를 보았습니까?"
"네."
"어디에 타고 있었나요?"
"기관차에서 30량째입니다."

"그 때, 당신은 어디에 있었습니까?"

"기관차 탄수 차 뒤입니다."

"밤 몇 시쯤 입니까?"

"11시입니다."

"밤 11시에 30량 뒤에 있는 남자가 보였다고 하는 것입니까?"

"네."

"밤에 어느 정도의 거리가 보입니까?"

"약 100마일 일 것입니다."

큰 난장이

"나는 서커스에 들어가려고 생각한다."

"서커스에서 대체 무엇을 할 작정인가?"

"난장이가 되는 것이지."

"난장이라면 기준에 지나치지 않아?"

"바로 그 점이지. 세계에서 가장 큰 난장이로 유명해지는 것이지.

어머니의 키스

의장의 연설.

"내가 태어난 고장에는 유쾌한 습관이 있어, 갓난 아기의 어디를 처음 키스했는가를 가지고, 그 아이의 일생이 정해진다고 하고 있습니다.

만약, 엄마가 딸 아기의 발에 하면, 발레 무용수가 되고, 만약 아들이면 축구 선수가 됩니다.

또, 손에 키스 받으면, 남자 아기는 복싱 선수나 작가가 될 것이고요. 여자 아기라면 재봉사나 피아니스트가 될 것이죠.

아기 입에 하면, 훌륭한 연설가나 가수가 됩니다.

자, 신사 숙녀 여러분, 이래서 나는 오늘 밤, 이 의자에 앉는데 충분한 조건을 가지고 있는 것이죠."

미국인 울음

사업상 런던에 온 미국인이 사빌 가의 양복점에 가서 영국의 비즈니스 맨 식으로 검은 정장에, 검은 구두, 수수한 청색 넥타이, 중산 모자, 박쥐 우산을 구입했다.

그는 큰 체경 앞에서, 비추어진 자기 모습을 보며, 뚝뚝 눈물을 흘리기 시작한다.

"어찌 된 일이십니까?"하고, 양복점 주인이 물었다.

"용서하세요."하고, 미국인이 대답했다.

"인도(印度)를 잃은 것은 좌우간 유감이에요."

구적(원수)

트라파르가 광장의 비둘기는 오랜 동안 성 바오로 대성당의 비둘기와 원수지간 이었다. 그러나

트라파르가 광장 비둘기 사자(使者)가 성 바우로 성당에 날아가 저녁 식사에 초대한다고 뜻을 전달했다.

수락의 뜻을 가지고 비둘기 사자가 돌아오자 모두 기뻐했다.

기념해야 할 날이 돌아왔다. 준비는 만전을 기했고, 성 바오로에서 비둘기가 날아올 시간이 임박해 옴에 트라파르가 비둘기들의 흥분은 점점 더해만 갔다.

성탑 시계가 7시를 친다. 하지만 성 바오로 비둘기는 1마리도 오지 않는다.

임자 비둘기 1마리가 확인을 위해 성 바오로에 날아갔다. 그리고

상대는 단 1마리도 없었다는 보고를 가지고 돌아왔다.

7시 반이 되었지만 손님은 전혀 보이지 않는다.

드디어 성 바오로에서 일단의 비둘기 떼가 스트랜드에서 광장으로 들어온다. 인솔 비둘기가 급히 앞으로 나와 트라파르가 비둘기에게 인사부터 했다.

"늦어서 미안합니다. 너무나 아름다운 저녁 노을이라, 걸어서 오기로 결정한 것입니다."

혼자 놀이

기차로 여행하고 있는 남자가 신문을 읽으며 1장을 다 읽으면 찢어서 창 밖으로 버리고 있다.

네 다섯 장의 신문을 똑같이 버리는 것을 보고 앞 좌석 남자가 호기심을 누를 길 없다.

"실례지만 왜 신문을 1장씩 바깥으로 버리십니까?"

"코끼리를 쫓아 버리기 위한 것입니다."

이 반응에 놀라, 이는 정신 이상자와 말하는 것이라 생각했다. 가능한 대로 아무렇지 않게 창 밖을 내다보다가, 또 물었다.

"나에게 코끼리는 보이지 않는 데요."

"그러므로 효과는 100퍼센트인 셈이죠."

과묵

아바네이시 박사는 유명한 스코틀랜드 외과 의사였지만 말수가 적은 사람이다.

단 한번, 마음이 맞는 부인을 만난 적이 있다.

그녀는 에딘버러에 있는 그의 병원에 와서 손을 내 보였다. 그 손은 크게 부어 부풀어 있다.

박사와 그녀의 대화

"화상?"

"생채기."

"습포."

이튿날 부인이 또 방문했다.

"잘 났어요?"

"나빠졌어요."

"습포."

그로부터 이틀 후, 또 한 번 방문했다.

"잘 났어요?"

"네네, 수가(酬價)가 얼마죠?"

"무료."

외과 의사는 자신을 잊은 채 긴 말을 했다.

"온전히 현명한 부인인 걸."

법정 문답

2사람 스코틀랜드 사람이 법정에서 다투고 있다. 맥더비슈는 피고 매그리슈가 자기를 찾아와서 구타한 사실을 설명했다.

"그래서 나는 할 수 없이 이에 대항 구타했습니다. 때마침 거기에 그의 개가 지나갔는데, 그래도 나는 또 구타했습니다."

"개를 구타했어요?"하고, 재판관이 물었다.

"아뇨, 매그리슈 말이지요. 그리고 돌을 주워 던지자 몸을 구르더니 도망갔지요."

"매그리슈에게 돌을 던졌어요?"

"아뇨, 개한테요. 그러자 일어서서 나를 구타했죠."

"개가 말이죠?"

"아뇨, 매그리슈가 말이죠. 그리고 꼬리를 내리더니 도망쳐버렸지요."

"매그리슈가요?"

"아뇨, 개가요. 그리고 또 돌아와서 나를 구타하는 것이에요."

"개가 또 와서 당신을 물었어요?"

"아뇨, 매그리슈가요. 그럼에도 전혀 부상은 없어요."

"누가 부상을 당하지 않았나요?"

"개가 말이죠."

새 인사 법

친애하는 펀치 씨에게

선생이 예의범절의 권위라고 알고 있으므로, 나는 감히 다음과 같은 어려운 문제를 드리니 귀한 판단을 바라 마지 않습니다.

사실은 전날 아침, 더구나 자전거 타기가 서투른 형편임에도 불구하고 마음먹고 공원까지 자전거로 갔습니다. 그 것도 이른 아침이면 누구에게도 보이지 않는 연습이 될 것이라 생각한 때문입니다.

비틀거리며 타고 있을 때, 갑자기 마주친 것이 공작 부인과 그 따님이었습니다. 두 분은 다 자전거 타는 것이 매우 능숙했습니다. 그 때, 저의 놀라움을 헤아리기 어렵지 않으리라 생각합니다.

부인과 따님은 저에게 부드럽게 예의를 갖추었습니다. 그러나 저는 핸들에서 손을 놓으면 큰 사건이 되므로 기분이 초조해 잠깐 고개를 끄덕일 뿐이었습니다.

나는 평소 모자를 벗고 공손하게 인사하는 사람으로 알려져 있습니다. 그래서 그런지 따님은 저를 만나도 모른척합니다. 저는 별도로 저쪽을 따져보려 하는 생각은 없습니다.

그래서 하는 나의 제안입니다만, 가능하시면 시인해 주기를 바라지만 앞으로 마부가 하는 것처럼 오른 쪽 팔꿈치를 약간 올리는 것으로, 인사가 되도록, 자전거 타는 사람들에게 부탁하고 싶습니다. 저도 그 정도 운동은 가능하다고 생각합니다.

사교에 절망하는 아메리우스 안버그리스 드림.

어긋나는 기대

"브루인 경. 당신이 영구히 영국을 떠난다니. 두 번 다시 만날 수 없겠네요."

"그런 일 없어요. 누가 그런 얘기를 했나요?"

"그 사실, 신문에서 읽었죠. 하지만, 신문이 꼭 진실만 보도하는 것은 아니지 않아요. 온전히 유감스러운 일입니다."

파티

"지난 주, 오틀베리 씨의 파티는 매우 흥이 감도는 좋은 분위기였어요. 그러나 보람은 적었지요."

"그렇죠. 하지만 당신이 자리를 뜨자 마자 너무너무 신이 난 걸요."

드라이브

초대주 "집까지 드라이브를 즐겨 주세요."
초대객 "고맙습니다. 그 것이 오늘 하이라이트 입니다.

피넛

사제가 어린이들의 고해를 듣고 있는 가운데, 기묘한 점을 알게 되었다.

일반적으로 대개 납득되는 잘못을 들어내고, 어떤 어린이도 정해 놓은 것같이,

"강물에 피넛을 던졌습니다."고, 한다.

음식을 함부로 버렸다든가, 강물을 오염시켰다든가 하는 일로 반성하는 줄 알았는데, 아무래도 이해가 안 간다. 끝으로 가장 어린 아이가 들어왔다.

그러나, 이 아이만은 다른 아이처럼 같은 말을 되풀이하지 않았다.

"그 것이 전부인가?"하고, 사제가 물었다.

"무엇인가 잊어버린 것은 아닌가? 가령, 강물에 피넛을 던졌다든가."

"하지만, 신부님."하고, 당혹스러운 목소리로 아이가 말했다. "저의 이름이 바로 그 피넛입니다."

신선도

소설가 스티븐슨이 샌프란시스코에 머물고 있을 때, 친구들과 함께 손님 주문에 절대 노로 말하지 않는 고집스러운 레스토랑에 들어갔다.

가령, 달 같은 슬라이스를 주문하면, 죄송합니다만 하고 꺼내는 결론은, 지금 막, 조금 저미고 있습니다 하는 방식이다.

2사람은 지배인을 불러 주문했다.

"데친 것으로 2인 분!"

"죄송합니다. 살짝 익힌 것인가요, 아니면 완전히 익힌 것인가요?"

"완전히 익힌 것."

금방 돌아와 지배인이 말했다.

"대단히 죄송합니다만 품절입니다."

"무엇이란 말이요? 다 나갔다는 말이요?"하고, 소설가는 깜짝 놀란 듯 반문했다.

지배인은 목소리를 낮추고 살짝 말했다."

"사실은 아직 조금 남아 있지만, 신선도가 떨어져 가져올 수 없습니다.

시골 마을 경관

작은 시골 마을의 경관으로, 겸하여 동물 의사로 알려진 능력 있는 사람이 있다.

어느 날 밤 전화벨이 울렸다.

"브랑크 씨 지금 댁에 계십니까?"하고, 당황한 목소리가 들렸다.

브랑크 씨 부인은 네 하고 대답한 뒤에 물어보았다.

"제 남편이라면 동물 의사로서 말인가요, 아니면 경관으로서 말인가요?"

"양쪽 모두입니다, 부인. 집에서 기르는 부루독이 입을 벌리지 않아요, 도둑을 입으로 물고 말이죠."

고양이

여인 "고양이는 놀라와요, 피리처럼 깨끗하죠."

박식한 사람 "고양이가 그렇게 깨끗하지 않아요."

여인 "훼방하지 마세요. 고양이는 깨끗해요. 저 구석에 앉은 고양이 좀 보세요. 항상 얼굴을 씻고 있지 않아요?"

박식한 사람 "잘은 모르지만. 고양이는 얼굴 같은 걸 씻지 않아요. 씻은 다리를 얼굴로 닦을 뿐이에요."

무리한 일

비평가 "무엇을 그리십니까?"

화가 "뼈를 먹고 있는 개를 그리는 중입니다."

비평가 "그거 참 재미 있네요. 그런데 뼈는 어디 있나요?"

화가 "그렇죠, 결국 뼈는 모두 개가 먹고 말았지요."

비평가 "그러면 개는 요?"

화가 "뼈를 다 먹고 난 뒤에, 개에게 그대로 있으라 하기는 무리지요."

나라 자랑

어느 영국 사람이 미국을 처음 방문했다. 뉴욕 출판업자가 오픈카에 태워 그를 안내하면서 나라 자랑을 했다.

"저 것이 시청입니다."하고, 손으로 가리켰다. "일종의 공회당인데 132일만에 완공했지요."

"그렇다면 대단한 것이 못 되네요."하고, 런던 사람이 말했다. "우리들 공회당은 94일 만에 세웠어요."

잠깐 있다가 뉴욕 사람이 윌리암즈버그 다리를 가리키며 나팔을 불었다.

"저 것은 꼭 4개월 만에 완성했지요."

"런던의 워털루 다리는 2달 반이었지요."

뉴욕 사람이 후에도 더 몇몇 건축물을 가리켰지만 그 때마다 영국인이 가볍게 반응하자 적이 기분이 상했다.

그러자 갑자기, 영국 사람이 바짝 긴장하며 엠파이어 스테이트 빌딩을 가리키며 물어본다.

"저 건물은 무엇이라 합니까?" 미국인은 어깨를 움츠리고 말했다.

"모르겠는데요. 어쨌든 아침에 이 곳을 지날 때는 없던 것인데요."

코끼리 기억

코끼리는 기억력이 좋다고 한다. 다음 이야기는 이를 증명한다.

아프리카 정글에서 어떤 탐험가가 무엇인지 모르나 고통을 당하는 소리를 들었다.

가서 보니까 아기 코끼리가 올가미에 걸려 있어 이 것을 풀어주었다.

그리고 몇 년 후에 영국으로 돌아왔다. 이따금 그가 사는 마을에 서커스가 왔기에 그는 보러 갔다.

쇼가 시작되고, 동물 행진을 보고 있는 중에 코끼리 한 마리가 그

이 앞에 와 서더니, 기다란 코를 뻗쳐 그를 꽉 잡아, 10펜스 자리에서 50펜스 자리로 옮겨 주는 것이다.

처벌

"이봐, 아까 사용한 괭이를 누구에게 주었나."
"없어졌는데요, 아버지."
"만약 찾지 못하면, 그 괭이로 너의 뼈를 잘라버리겠다."

결투

두 아일랜드 사람이 권총으로 결투를 하게 되었다.
살찐 쪽이 상대가 홀쭉한 것을 보고 클레임을 걸었다.
"나는 저 쪽의 두 배나 큰 표적이 되므로 당연히 나는 2배나 떨어진 곳에 서서 있을 권리가 있어요." 그러자, 입회인이 대답했다.
"그럼 내가 잘 결말을 지어 주죠."
입회인은 주머니에서 분필을 꺼내 살찐 남자의 상의에 2줄을 그었다. 줄과 줄 사이의 너비는 마른 남자의 너비와 같았다.

"자, 이로써 좋아요."하고, 입회인은 마른 남자를 향해 말했다.

"쏘아도 좋아요. 선의 바깥 쪽에 맞으면 그 것은 노 카운트이니까요."

우레 소리

사람 좋은 2아일랜드 사람이 가끔 같은 방에 머물게 되었다. 아침이 되자 1사람이 상대에게 말했다.

"데니스, 밤 중에 우레 소리를 들었어요?"

"아뇨, 패트. 정말 우레 소리가 났는지요?"

"참 말이 에요. 천지가 뒤바뀔 정도로 큰 우레 소리였어요."

"여보세요, 그렇다면 왜 나를 일으키지 않았어요. 나는 우레 소리가 들리면 자지 못하는 것쯤 알고 있을 터인데."

자기 고발

어느 영국 사람이 커피 점에서 편지를 쓰고 있다.

그러자, 한 아일랜드 사람이 뒤에 서서, 그 것을 읽고 있다.

영국인은 아무 말도 하지 않고 다음과 같은 말로 편지를 맺었다.

"좀더 쓰고 싶지만 큰 아일랜드 사람이 어깨 너머로 내가 쓰는, 한 글자 한 글자를 읽고 있기 때문에."

"거짓말, 이 배우지 못한 자여!"하고, 상대방 아일랜드 사람이 소리쳤다.

3개월의 형

어떤 남자가 톱을 훔쳤다.

그는 재판에 즈음하여,

"농담하는 속셈으로 훔쳤습니다."하고, 재판관에게 고했다.

"어느 정도 거리를 가져 갔는가?"하고 재판관이 물었다.

"2마일 쯤이죠."

"그 정도라면 농담이라 해도 좀 지나치네요."하고, 재판관은 3개월 형을 언도했다.

어린이 지혜

기지가 풍부한 것으로 유명한 아르 박사가 어느 학생에게 질문했다.

"학생은 수학 수업에 나갑니까?"

"네."

"그렇다면, 원에 면이 몇이나 있습니까?"

"2입니다."

"그 것은 무엇과 무엇입니까?"

"내면과 외면입니다."

여기서, 학급 전원이 와 하고 웃었다.

그 소년에게 박사는 거듭 질문했다.

"그러면, 철학 수업에도 나가겠네요. 그런데, 원인과 결과에 대해 무엇을 배운 적 있습니까?"

"네."

"결과가 원인에 선행하는 일이 있습니까?"

"있습니다."

"보기를 들어보세요."

"손 밀이 수레와 그 것을 미는 사람입니다."

박사는 맥이 풀려 자리에 앉았다. 그 이상 질문할 기분이 들지 않았다.

집행 유예

아일랜드 변호사 카란은 대단히 매력적인 사람이다. 그의 변론은 현란하고, 기지도 페이소스도 핀잔도 모두 이의를 달 수 없다.

어느 날 아침, 아직 잠자는 중에 손님이 왔다. 손님은 그가 전날 법정에서 거칠고 모욕까지 섞인 반대 심문을 한 사람이다.

남자는 카란의 침실에 서슴 없이 들어가, 자고 있는 카란을 두들겨 깨우고, 아직 침대에서 잠에 취한 상태임에도 불구하고, 말을 걸었다.

"당신, 나는 어제 법정에서 중인 환시리에 호되게 모욕을 당한 사람이요. 그래서 마음껏 해 치우려고 찾아온 것이요."하고, 말하기 무섭게 손에 잡은 지팡이를 위로 치켜들며 카란을 때리려 했다.

카란은 놀라고 곧 입을 다물었다.

"설마하니 자고 있는 사람을 때릴 작정은 아닐 것이죠."

"그렇게는 안 하지요. 침대에서 나올 때까지 유예할 것이요. 그리고 내 생각을 알리지요."

카란은 익살스럽게 눈을 빛내며 대답했다.

"그렇다고 하면, 나는 하루 종일 잠이나 잘 것이요."

억지 이론

아일랜드 사람 주인이 하인에게 마구간에서 손님의 말을 끌어오라고 일렀다.

가서 보니까 본 일이 없는 말 2필이 있다. 어느 것이 부탁 받은 말인지, 그렇다고 말에게 물어볼 수도 없고 하여, 2필의 말에 안장을 올려 현관까지 끌고 갔다.

손님은 자기 말을 가리키고,

"이 것이 나의 말이요."하고, 말했다.

"물론이죠. 저도 알고 있었는 걸요. 다만 어느 쪽이 또 한 분 신사의 말인지 몰랐기 때문이죠."

2사람이면 반 나누고

아일랜드 사람 둘이서 런던을 향해 걸었다. 도중에서 만난 사람에게 런던까지 앞으로 어느 정도 남았느냐고 물으니, 20마일이라 한다. 한 사람이 낙심하여 실망하듯 말했다.

"와! 그러면 오늘 중으로 도착하지 못하겠네."하지, 또 한 사람이 위로하듯이 말했다.

"자, 가자. 단지 20마일이다. 별 것 아니야. 10마일 씩이야. 자아, 기운을 내자."

맥배스 출연

비극배우 맥레디가 지방에서 '맥배스'에 출연했다.

최종막에서 전령을 맡은 배우가 어딘지 가버렸다. 그래서 급히 액스트라를 대역으로 썼다.

"언덕 위에 서서 망을 보고, 바남의 숲은 어딘가 하고 보면, 어떨까요, 숲이 움직이기 시작하지 않을 까요."

"이 거짓말쟁이 종놈아."

"말씀드리지만, 맥레디 씨, 그렇게 말하라고 한 것이기 때문이죠."

상연물 혼란

레스리 하워드 극단은 매일 밤, 상연물을 바꾸고, 때때로 하루에 2가지 다른 것을 공연하는 일도 있다. 이처럼 배우를 당황하게 하는 일도 없다.

어느 날 밤의 일, 하워드가 세리프를 잊어버려 허둥대고 무대 뒤 연출가에게 뛰어갔다.

"빨리 좀 가르쳐 주세요, 저의 세리프가 무엇이죠."

"빨리 말해, 상연물이 무엇이지?"

골동품 취미

골동품 애호가인 아일랜드 사람이, 예전 건축이, 현대 건축보다 우수하다는 논리를 전개하며 말했다.

"예전 건축만큼 오래 유지해 온 건물이, 현대 건축에 있다면, 배웠으면 좋겠네요!"

듣기 능수

"그럼 실례합니다, 그린 씨. 참으로 잘 오셨습니다. 아버지도 말 상대가 있어, 기뻐하고 있습니다."

"고맙습니다, 브라운 씨. 아무래도, 제가 말이 매우 서툴러서."

"그린 씨, 뭐 그렇게 신경 쓰지 마십시오. 아버지가 이상으로 생각하는 말 상대는, 말 상대를 하지 않는 바보 같은 사람입니다. 오늘 밤은 아버지도 무척 즐기신 것으로 생각됩니다."

지방 철도 노선

지방 철도로, 각 역 정차의 모진 지루함을 겪고, 기차가 마침내 런던에 도착한 것은 예정보다 30분이나 지연된 후다.

몸이 매우 큰 남자가 하물 선반에서 무거운 가방을 내려 놓았다.

"그럼"하고, 그는 주위를 바라보며 말했다.

"이로써 나의 가장 지루한 여행이 끝났군."

"어디를 가시는데요?"하고, 옆 자리 부인이 물었다.

"시베리아입니다."

거짓말 효용

아일랜드 법정에서 생긴 일.

피고가 자기 지은 죄를 인정하고, 배심원에게 판단을 위임한 바,

배심원은 무죄를 선언했다.

놀란 사람은 재판장.

"어찌 된 일인가요? 본인이 죄를 인정하고 있지 않습니까?"

그러자, 배심장은 깨끗이 대답했다.

"재판장님은 피고를 잘 알지 못하시지만, 우리는 잘 알고 있습니다. 저 남자는 이 일대에서 거짓말쟁이로 소문난 사람입니다. 누구 하나 저 사람 말을 믿는 사람은 하나도 없습니다."

이래서 피고는 무죄로 방면(放免) 되었다.

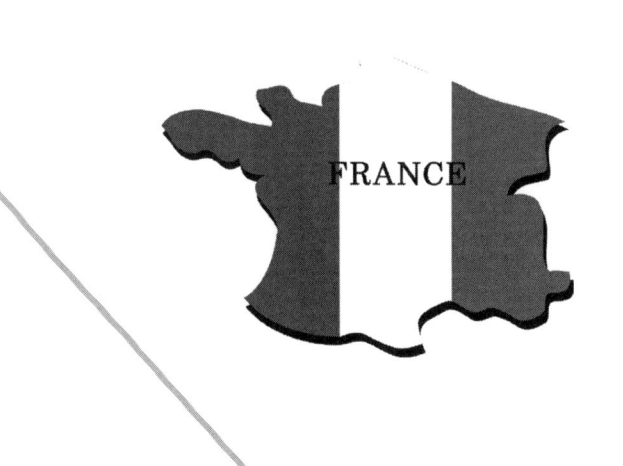

프랑스 조크 모음

펀(Pun)

펀의 사전식 정의는 말 재롱, 신소리, 동음이의어(同音異義語)를 장난 삼아 씀이다. 말 재롱하다, 말 재주 부리다, 말로 익살부리다, 등이다. 다의어(多義語), 유사음어(類似音語) 등을 활용, 웃음을 자아낸다.

이 점은 세계가 공통이다. 신소리는 상대자 말을 받아 엉뚱한 말로 농하는 따위다. 덧붙이면, 희떠운 소리, 흰소리가 있다. 실속 없이 거드럭거리며 허풍떠는, 믿음성 없는 소리다.

드골 장군 1

후루시초프, 단정적으로, "핵 폭탄이 5개 있으면, 프랑스를 파괴해 보이겠다."

드골 장군, 모멸적으로, "그래서?"

후루시초프, 위협적으로, "그래서, 30개가 있으면 미국을 파괴한다."

드골 장군, 태연하게, "그래서 똑같이 30개로, 미국은 소련을 파괴한다."

후루시초프, 그 것 보라고 말할 뿐 아니라, "내가 말하고자 한 것은 바로 그 점이다. 미국 정책은 전쟁으로 이어진다. 전쟁은 서로가 지상에서 꺼져 없어지는 것이다."

드골 장군, 감동 없이, "그렇지, 살아 남는 것은 당신의 중국 친구뿐일 것이다."

드골 장군 2

1941년, 런던에서. 독일군이 노도와 같이 소련에 침입했다.

영국군 참모본부 전략가가 망명중인 드골 장군에게 견해를 구했다. 독일군이 지나치게 강력함에 영국 장교들은 의기가 소침해 있다. 드골 장군은 얼마간 침묵하고 있다.

"드골 장군, 독일 기갑부대의 전술을 어떻게 생각하십니까?"하고, 영국군 장교가 물었다.

"앞으로"하고, 장군이 말했다. "유럽으로 확대되는 공산주의 진출을 저지하는 방법을 강구하지 않으면 안 됩니다."

장군은 이같이 말하고, 어안이 벙벙한 사람들을 남겨두고, 자리에서 일어났다. 그리고 현관을 나서며 그의 부관에게 속삭였다.

"오늘 일을 꼭 기억하고 명심하기 바라네. 나는 실천에서 틀릴 때도 있지만, 예언이 빗나간 때는 없었기 때문에."

드골 장군 3

닉슨, 브래지네프, 모택동, 드골이 함께 하늘 나라에 초대되었다. 신이 말했다.

"여러분, 여러분의 국민을 위해 나는 여러분의 소원을 하나씩 들어주도록 하겠습니다. 무엇이든 소원을 말해 보시오."

"영원한 주님 이시어," 하고, 닉슨이 말했다. "저 추접스러운 커미니스트를 지상에서 지워 없애 주시죠."

"존경하는 분 이시어,"하고, 브래지네프. "저 미국의 제국주의자와 중국의 배반자들을 말살해 주시죠."

"동지의 신이여"하고, 모택동이 말했다. "우리 지구를 모독하는 미국과 소련의 대 부르주아 들을 제거해 주시죠."

"당신은?"하고, 신이 드골을 향해 말했다. "당신은 아무 소원도 가지고 있지 않습니까?"

"없습니다."하고, 드골. "단지 이들 신사들의 소원을 들어주시는 것 외에는,"

드골 장군 4

역사가가 드골 장군에게, 그가 만난 위인에 대해 어떤 인상을 가지고 있는지 물어보았다. 이 역사가에게, 처칠, 루스벨트, 스탈린이란 사람들은 신에 가깝다. 장군은 역사가의 희망을 듣고 천천히 헛기침을 하고 말했다.

"위인들이라 해도, 다른 사람들과 똑 같이 바보 같은 짓을 한다. 하지만 위대한 일은 위대함 없이 되지 않고, 위대해 지려 하지 않으면 위인은 되지 않는다."

드골 장군 5

"드골은 우파라며?"

"드골은 좌도 우도 중용도 아니다. 그는 1단계 위의 존재다."

드골 장군 6

신은 각 국의 원수가 천국에 들어오면 일어서서 맞이하는 것이 보통이다. 하지만 드골이 죽어 천국에 이르렀으나, 신은 손 하나 까딱 안 하고 미동도 하지 않았다. 성 베드로가 신에게 귀엣말로,

"주여! 프랑스 대통령입니다. 교회 장녀(長女) 프랑스 원수가 들어왔습니다. 일어나시지 않으면 안 됩니다."

"어림없지!"하고, 신은 대답했다. "만약 내가 자리에서 일어나면 그는 내 대신 여기 앉고 말지!"

드골 장군 7

후루시초프가 드골과 회담했다. 2사람은 서로 크게 자기를 낮추

면서 자기가 가진 권력을 비교해 나갔다. 핵 전력에도 병력에도 후루시초프가 앞섰다.

"나는," 하고, 상대에게 일격을 가하는 자의 여유를 가지고, 후루시초프가 말했다.

"외교 면에는 좀더 강력하지요. 가령, 나의 외무장관, 그를 그로미코라 합니다. 내가 휘파람을 불면, 그는 곧 달려옵니다. 바지를 벗으라 하면, 바지를 벗습니다. 어름 덩이 위에 앉으라 명령하면, 그는 앉습니다. 거기서 참고 견디라 하면, 그는 어름이 모두 녹아 없어질 때까지, 그 자리에 앉아 있습니다."

"그렇군요." 하고, 드골 장군은 조금도 흔들림 없이 대답했다. "유감이지만, 이 부문은 내가 더 강력하지 않나 생각합니다만. 나의 구브 드 뮤르빌 외무부 장관을 보시요. 내가 휘파람을 불면, 그는 달려옵니다. 내가 그에게 반 바지를 벗으라 하면, 그는 벗지 않습니다. 그 것은 벌써 벗고 있기 때문이죠. 어름 덩어리 위에 앉으라 하면, 그 위에 앉습니다. 거기 계속 앉으라 하면, 내가 바라는 만큼 앉아 있습니다. 그 것은 그의 체온으로 어름을 결코 녹일 수 없기 때문이죠."

드골 장군 8

루이 족스 내무 장관은 아침이면, 늦게 일어나는 잠 버릇으로, 평판이 나 있다. 어느 날, 그는 내각회의에 지각했다. 장군은 그가, 남 모르게 제 자리에 살짝 들어가는 것을, 잠자코 보았다.

2주일 후, 두 번째 지각. 족스는 변명을 늘어놓기 시작했다.

"족스 그만 해요."하고, 장군이 말했다. "당신이 내각회의에, 시간을 대든가 못 대든가는, 전혀 어떠해도 좋은 것이요!"

루이 족스는 그 후, 두 번 다시 지각하지 않았다.

드골 장군 9

엘리제 궁 출구에서, 젊은 여성이 대통령에게 접근, 얼굴이 빨갛게 달아오른 가운데, 사인을 5개만 해 달라고 조른다.

"왜 5개지?"하고, 대통령이 물었다.

"친구들이 드골 사인 5개 하고, 조니 아리디(당시, 인기 가수) 사인 1하고 바꿔준다고 했기 때문이죠."하고, 젊은 여성이 대답했다.

드골 장군 10

드골 대통령이 엘리제 궁 뜰에서 예능인을 모아 파티를 열었다. 외국 유명 배우도 몇 사람 있다. 1사람이 자기 이름을 댔다.

"존 웨인입니다. 파라마운트의," 그러자 드골 대통령은 눈썹 하나 움직이지 않고 말했다.

"샤르르 드골입니다. ORTF(국영 프랑스 방송협회)의"

드골 장군 11

"드골 장군이 은퇴하고, 부인과 고롱배 레 드 제그리스 사저에서, 조용한 밤을 보내고 있다. 장군은 자기 회상록을 재독하고, 부인은 뜨개질을 하고 있다.

라디오 방송 시간이 끝나고, 국가(國歌) '라 마르세이에스'가 흘러나왔다. 그러자 이본느 부인이 뜨개질하던 손을 잠깐 쉬고, 부군에게 미소를 보냈다.

"오오, 샤르르! 우리의 샹송이여!"

드골 장군 12

마르로 전 문화장관이 드골 내외를 루브르 미술관에 초대했다.

다 빈치, 와드, 후라그나르 등. 잠깐 둘러보고 난 뒤에, 드골 부인이,

"샤르르, 이런 그림이 집에 있다면 얼마나 즐거울까요."

그러자, 장군은 부인을 엄중히 바라보고,

"이본느, 나에게 그림 그릴 틈이 있을 것이라 생각해요?"

드골 장군 13

외교가에서 큰 관심을 끌던, 튜니시아의 부르기바 대통령과의 대화.

부르기바 "젊었을 때, 아마추어 연극을 한 적이 있는데요."

드골장군 "그야, 추측 건대 대성공이었을 것이죠."

드골 장군 14

"프랑스 사람은 먹을 거리, 생활 수준을 향상시키는 일 밖에 생각하지 않는다. 비프 스테이크와 튀김 감자와 신선한 야채가 어우러지는 식사, 만족. 예전 르노의 대중 차 4마력 짜리, 카뜨르 슈보 역시 편리해 좋다. 하지만, 이 모든 것은 국민적 야심을 결집하지 못한다." (1958. 5월 드골 발언)

드골 장군 15

"어릴 적 병정 놀음은 무척 좋았지. 형제들이 모여 장난감 병정을 서로 다투어 빼앗곤 했지. 사비엘은 이딸리아, 피엘은 독일이었지. 나는? 나는 항상 프랑스였지."
 *이런 강렬한 애국심은 때로 좋지 않은 것이다.(지르 문화 장관)

책임

닉슨과 브래즈네프와 뽕삐두가 모여 세계문제를 논의했다. 한데, 갑자기 닉슨이 2사람 쪽으로 몸을 구부리고 속삭였다.

"당신들은 어떤 지 모르지만 나에게 가장 중대한 문제는 안 사람과의 관계입니다."

"아니, 알고 있죠."하고, 브래즈네프가 말했다. "나 역시 마찬가지죠. 어떻든 번거로운 일이죠!"

그러자 뽕삐두가 의자에 고쳐 앉으면서 조금 점잔을 빼고 말했다.

"아니, 나는 아내와 다툰 적이 한 번도 없습니다. 중요한 일은 모두 아내가 정하죠. 식단을 짜는 것부터 가구를 선택하는 것, 바캉스를 어디로 갈까 하는 문제도, 또 자동차를 무엇으로 살까, 책도, 영화도, 모두 아내가 정합니다. 나는 말이죠, 잔잔한 일을 정하면 되죠."

"잔잔한 일? 그 것은 무엇인가요?"하고, 닉슨과 브래즈네프가 이구동성으로 물었다.

"그렇죠, 결국, 쇠고기 값이나, 르노 자동차의 직원 임금이든가, 무기 수출이든가, 프랑 화 절하든가 등등"

종합 기술학교 졸업생 1

토토가 종합 기술 학교 출신 아버지에게 물어보았다.

"아빠, 커피를 달게 하는 것은 설탕입니까? 아니면 스푼 입니까?"

아빠는 1분쯤 생각하고 대답했다.

"그 것은 스푼이지."

"그럼 설탕은 어떤 구실을 하죠?"

"충분히 휘저었는가를 알기 위해서지."

종합 기술학교 졸업생 2

어느 부인이 잘 아는 장관에게 가서, 자기 아들을 종합 기술학교에 넣을 수 있는가 여부를 물어보았다.

"종합 기술학교 졸업생(수재의 대명사)말이죠. 매우 좋죠. 그들은 무엇이든 아는 사람들이죠. 하지만 그 밖의 것은 아무 것도 모르죠."

정치 1

국민 투표에 회부된 법안이 국론을 찬성과 반대 양쪽으로 갈라 놓았다. 이 같은 관측은 잘못이다. 사실은 법안에 찬성하는 자, 법안에 반대하는 자, 그리고 법안을 읽어본 자로 나뉜다.

정치 2

4사람 남자가, 그들 가운데, 가장 오래 된 직업에 종사하는 사람은 누구인가 하고 토의했다

"내 직업이야 말로 가장 오래지."하고, 의사가 말했다.

"신이 이브를 만들기 위해 아담의 늑골을 뺄 때부터 존재했기 때문에 말이지."

"아니야, 아니야"하고, 건축가. "세계를 만들고 조직화한 것은 건축가의 일이 아닌가."

"당신의 생각은 틀려요."하고, 철학자가 반대했다. "세계를 만들기 앞서 혼돈에 대한 관념을 가지지 않으면 안 되기 때문에."

"과연 그렇지!"하고, 정치가가 밀했다. "그럼 혼돈을 민든 것은 누구라고 말하는가?"

기술 관료

테크노크라트(기술 관료)란 무엇인가? 세부적인 사실에 대해 깊은 지식을 가진 사람이다.

완전한 테크노크라트란 가치 없는 것에 대해 모든 것을 알고 있는 사람이다.

해군 1

큰 바다 한가운데서 연습생이 육분의(六分儀)를 사용, 선박의 위치를 측정하고, 그 결과를 제독에게 보고 했다. 제독은 부동 자세를 취하고 모자를 벗자, 기도를 시작했다.

"제독님."하고, 연습생. "해군은 위치를 측정한 후에 기도를 하는 것으로 되어있습니까?"

"아니지, 자네 측정에 의하면, 우리는 사르트르 대회당 한 가운데 있기 때문이지."

해군 2

수병 지원의 젊은이가 검사를 받으러 왔다. 군의(軍醫)가 물었다.

"수영할 줄 아는가?" 젊은이가 대답했다.

"해군에는 군함이 없습니까?"

화형(火刑)

"드골은 잔다르크 같은 사람입니다. 그는 프랑스를 구해 냈습니다."하고, 교사가 말했다.

"선생님!"하고, 토토가 교실 뒤 쪽에서 손을 들었다. "그러면 언제 화형(火刑)을 하게 됩니까?"

정신 병동

정신 병동에, 자기가 드골 장군으로 알고 있는 2사람 환자가 있다. 원장은 2사람을 같은 격리 병실에 넣고, 24시간을 보내게 해보자고 생각했다.

실험 기간이 끝났을 때, 1사람은 장군의 유니폼과 군복 입은 모습으로, 변함없이 가슴을 쫙 편 채 방에서 나왔다. 그러나, 또 한 사람은 많이 생각한 모습으로 원장에게 접근, 말했다.

"저는 큰 잘못을 저질렀습니다. 저는 드골 장군이 아닙니다."

원장은 크게 기뻐하며 소리쳤다.

"그 것은 참 멋지다!"

"그렇다. 나는 눈을 떴다. 나는 프랑스인 것이다."하고, 환자는 말했다.

루이 14세

태양왕, 절대 군주제의 정점인 루이 14세는, 이따금 시를 짓고, 또 운문을 제 것으로 했다. 좋은 작품도 있지만, 전연 수준 미달의 것도 있다.

어느 날, 작품을 시인 보와로에게 보이고 물었다.

"어떻게 생각하오?"

"폐하."하고, 보와로는 황공하게 말했다.

"폐하에게 불가능한 일은 없습니다. 폐하가 서투른 시를 지으려

하시면, 그런 시를 지으실 수 있습니다.

나폴레옹

나폴레옹은 1815년, 유형지(流刑地) 엘바 섬을 탈출하고, 마르세이유 부근에서 프랑스 본토에 상륙하고, 곧 빠리로 향해, 또 다시 천하를 거머쥐었다. 그 기간, 나폴레옹 동정을 전한 관제 신문 '르 모니또우르'의 표제어.

1 식인종, 소굴에서 탈출.

2 코르시카의 귀신, 주앙 만에 상륙.

3 호랑이, 자쁘에 도착.

4 괴물, 그루노불에서 일박.

5 폭군, 리용을 통과.

6 찬탈자, 수도 60리까지 당도하다.

7 황제, 퐁테 누부로에.

8 황제 폐하, 어제 추이루리 궁에 환어(還御). 국민의 환호가 소생하다.

다레랑 1

나폴레옹의 경찰 대신 조셉 후슈가, 다레랑이 부대신에 임명되었다는 소식을 듣고 말했다.

그에게 없던 것은 이 악덕 '비스, 부(副)' 뿐이었기 때문에."

다레랑 2

어느 날, 나폴레옹이 다레랑에게 말했다.

"뮤슈 드 다레랑, 귀하는 러시아 황제로부터 돈을 받았다 하는데, 무엇을 그에게 팔았는가?"

"아닙니다, 폐하."하고, 다레랑은 대답했다. "저는 다만 그로부터 신뢰를 산 것뿐입니다."

다레랑 3

다레랑 외상이 있는 곳에 비서관이 들어와 보고했다.

"장관님, 네덜란드로부터 40쪽이나 되는 각서가 도착했습니다.

"그런 것은 읽고 싶지 않아."

"왜 그렇습니까, 각하?"

"도리를 아는 사람은 40쪽씩 쓰질 않지"

다레랑 4

정치가 다레랑의 명언.

"말이란 것은 생각을 감추기 위해 사람들에게 주어진 것이다."

또 하나.

"사람들이 나와 같은 의견이 아님은 허용하지만, 그러나 그들이 자기 의견을 가지는 것은 결코 허용되지 않는다."

다레랑 5

"정치가로 성공하기 위해"하고, 이 '절름발이 악마'로 별명이 붙은 외교인, 다레랑은 말했다.

"에스프리(기지)가 필요한 것은 아니다. 데리카데스(섬세함)가 결여된 것은 좋다."

그레망소 1

그레망소(1차 대전 때 수상)가 말했다.

"전쟁은 군인이 맡기에 너무나 중대한 사항이다."

또 하나.

"사람은 선거 전, 전쟁 중, 사냥 후만큼 거짓을 말하는 경우는 없다."

또 하나.

"프랑스는 비옥한 나라다. 여기에 관리를 심으면, 세금이 생겨난다."

그레망소 2

그레망소는 명확하게 단언했다.

"배신자는 그의 당을 나와, 다른 당으로 소속을 바꾸는 정치가를 말한다. 반대로, 개종자는 그의 당을 나와, 우리 당으로 소속을 바꾸는 정치가를 말한다."

기사(騎士)

　마리냥에, 대전투를 앞두고, '태풍 전의 고요'가 전쟁터를 지배하고 있다. 돌연히 굉장한 소리가 났다.

"슛…."하지만, 소리는 그칠 줄 모른다.

"슛…."

프랑소아 1세는 부하에게 물었다.

"무슨 일이냐?"

"폐하. 말 탄 기사가 딸꾹질 하는 소리입니다."

"멈추게 하라!"

"안 됩니다, 폐하."

"안될 일이 없다. 말에서 떨어뜨리면 좋다."

"그 것이 안 됩니다. 기사는 두려움을 모르는 바이야르 입니다."

France

위트(Wit)

말이나 글을 즐겁고 재치 있고, 능란하게 구사하는 능력이다. 기지(機智)라고 한다. 용례는, "그 정치가는 기자들의 집요한 질문 공세를 위트 있게 받아넘겼다." 프랑스말 에스프리(esprit)가 기지다. 예술의 발랄한 지성이나 번뜩이는 재치다. 프랑스 조크의 특색이기도 하다.

암과 수

조르주 크리뜨리누 말하기를.

"인간의 남성은 여성을 때리는 유일한 동물이다. 따라서 인간의 남성은 수놈 가운데 가장 야만적이라 결론 지어야 한다. 단지, 인간의 여성이 암놈 가운데 가장 참지 못하는 존재가 아니라면."

필연성(必然性)

리뉴 공작은 남과 견줄 수 없는 군인이지만, 기지가 있는 사람이다. 다음과 같은 경구를 남기고 있다.

"연애는 처음이 가장 멋지다. 따라서 사람은 이처럼 그 것을 반복한다."

*끝이 좋으면 모두가 좋다. 이 말은 전쟁이 끝난 뒤 베트남 수상이 한 명언이다.

험담

위대한 듀마 말하기를.

"여성들의 험담을 말할 권리는 있다. 그러나, 1사람 여성의 험담을 말할 권리는 없다."

결혼 1

철학자 앙리 작슨 말하기를.

"어째서 신혼은 하루 밖에 이어지지 않고, 결혼은 전 생애를 이어가는가."

결혼 2

막 결혼한 남자가 친구들을 만났다. 친구들은 흥미 진진.

"어땠나, 첫 날밤은?"

"더 말하지 말아줘. 호되게 돈을 썼지."

"상태가 나빴는가?"

"아냐, 아주 멋진 일이지, 하지만, 습관이란 것이 겁나는 일이야. 너무 좋아서, 이튿날 아침, 2백프랑을 베개 밑에 넣어 줬지!"

"그 것은 좀 심했다! 그래서 신부가 아주 성을 냈는가?"

"그렇지 않아. 그녀도 반쯤 잠에 취해 50프랑 거스름 돈을 주더군!"

결혼 3

처음 결혼식에 참석한 어린이가 엄마에게 물었다.

"저 하얀 색 옷의 여자는 누구 죠?"

"그 사람이 신부 지."

"왜 온통 흰 색이야?"

"신부는 행복하니까. 하얀 색은, 축하의 색, 기쁨과 행복의 색이지."

"그럼" 하고, 어린이는 순진하게 물었다.

"왜 신랑은 온통 검은 색이야?"

결혼 4

교회 앞길에 결혼식 행렬이 지나가는 것을 보고, 애송이가 말했다.

"저 신부 바보 아니야! 나이 먹은 남자와 같이 교회에 들어가는가 했더니 젊은 사람과 같이 나오네!"

즐거움

나이가 든 농촌 부인이 교회를 찾아와 고백했다.

"신부님, 저는 남편에게 배신당했어요."

"그래요. 그럼, 그 것이 언제 일인데요?" 하고, 신부님이 물었다.

"에에, 지금부터 32년 전이죠."

"32년 전? 그러면 그렇게 심각한 문제는 아니네요. 부인."

"그럴지도 모르죠. 하지만, 그 것을 이따금 누구에게 말하는 것이 즐거움이죠."

질투

사립 탐정 사무실에 1사람 부인이 들어왔다.

"남편이 바람을 피우는 것 같아 누군가 조금 부족한 사람에게 그 이를 붙여줬으면 좋겠는데요?"

"조금 부족한 사람이라구요?"

"그래야, 바람기가 들키지 않을 테니, 그 것이 차라리 좋겠기에 말이죠."

우정

마리우스가 올리브를 만나러 와 말했다.

"내일 결혼 신청을 하러 가려고 생각하는데 아무래도 나는 내성적 기질이라, 자네도 함께 가서 대화 분위기를 거들어 주지 않겠나?"

"맡기로 하지."하고, 올리브.

이튿날 2사람은 마르세이유 대 사업가인 마리우스의 장차 장인 될 사람 집을 찾았다.

"에에, 따님과 결혼하고 싶은데요."하고, 마리우스가 말문을 열었다.

"정말이군. 그럼 재산은 있는가?"하고, 노인은 말했다.

"물론이죠. 바닷가에 작은 헌 집이 있습니다."하고, 올리브가 입을 뗐다.

"겸손한 말도 적당히 해요. 이 사람이 가지고 있는 것은 헌 집이라 하지만 3키로미터 해변 앞에 있는 40개 방이 있는 샤토(대저택) 입니다."

"호호, 그래요. 그렇다면 상당한 것이네. 그런데 직업은?"하고, 사업가.

"사실은 말이죠,"하고, 마리우스가 시선을 내리 깔고 대답했다. "비누 공장에서 비누를 4모로 자르는 작업을 하고 있습니다."

"사실 그대로입니다."하고, 올리브가 떠맡는다.

"이 사람은 요, 자기가 무엇이든 할 수 있는 경영자 입니다. 사실 그의 비누 공장은 프랑스에서 손꼽는 첫째 가는 공장이죠, 그는 공장의 전체 주식을 가지고 있습니다."

"대단한 일이군. 당신과 좋은 파트너가 될 수 있군. 물론 건강은 좋지요?"

"실은 그 것이,"하고, 마리우스가 재채기를 하며 말했다. "엊그제 감기가 들어서,"

"감기라니?"하고 올리브가 큰 소리로 말했다.

"그가 말하는 것을 믿으면 안 됩니다. 그는 결코 말하지 않지만, 아주 심한 폐결핵으로, 담당 의사는 앞으로 1달도 더 안 갈 것이라 말했죠."

부호

"좀 가르쳐주지 않겠나?"하고, 억만 장자가 친구들에게 말했다.
"사실은 17살 무용수를 연애한 것이지. 하지만 나는 65세요, 어떻게 45세 정도로 생각하게 할 수 없을까?"
"아니지. 오히려 '나는 95세지'하고, 말해 주는 것이 더 낫지."

탤런트

프로듀서와 스타 초년생이 헐리우드 교회에서 나왔다. 결혼을 한 것이다. 동료와 친구들이 주위를 둘러싼 가운데, 모두가 축하 인사를 보냈다. 한 사람이 물어보았다.
"신혼 여행은 어디로 가지요?"
신부가 대답했다.

"가지 않아요. 이혼을 위해, 돈, 따로 떼어 놓았어요."

양자 택일

아침 5시. 알코올에 흠뻑 젖은 남자가 자기 아파트를 향해, 비틀거리며 위로 올라갔다.

위 무도장에 그의 아내가 과자를 만드는 몽둥이를 손에 들고 기다리고 있다.

"시치미를 떼는 이 남자야! 자아, 납득이 가는 설명을 해봐요. 참된 사실을 뭐든 말해봐요!"

"이 봐 이 봐, (딸꾹질) 어떤 쪽이든 한쪽만 말하게 해요. 납득 가는 설명인가, 참 사실인가."

유서

어린 시절 어머니로부터 엄격하게 길들여진 남자. 학교에 들어가서부터 까다로운 선생에게 무엇이선 닝령을 받았나.

마침내 그는 부모 의지에 따라 결혼했지만, 이 때도 역시 또 남자

못하지 않은 여자가 남편을 완전히 꽁무니 취급을 했다.

어느 날, 그는 돌연사 했다. 사람들이 그의 유서를 펴 보았다. 유서는 대개 '나의 최후의 의지로' 시작되는 것인데 '이하는 나의 최초의 의지다'고 쓰기 시작했다.

남자 같은 여자 1

여론 조사 기구의 조사원이 파리 교외 작은 집 문을 두드렸다. 가난한 인상의 남자가 문을 열었다. 그는 아직 접시 닦기의 스폰지를 손에 쥐고 있는 채다.

"안녕하세요, 아저씨."하고, 조사원은 붙임성 있게 말했다. "여론 조사반원인데요, 이 번 선거에서 댁의 부인은 누구에게 투표하게 될까요?"

"그 것은 나의 후보자에게 하게 되지요."

"아아? 좋습니다. 그런데, 아저씨는 어떤 후보로 결정하셨나요?"

"에에, 아니 모르지요. 그 사람은 아직 결정하지 않고 있으니까요."

남자 같은 여자 2

크게 보이는 아내가 몸이 작은 남편을 호통치고 있다.

"당신은 지독한 개인주의자요! 당신은 언제라도 나, 나, 나인 거요. 나의 일, 나의 시중이요. 마치 이 세상에 내가 없는 것 같아요. 잘 머리 속에 넣어 둬요. 여기는 당신 것이 아무 것도 없어요! 그런데 무엇을 어정버정 찾고 있나요?"

그러자, 불쌍한 목소리가 투덜댄다.

"저, 우리의 바지 말이요."

입 수염

"그런데, 당신은 어째서 나의 집 사람과 닮았나요!"

"농담, 하지 말아요."

"정말이요. 물론, 입 수염 있는 것이 다르지만."

"나에게 입 수염 같은 것 없어요!"

"아니, 내 아내에게 있다니까."

자동차 사고

심한 자동차 사고로 인사 불성이 된 남자가, 마침내 정신이 들어, 중얼댄다.

"내가 하늘 나라에 온 것인가?"

베개 옆에 있던 아내가 말했다.

"틀려요. 내가 여기 있는 걸요."

이유를 대라

밤 늦도록 남자 2사람, 빨간 포도주, 찰랑찰랑 따른 글라스를 비우며 속내를 털어놓고 얘기하고 있다.

"자네 늦게 들어가면 부인이 뭐라고 말해?"

"나는 아내가 없어."

"그래? 자, 그럼 왜 늦게 집으로 돌아가지?"

카페 오 레

해가 떠 올랐다. 젊은 한 쌍의 첫 밤도 밝았다. 새 신부가 일어나 주방에 가서, 커피를 준비한다. 새 신랑은 침대 속. 그녀는 미소를 짓고 커피 잔을 얹은 은 쟁반을 그의 무릎 위에 놓는다.

그는 커피에 설탕을 넣고, 작은 스푼으로 저은 뒤, 느긋하게 마신다. 갑자기 그는 머리를 흔들고 이를 악물며 말했다.

"제기랄! 저 사람은 커피도 제대로 못 타네!"

* 카페 오 레는 흰 우유와 검은 커피를 잘 혼합한 아침 식탁에 오르는 음료.

성 행위의 위치

미국사람과 프랑스사람이 진지하게 의론하고 있다. 미국사람이 말했다.

"섹스할 때는 33가지 방식이 있지요!"

"아뇨, 꼭 32가지 방식이요." 하고, 프랑스사람이 단언했다.

"그래, 아니 간단한 일이요." 하고, 미국사람.

"함께 세어보면 좋지 않을까? 먼저 제1 위치. 이른바 정상 위치에서 했고, 좋지?"

"아아 싫어, 그 것을 나는 모르는 것이지!"하고, 프랑스사람이 말했다.

수줍음

매우 수줍음을 타는 아가씨가 씨앗 가게를 찾았다.

"저어, 집의 발코니에 꽃을 심으려 하는데요."그리고 얼굴을 붉히며,

"그리고 좀 미묘한 질문인데요, 꽃을 피우려면 씨앗 2개를 심어야 하나요?"

3쌍둥이

그녀는 3쌍둥이를 낳았다. 기쁨과 자랑으로 얼굴이 빨개지면서 그녀는 병원을 찾아온 어머니에게 말했다.

"엄마 알아요? 의사 선생이 말하는데 이런 경우는 10만 번에 1번정도 밖에 일어나지 않는다고 했어요!" 엄마는 조금 고개를 갸우

뚱하다가,

"이런, 너, 그래도 장보고 요리할 겨를이 있었구나!"

효용성

프랑스 TV에서 대가족 아버지에게 상을 주었다. 아나운서가 마이크를 잡고 그에게 가까이 가 물어보았다.

"자녀는 몇을 두셨습니까?"

"7아이입니다."

"나이는 어떻게 되지요?"

"11, 10, 9, 8, 7, 6, 5살이죠."

"이제 더 낳으실 예정은 없나요?"

"이제, TV를 사 놓았기 때문에 더 낳을 생각은 없죠."

능력 문제

한 근로자가 직업 안정소 창구에 와서 말했다.

"일을 하고싶은데요. 저에게 아내와 14아이들이 있어서."

"아하! 그래요? 하고, 담당 직원이 말했다. "그럼, 댁은 따로 무엇을 할 수 있습니까?"

*프랑스 국민의 90퍼센트는 가톨릭 신자.

판탈롱(여성용 바지)

유태계 록 가수가 대 인기다. 그가 무대에 올라서면 젊은이들은 열광한다. 무대에서 내려오면 남자 든 여자 든 그와 만나려고 마주 붙잡고 싸움을 시작한다. 그야말로 집단 히스테리라 하겠다.

그러나 그는 완전주의자다. 이 것으로 아직 충분치 않다고 해 단골 재봉사를 부른다.

"무대 용 판탈롱을 만들어 주지 않겠나요? 피부색으로 꼭 맞는, 모두가 나의 섹스를 알 수 있는 것으로. 알겠지요?"

"알고 말고요."하고, 재봉사. "걱정 마세요. 당신의 섹스뿐 아니라, 종교도 알 수 있는 것으로 만들겠습니다."

*유태인은 할례(割禮)한다는 사실에 대한 풍자.

사무실 여직원

2사람 속기 타자수가 대화를 나누고 있다.
"우리 사장님은 아주 핸섬해요!"
"뿐만 아니라, 옷을 매우 잘 어울리게 입으시거든!"
"그래, 그리고 옷 입기가 매우 빠르시지!"

좋은 소식

"부인, 좋은 소식이네요." 하고, 간호사가 말했다.
"부인이 아니 에요, 아직 처녀 에요." 하고 상대가 말했다.
"아아! 그러세요. 그러면, 나쁜 소식이네요."

그 반대

어느 파티에서 반쯤 취한 두 남자가 낮은 목소리로 끝막음 이야기를 하고 있다.
"봐요, 저기 검숭한 인상의 키 큰 여자 있지요? 그 사람이 내 아내요. 그리고 그 옆에 있는 금발, 그녀는 내 정부요!"

"에에, 그 것은 참 유쾌한 일이네요." 하고, 상대가 말했다.

"내 경우는 꼭 그 반대요."

아담과 이브

에덴 동산에서 이브가 아담과 부부 싸움을 시작했다.

"당신! 오늘 밤 귀가 시간이 늦었어요. 누구와 함께 있었나요?"

"무얼 말하는 것이요!" 하고, 아담이 말했다.

"내가 누구와 바람을 피운다는 말인가? 여기는 말이요, 당신과 나 2사람 밖에 없지 않아!"

이브가 납득하지 못 했다. 밤이 되어 아담이 잠들자, 그녀는 그의 늑골을 손가락으로 세기 시작했다

대단한 일

신인 스타가 친구들과 대화를 나누었다.

"심해요. 매일 밤, 같은 악몽을 꾸어요. 아랑 드롱이 찾아와 벌거

벗고 내 옆으로 자러 오는 것이에요!"

"대단하네! 그 것이 악몽이라고?"

"그래 가지고, 그는 누워 가지고, 전화기를 뒤집어요, 그러면 나는 깨나요."

월요병

사장이 조금 왈가닥 평판이 나 있는 비서에게 물었다.

"자네는 일요일 밤 시간이 나는가?"

"무어라구요? 사장님!"

하고, 젊은 여성이 눈을 깜박이며 대답한다.

"좋아요. 그러면, 이번 일요일은 일찍 주무세요. 그럼 월요일 회사에 지각하지 않고 나오니까요."

*월요일 생산되는 자동차에는 결함차가 많다고 한다.

암호 풀이

병역으로 독일에 머물던 병사의 아내가 임신을 했다. 그는 아기

낮은 사실을 알게 되면 같은 내무반 전우가 얼마나 그를 놀리고 농담을 걸어올까 염려해, 휴가 받고 귀가했을 때, 아내에게 일러 놓았다.

"아기가 출생해도, 전보를 치지 말아요. 나쁜 전우들이 전보를 옆에서 보고 나를 바보 취급하기 쉬우니, 그래서 가령, 초 뿌린 캐비지가 도착했다고 암호를 써서 전보를 쳐줘요."

3주일 후, 그는 전보를 받았다. 동료 병사들에게 둘러싸여 그가 전보를 펴 보니,

"캐비지 3개가 오다. 그 가운데 2개는 프랑크프루트 소시지 달림."

사진 작가

사진 작가가 젊은 아가씨와 결혼했다. 10개월 후, 그녀는 귀여운 아기, 아니 검은 아기를 낳았다. 사진 작가는 유리 상자를 바라보고 말했다.

"저런! 노출 오버구나!"

아기 1

어떤 부인이 조금 피부가 검은 아기를 낳았다. 그녀가 병원을 찾은 남편에게 말했다.

"보세요. 당신이 항상 전등을 끄고 그러지 않았어요. 그래서,"

아기 2

부인이 빵집에 들어와, 1프랑을 내놓고 점원에게 말했다.

"초콜릿으로 만든 아기, 주세요."

"네, 그런데, 남자인가요, 여자인가요?"

"그렇구나, 남자가 좋아요."

"그러면 1프랑 10산치므 에요."

옆 얼굴

사샤 기도리 말하기를.

"여성에게 옆을 마주 대하는 가장 좋은 방법은, '예쁜 옆 얼굴을 가졌네요.'하고, 말하는 것이다."

현실

"당신"하고, 부인이 말했다.

"당신 말이죠, 지금은 전처럼 나를 사랑하지 않네요. 20년 전에 식탁에서 일어나면, 부드럽게 턱을 어루만져 주었는데 말이죠?"

"그렇지"하고, 남편은 신문에서 눈을 떼지 않고 말했다. "전에 턱이 하나밖에 없었기 때문이지!"

근로자

르노 공장에서 근로자 몇 사람이 도시락을 들며 이야기를 나눈다.

"구텐베루크가 어떤 사람인지 아나?"

"몰라." 하고, 모두.

"에헴, 모두 나처럼 야간 학습에 나오면 알게 되지. 구텐베루크는 인쇄술을 발명한 사람이고. 그럼 빠르만띠에는 알고 있나?"

"몰라." 하고 모두.

"빠르만띠에는 감자 대량 생산에 성공한 사람이지. 자네들 나처럼 야간 학습에 나가지 않으면 평생을 무학으로 지내지."

그러자, 한 용접공이 기분 나빠 하며 말했다.

"응, 알았어. 자네는 구텐베루크나 빠르만띠에가 누구라는 걸 알고 있지. 그러나 자네 도도슈가 누군지 알아?"

"몰라."

"좋아. 도도슈는 자네가 야간 학습에 가 있는 동안 자네 아내와 자는 놈이지."

화가

화가가 아뜨리에서 모델 여성과 이야기를 나누고 있다. 그러자 갑자기 문의 잠금 장치를 푸는 소리가 들린다.

"큰 일이네, 아내야! 빨리 옷을 벗어요!"

중세 1

기사(騎士)가 십자군의 원정에 참가하기 위해 친구 기사를 불러 말했다.

"이 것이 아내 이사벨의 정조대 키다. 만약, 내가 6년이 되어도 돌아오지 않으면 자네가 이 것을 사용하기 바란다."

그리고 기사는 먼지 많은 길로 사라져 갔다. 그러자 갑자기 그는 친구들 기사가 성곽의 도개교(跳開橋)를 건너 황급하게 달려오는 것을 보았다.

"어떻게 된 거야? 내가 무엇 잊은 것이 있었나 보지?"

"아니야. 하지만 달려오기를 잘 했지."하고, 친구들이 말했다. 그리고 키를 건네 주며, "이 키가 맞지 않아."

중세 2

한 사람 기사가 4년만에 십자군 원정에서 돌아왔다. 재회의 기쁨을 함께 나눈 뒤 그와 아내는 같은 침대로 들어갔다. 밤중이 되자 누군가가 문을 두들겼다.

"큰일 났군 남편이네!"하고, 눈 뜬 아내는 펄쩍 뛰고 소리쳤다.

이 소리를 들은 남편은 급히 오래 써온 궤 속으로 몸을 감추었다.

사냥

어떤 남자가 사제에게 가 호소했다.

"사제 님, 저는 3개 월 전에 결혼했는데 벌써 아기가 출생했습니다!"

사제가 대답했다.

"호호, 그래요. 그 것은 기적인데요!"

"기적일까요. 어떻든 저는 5개월 전에 집 사람과 만났습니다만 그 때 벌써 임신했어요. 어떻게 생각하십니까?"

"그 것은 더욱더 신비한데요!"

남자는 조금 애가 타서,

"사제 님! 저를 놀리지 마십시오. 가령 말입니다만, 사제님이 사냥에 나가 종다리를 표적으로 삼습니다. 그러나 사제님이 방아쇠를 당기기 앞서 종다리가 떨어졌다고 하죠. 사제님은 이 것을 신비적이라 하십니까?"

"아아! 아니요, 그 것은 누군가가 당신보다 앞서 쏘았다는 이야기인데요.

어떤 공작

어떤 공작(公爵)이 자기 사는 집을 관광객의 일단에게 개방했다. 그는 집단 가운데서 놀랄 만큼 자기와 닮은 젊은이를 발견했다. 공작은 쉬는 시간에 그 젊은이에게 접근 물어보았다.

"자네는 우리 집에 대해 어떤 들은 일이 있는가?"

"네, 있습니다."하고, 젊은이가 대답했다.

"으응, 알아 차렸지."하고, 공작. "자네 어머니가 여기서 집안일을 하지 않았나?"

"아니요."하고, 젊은이가 말했다. "저의 아버지가 여기서 정원사 일을 했지요."

머리 빠른 여배우

마드레느 브로앙은 매우 아름답고 또 머리회전이 빠른 여배우다.

어느 날 저녁, 거리에서 신사가 말을 걸어왔다. 아무래도 댁으로 보내 드려야 하겠군요. 하고, 말해도 듣지 않는다.

"그러지 마세요. 나, 단정한 여성이에요."

이렇게 말하고 상대 남성을 보니, 매우 매력적인 신사가 아닌가. 그래서 그녀가 덧붙였다.

"나는 당신 생각과 같은 여성이 아니죠. 하지만, 그 것은 매우 유감이네요."

자하철

저녁 7시 러시 아워의 지하 철에서.

예쁜 젊은 여성이, 남자 손이 둔부에 와 닿는 것을 느꼈다.

여성은 돌아서서 큰 소리로 말했다.

"여보세요! 그 손을 다른 데로 놓지 못해요!?"

"그러면," 하고, 작게 말했다.

"그렇게 할 텐데요," 하고, 작은 소리로 말했다. "그러나, 그 용기만은."

꽃집

한 남자가 꽃집에 들어왔다.

'꽃으로 기분을 전합시다.'라는 표어를 보았다.

그는 여점원을 불러 살짝 귀엣말을 했다.

"조화(造花)가 좋은데요. 거짓을 말하면 안 되는데."

엄청난 해프닝

"아니 엄청난 해프닝이지. 내 비서가 내 생일에 그녀 집에 와서 한 잔 하지 않겠느냐 하는 거야."

"좋은 일 아니야. 뭐가 엄청나?"

"자, 다음을 들어봐. 그녀는 드라이 마티니를 만들고, 안주를 내놓고, 무드 음악을 틀어 놓고, '노래 드릴 것이에요. 저는 침실로 가지만 5분 뒤에 들어오세요.' 하는 거야."

"놀랄 일이 아니야! 그 것이 불만이야?"

"자, 끝까지 들어봐. 그녀 베드 룸에 들어가니까, 사무실 동료가 모두 '해피 버스데이'를 노래하기 시작하는 거야!"

"농담을 한 것이군? 좋지 않아, 그 것도."

"농담이라니, 말로 하기는 매우 간단하지. 그래도 말이야 나는 놀라 그대로 뛰어나왔지."

성 생활

고결한 아버지가 아들이 17세가 되자 말했다.

"이제 너도 성장했다. 아들아, 우리는 성 생활에 대해 조금 말하지 않으면 안 된다."

"응, 아빠. 무엇을 알고 싶은 가요?"

그 것 때문에

소년이 경찰서로 달려 들어갔다.

"경관님, 빨리 빨리! 나쁜 사람이 아버지를 때려 눕히려고 합니다!"

경관이 소년과 함께 달려가니 2남자가 정말 서로 싸우고 있다.

"잠깐 기다려라, 아이야. 이제 말려보겠다. 어느 쪽이 아버지야?"하고, 경관이 물었다.

"그 것을 모르네요! 저 분들은 그 것 때문에 싸우고 있어요.

어디서 태어나지

5살 남자 아이가 엄마에게 와서 물어보았다.

"엄마는 어떻게 태어났어요?"

"글쎄다,"하고, 엄마는 대답하기가 곤란했다. "장미 꽃다발에서 태어났지."

아이는 이 설명에 불만스러워, 아빠에게 가서 같은 질문을 했다.

"캐비지에서 태어났지."하고, 아빠가 대답했다.

실망한 아이는 이 번에 누나 브리지드 앞에 앉아 물어보았다.

"브리지드는 장미에서 태어났나, 캐비지에서 태어났나?"

"어느 쪽도 아니야. 나는 말이지, 황새가 날라왔지."하고 누나가 대답했다.

"쳇"하고, 아이가 말했다. "그런데 무슨 가족이야. 정식으로 태어난 것은 1사람도 없지 않아!"

독일 사람

독일 바이에른에서 사업가가 파리에 도착, 즉시 전쟁시절부터 알고 있는 프랑스인 친구들을 만났다.

"자, 사랑스러운 여인과 아는 사이가 되려면 어떻게 하면 좋을까?"하고, 독일 사람이 물었다.

"그야 간단하지, 아메리칸 바에 가면, 여급(女給)이 손님 기다리는 얼굴로 어정버정하고 있으니, 좋은 여성에게 말을 걸면 좋지."

"아하 고마워! 하지만 이로부터 프랑스식 연애를 하려면 어떻게 하면 좋지?"

"설명하지. 그녀를 샹제리제 멋진 호텔로 데려간다. 그리고 룸으로 샴페인이 붙는 식사를 시켜 가지고, 무드 뮤직을 트는 거야. 그녀가 기분을 낼 때쯤, 부드럽게 말하면서, 목 부위에 샴페인을 부어주는 거야. 그럼 그 것으로 대개의 여성은 정신을 못 차리지."

"아니 점점 놀라워지는 군! 좋아!"하고, 독일인이 꿈 꾸듯이 말한다. "하지만 말이지, 맥주로 하면 안 될까?"

아기 출산

2남자가 병원 산부인과 대합실에서 초조해 하고 있다. 1사람이 말했다.

"킨디션이 나쁘죠! 이모씨 바깅스가 끝나거든요!"

"내 형편은 더 나쁘죠. 신혼 여행 절정이거든요."

사랑하는 사람

"셰리. 그대는 예쁜 여자와, 어진 여자, 어느 쪽이 좋아?"

"어느 쪽도 좋아요. 나는 그대 밖에 몰라요!"

*머리는 항상 마음을 속인다. (라 로슈프코)

폴리시미(Polysemy)

다의어(多義語)다. 이는 하나의 말이 몇 개의 뜻을 가지고 있음을 가리킨다. 2가지 뜻으로 해석할 수 있는, 모호한, 명료하지 않은, 확실치 않은 말이라 오해할 수 있어, 조크를 자아낸다. 2가지 뜻으로 해석되어, 뜻이 뚜렷하지 않아, 다의성이 웃음의 원천이 된다. 결국, 실수와 애매성이 속에 깔리기 때문이다.

외교관과 귀부인

　외교관의 yes는 maybe 이요, maybe는 no를 의미할 때가 많다. 그러나, no라 하는 사람은 이미 외교관이 아니다.
　귀부인의 no는 maybe 이요, maybe는 yes를 의미할 때가 많다. 그러나, 곧 yes라 하는 사람은 이미 귀부인이 아니다.

극장

　숨이 넘어갈 듯이 기침이 그치지 않는 사교계 부인이 의사에게 갔다.
　"의사 선생님, 저는 기침이 그치지 않아 어찌 할 바를 몰라요."
　"부인, 부인처럼 기침하는 사람은 병원에 오지 않아요."
　"그럼 어디로 가지요?"
　"극장이죠."
　*다만 큰 소리로 코를 풀어도 비난 받지 않는다.

연극 1

알퐁스 아레가 말했다.

"셰익스피어는 실제 있지 않았다. 그의 연극 모두는 셰익스피어로 이름을 대는 어느 남자가 쓴 것이다."

* 어떻든 프랑스는 연극 왕국을 스스로 인정하고 있다.

연극 2

프랑소아스 사강은 장 아누이에게 전화를 걸어 말했다.

"그렇죠, 이 번 극은 막다른 느낌이에요. 어떤 아이디어가 없을까요?"

"그래요, 먼저, 한 남자가 여자를 좋아한다, 여기서부터."

"아아!"하고, 사강은 아누이를 막아서며 말했다.

"그 것은 매우 좋아요, 아주 고마워요."

* 아누이는 최고의 극작가로, 그 작품은 삶에의 무한한 체관(諦觀)이 고동치고, 사강은 분방한 삶의 향락을 노래한 작품으로 데뷔 함.

음악 1

쁘레이 홀에서 연주가 끝나고, 청중은 오케스트라 지휘자에게 열렬한 박수를 보냈다. 앞에서 7째 줄에 있던 부인이 옆자리 남자에게 속삭였다.

"베토벤의 '제9'를 연주했으면 좀더 좋았을 것을 그랬지요."

"무엇이라구요?" 하고, 상대가 놀라서 말했다. "지금 연주한 것이 '제9'가 아닙니까!?"

"말하자면! 제가 가장 좋아하는 곡을 연주했는데, 누구도 그렇게 말하지 않기에 말이죠."

음악 2

2사람 인부가 8층에서 그랜드 피아노를 내려왔다. 4층 무도장까지 왔을 때, 2사람은 한숨 덜기 위해 피아노를 마루 바닥에 놓았다. 1사람이 이마의 땀을 닦으며 말했다.

"나는, 플루트가 좋다는 말이야."

음악 3

순경이 가출한 아이를 가족의 품에 안겨주었다.

"그런데 어떻게 된 것이야, 요한 세바스찬?" 바흐가 아들에게 물어보았다.

"이런 행동은 무엇이지?"

"할 말은 없지만 나는 둔주곡(푸가)을 만드는 중이었어요."

('둔주곡을 만들다'와 '도주하다'는 프랑스 말에서 같은 의미를 갖는다.)

음악 홀

무명의 가수가 계약이 가능할까 하고 매일같이 오디션에 다녔다.

어느 날 아침, 그는 보비 극장 지배인의 전화를 받았다.

"어제 오디션의 결과인데요. 미국 태생 신인 가수로서 1달간 계약하고 싶어요. 내일 밤부터 시작인데, 승낙하지요?"

"내일 밤 입니까?"하고, 가수는 말을 우물거린다. "내일 밤은 어려운데요. 오디션이 있어서.

*어느 나라처럼 틴에이저가 곧 스타가 됨은 정상이 아닌 것이다.

초상화

부자 집 미망인이 유명한 화가를 집으로 불러, 돌아간 남편의 초상화를 그려 달라고 부탁한다.

"알았습니다. 돌아가신 분의 사진을 가지고 있습니까?"

"아니요. 사진이 없기 때문에, 부탁드리는 것이에요."

"하지만 부인. 사진이 없다면 어떻게 초상화를 그릴 수 있습니까"

"어떻게 그리시게 되는지 저는 모르지만, 그 것은 선생의 전문이시므로. 제가 드릴 수 있는 말씀은 그는 갈색 눈, 검은 머리, 작은 입수염으로, 언제나 싱글벙글 했다는 것만 말할 수 있죠."

화가는 더 이상, 사람 좋은 이 여성과 의논해도 시작이 안 된다고 생각, 어떻든, 이런 좋은 일을 거절할 일도 아니라 생각했다.

1달쯤 뒤, 화가는 완성된 초상화를 가지고 미망인의 집을 방문 포장을 풀고, 그림을 벽난로 위에 걸었다. 부인은 조금 뒤, 내려놓고 그림을 바라보다가 외쳤다.

"자아! 왜, 그가 변해버렸단 말 입니까!"

회화

크게 뽐내는 부자 집 부인이 피카소에게 털어놓았다.
"저, 말씀드릴까요, 저는, 당신 그림을 몇 작품 구입했는데요, 조금도 모르겠군요."
"하아? 그러면 당신은 중국어를 아십니까?"하고 피카소가 물었다.
"아니요."하고, 부인이 이상하다는 듯이 말했다.
"그러세요. 그러나 중국어를 말하는 사람이 세계에 8억이나 됩니다."

위작(僞作)

피카소가 놀라운 그림을 완성했다. 그러자 친구들이 말했다.
"내단하군! 내가 구입하고 싶네요."
"권하지 않아요, 이 것은 가짜요."하고, 피카소가 말했다.

"뭐라고! 내가 보는 앞에서 막 완성한 작품이 아니요?"
"그러긴 하지만, 나도 가짜 파카소를 만들 권리가 있지요."

상류 태 부림

마리 샹다르와 그라디스가, 루브르 미술관에 갔다. 두 사람은 램브란트의 '성자 탄생' 앞에 선다. 마리 샹다르가 물었다.
"이 봐요, 이 사람들 어째서 이렇게 가난한가요? 어째서 당나귀와 소와 함께 있어요?"
"그래도 알고 있어요? 조세프 일가는 헤로데 왕을 피해 도망가는 중이라 돈도 없던 것이에요." 하고, 그라디스.
"그래도 생각할 수 없어요. 돈도 없는 형편에, 램브란트에게 그림을 그려 달라고 하니!"

고미술상

파리 고미술상이 새로 발굴한 것이 없을까 하고, 시골 부락 순회를 하고 있다. 그는 지방의 고물상만 아니라, 달걀을 산다는 구실로 농가에도 들러 곁눈질로 헌 가구, 세간 등을 찾고 다녔다.

어느 날, 어느 시골 집에서, 그는 대단한 것을 찾았다. 중세의 찻잔이다. 보기 드문 것으로, 그는 뜻밖이라 숨을 죽였지만, 어찌 된 셈인지 고양이 밥그릇으로 쓰는 것 같다. 그는 침착한 태도로 아무 일 없다는 듯이 주인에게 말했다.

"귀여운 고양이네요. 자식에게 선물을 하고 싶은데요, 팔지 않아요?"

"좋지요." 하고, 시골 사람이 말했다.

남자는 돈을 지불, 고양이를 떠 맡고, 말을 꺼냈다.

"그런데, 저 헌 밥 그릇도 같이 가져가면 안 될까요? 고양이도 익숙한 것이 좋을 것 같아서."

"아니죠. 그 것은 안 돼요. 그 밥그릇 때문에 나는 전부터 벌써 12마리나 고양이를 팔았거든요."

리바로르 1

"우리 기지 있는 인간들은," 하고, 누가 라바로르에게 말했다.

"저런, 주의하세요." 하고, 문법학자가 말했다. "그 복수는 미묘(단수)하죠!"

리바로르 2

"1주일쯤 여행하고 올 거 에요."하고, 리바로르의 한 여자 친구가 말했다.

"꼭(틀림 없이) 편지 드리겠어요."

"염려하지 말고. 평소대로 쓰세요."하고, 리바로르는 말했다.

*이 때의 '꼭'은 문법상 '잘못 없이'의 의미도 있다.

교양, 있고 없고

신인 스타가 친구들을 비판해 말했다.

"대체로 말하면, 당신, 교양이 없어요. 당신이면 나폴레옹의 첫 이름을 모를 걸."

*나폴레옹은 물론 첫 이름이다. 성은 포나파르트.

거물 인사

리슈앙 기드리가 무대 뒤에서 분장하는 중에, 몇 주 전부터 끈질

긴 남자가,

"한 번 식사를 대접하고 싶어요."하고, 온 적이 있다. 직접 담판에 싫다고 할 수 없고,

"그럼, 다음 수요일은 어떤가요? 좋으세요? 그럼 알겠습니다. 또 만나죠."

리슈앙 기드리는 화장을 이어가며 시중드는 사람에게 말을 이어갔다.

"물론, 네가 저 바보에게 '수요일 밤에 사정이 있어서'하고, 편지를 보내줘."하고 보니 갑자기 그가 아직 방에 있음을 알았다.

리슈앙 기드리는 그 순간 조금도 당황하지 않고 말을 이어갔다.

"그렇게 하는 까닭은 수요일 밤에 이 쪽의 신사와 식사 약속이 있기 때문에 하고."

신사 교양

삿샤 기드리의 공연 성공을 축하하는 연회가, 시에 막시무스에서 열렸다.

예의 바른 명배우는 회식자를 기다리게 하면 안 된다고 생각, 무대 의상을 입은 채, 결국 하인 복장 그대로 이 레스토랑으로 달려

왔다.

입구에서 시에 막시무스 손님인, 매우 격이 떨어지는 남자가 말을 걸어왔다.

"이봐, 여기 화장실이 어디야! 안내도 당신 일이지?"

"물론이죠. 이 층계를 내려가면 문이 있어요. '신사용'이라 써 있죠. 그리 들어가시면 되죠."

영화관

통계학자가 집에 와서 아내에게 말했다.

"야아, 오늘은 매우 바빴지. 하지만 나는 내가 바라던 숫자를 알게 되었어요. 프랑스사람 428명 중 1인은 190센티 미터 이상의 신장이란 말이요."

"그래요? 그리고 그 사람은 언제나 영화관에서 내 앞에 앉아요." 하고, 아내가 말했다.

배우 1

대 배우가 명 여배우를 만났다. 그는 그녀에게 자기 일을 말했다. 그녀 역시 그에게 자기 일을 말했다. 2사람 모두 이야기 속 자기에게 반했다. 그리고 2사람은 대 연애 결혼을 했다.

*연애는 모두 사랑하는 사람 속에 있다. (알퐁스 갈)

배우 2

"오늘은 매우 늦었네요?"

하고, 무덤 파는 사람 아내가 말했다.

"응, 나 때문이 아니야. 오늘은 대배우를 매장했는데, 많은 사람이 모였지. 연설, 박수, 맞춤 소리가 있었고, 9번이나 유체를 파헤쳤지."

*오페라 가수에 틀림없다.

영화

영화관에서, 개가 단정하게 의자에 앉아 슬픈 멜로 드라마를 보고 운다. 휴게 시간이 되어 전기가 켜질 때, 안내 담당 여성이 개와 함께 영화를 본 개 주인에게 접근 말을 걸었다.

"개가 영화를 보고 이렇게 우는 군요, 놀라운 일이네요."

"그래요. 하지만 이 개, 조금도 책을 읽지 않아 곤란해요."하고, 주인이 대답했다.

숙명

배우 일생은 대개 다음과 같이 요약된다.

"마샹? 그가 누구인데?"

"마샹을 불러!"

"마샹 같은 배우가 탐난다."

"좀더 젊은 마샹이 있다면,"

"마샹이라? 그이가 누구인데?"

선물

할머니가 16세 되는 손녀를 기쁘게 해주려고 생각,

"내일 빠리에 다녀온다. 선물로 레코드를 사서 주려고 하는데, 너 또래 아이들은 모두 좋아하니까. 그래도 무엇을 사와야 좋을지 몰라 마음에 들지 않으면 어떻게 하나 하고 걱정이야."

"간단해요, 할머니."하고, 손녀가 말했다.

"레코드 가게에 가서, 최근 발간된 것을 알아보시고, 할머니가 '그만 둬요, 이 것은 너무 해!'하는 것을 사오면 좋아요."

골동품

매우 뽐내는 부인이 골동품 가게에 들어왔다.

"쇼 윈도의 저 푸른 항아리, 저 것은 확실히 17세기의 것이죠?"

"아니요, 부인, 정직하게 말씀드립니다. 1950년 제작입니다."하고, 골동품 가게.

"그럼 유감. 저렇게 아름다운 것인데."

가짜 돈

놀라운 미녀가 화장품 가게에 들어와, 가장 비싼 향수를 사고 500프랑을 내 놓았다.

"어머나! 손님의 돈, 가짜이군요!"하고, 점원이 외친다.

미녀의 얼굴이 비뚤어진다.

"개 자식! 그러면, 그 것은 폭행이요!"

옴 데스뿌리 1

오스카 와일드의 편지.

"유감이지만 후약(선약이 아니다)으로 인해 귀하의 초대에 응할 수 없습니다."

옴 데스뿌리 2

프랑스 근대의 대작곡가, 에릭 사디 말하기를.

"레지옹 드누루(훈장)는 받기를 거부하는 것만으로 충분하지 않다. 수장할 가치가 없음이 중요하다.

*1802년, 나폴레옹에 의해 창설된 이 레지옹 드누르는 5계급이 있다. 이를 빼고 프랑스의 정치도 예술도 말할 수 없다.

옴 데스쁘리 3

프랑스 근대 극작가 드리스당 베르나르가, 자기 아파트 올라가는 층계에서 세로 3미터가 되는 기둥 시계를 등에 진 이사꾼에게 부딛쳐 세게 머리를 맞았다.

"나의 친구여,"하고, 베르나르는 상대 어깨에 손을 얹고 말했다.

"당신도 남들처럼 팔뚝 시계를 차고 다니면 안 될까요?"

눈 도장

보르테르 말하기를.

"남에게 어떤 권위를 지니기 위해, 그들에게 특별히 눈에 띄지 않으면 안 된다.

그러기 때문에 재판관과 승려는 4각의 높은 모자를 쓰는 것이다.

철학자

"데카르트 군."하고, 교실에서 선생이 학급 맨 뒤에 앉은 열등생에게 말했다.

"너는 확실하게 생각해야 해, 하지만 따라올 수 없을 것이야."

웃지 않고 떠나기

유명한 17세기 문인 라 브리에르의 '사람은 가지각색'에서.

"행복하기 앞서 웃어야 할 일이다. 웃지 않고 세상 떠날 일을 두려워하므로."

사캐섬(Sarcasm)

사캐섬은 대체로 야유, 조롱이다. 사캐섬은 의도한 바를 직접 또는 아이러니컬하게 말하는 것이다. 빈정대고 비꼬는 말이다. 빈정대는 것은 비웃는 태도로, 자꾸 은근히 놀려 대는 것이다. 비꼬는 것은 남의 비위를 상할 만큼, 빈정거리는 것이다.

질병

"선생님, 저는 굴을 처음 먹었는데요, 대단히 위가 아파서,"

"하아? 신선하지 않았던 모양이네요. 굴 껍질을 벗길 때 좀 이상한 냄새가 안 나요?"

"이런, 굴은 껍질을 벗기고 먹나요!?"

선불(先拂)

의사 선생이 환자 부인을 만나, 물어보았다.

"저, 부인. 남편 되시는 분은 내가 말한 지시를 잘 지키고 있습니까? 분명히 식사 때마다, 포도주 1잔씩 마시고 있습니까?"

"염려 마세요, 선생님."하고, 부인이 대답했다. "벌써 3개월치를 모두 마시고 만 걸요."

캬비아

남자가 별장 가는 도중, 길에서 예쁜 시골 처녀에게 말을 걸고 집에 데려왔다.

그는 위스키를 따르고, 캬비아 병조림을 열어 버터 바른 빵에 얹어 마른 안주를 만들고 환대했다.

그녀는 캬비아를 조금 집고 말했다.

"댁은 이 것 저 것 다 좋은데요, 이 오디 잼, 조금 비릿하네요."

어부의 딸

젊은 남자가 브루타뉴 출신 어부 딸과 결혼했다. 신부는 매일 같이 생선만 상에 올린다. 낮이고 밤이고 간에.

어느 날 신랑이 스스로 프랑크프루트 소시지를 사 가지고 와서, 아내에게 건네 주고, 식탁에 앉아 기다렸다.

신부가 주방에서 외쳐 댔다.

"여보, 오늘 저녁 너무 먹을 것이 없어요. 당신이 사 온 소시지 뿐인데, 내장을 빼내니까 거지반 없어졌어요."

사과

품격 있는 부인이 과일 가게에 들어왔다.

"그 사과, 프랑스 산이에요? 외국 산이에요?"

"왜요?"하고, 과일 가게 주인이 되물었다.

"부인은 사과를 자시려고 하나요? 아니면, 사과와 화제를 나누려고 말씀하는 것인가요?"

레스토랑 1

어느 레스토랑에서 손님이 식사를 끝낸 뒤에 주인을 불러 말했다.

"축하합니다. 식당 조리장이 매우 청결하군요."

"송구스럽습니다."하고, 주인이 말했다. "그런데, 저의 식당 조리장을 보시지도 않고 어떻게 그 점을 아셨나요?"

"간단하죠."하고, 손님이 말했다. "여기 요리는 모두 비누 냄새가 나서."

레스토랑 2

초라한 남자가 먼지 많은 레스토랑에 들어와 가르송(종업원)에게 말했다.

"여기는 조금 상한 생선이 있을까?"

"네, 손님"하고, 가르송.

"그리고 싱거운 감자는?"

"그 것도 있습니다."

"좋아요. 그 것과 함께 시어진 포도주와 지난 주의 빵도 함께 줘요."

"잘 알겠습니다. 손님."

"그리고 또 좋다면 그 것을 모두 식탁에 차려 놓고, 잠깐 그 쪽에 앉아 주지 않겠나요. 또 무엇이든 좋으니 쨍쨍거리며 트집을 잡아 주어요. 그렇게 되면, 나는 자기 집에서 밥을 먹는 기분이 들어요."

레스토랑 3

한 사람 부인이 파세(귀가 크고 다리가 짧은 개)를 데리고 러시아식 요리점에 들어왔다.

종업원이 급히 나와 마중했다.

"마담 어서 오십시오. 저의 레스토랑은 오래고 좋은 러시아 식당입니다. 저는 일찍 높은 벼슬에 있었고, 주방장은 예전 코사크 기병대 대령입니다. 회계 담당은 황제의 조카딸입니다. 그럼 무엇을 드릴까요?"

"대단한 것은 필요 없고요."하고, 부인. "전에 '상 베르나르'인 저의 파세에게 골수를 먹이고 싶어요."

레스토랑 4

상류 부인이 레스토랑에 들어와 가르송에게 말했다.

"가슴살 가장 좋은 부위를 숯불에 구워, 한 쪽만 소금 후추를 조금 뿌리고, 또, 프로방스의 약초와 약간 마늘 냄새가 나게 해 주세요. 어때요, 알겠나요?"

"잘 알았습니다, 부인."하고, 정중하게 주문을 받아낸 보이는 조리장(調理長)을 향해 소리쳤다.

'스테이크 하나, 하나'

*가르송(보이)은 주문 받은 음식을 사람 수만 반복한다.

레스토랑 5

어느 레스토랑에서 들은 이야기.

"싫다고, 가르송! 이 송아지 혀는 빼 줘요. 나는 입에서 나온 것은 싫다고. 첫째, 더럽지 않아. 오히려 계란을 가져오지 않겠어요."

레스토랑 6

"가르송! 이 식당은 이 것을 닭 수프라고 하나. 대체 손님 혀를 어떻게 생각하는 거요?"

"네, 실은 이 것은 아주 어린 닭의 수프이죠. 계란을 데친 탕입니다."

카페

카페 데라스에서 한 부인이 뜨거운 커피를 앞에 놓고 있다. 그런데 커피 스푼이 없다.

"가르송! 이 커피 말인데, 나는 손가락으로 젓지 못 해요."

가르송은 곧 다른 커피를 가지고 와서 말했다.

"네, 좋습니다, 마담. 여기서는 말이죠, 알맞게 미지근합니다. 손가락을 데지 않습니다."

*프랑스 카페는 보통 에스프레소 기계로, 쓴 맛을 뺀 커피를 마신다.

술 주정꾼 1

술 주정꾼이 멈춰 서서 큰 포스타를 바라본다.

"조심하오! 알코올은 사람을 서서히 죽입니다."

남자는 어깨를 움츠리며 말했다.

"좋아요, 나는 별로 서두르지 않아요."

술 주정꾼 2

술 주정꾼이 드디어 집에 도착, 아직도 술이 부족한지, 주방에서 포도주 병과 컵을 찾아 식탁 위에 차려 놓았다.

하지만 그가 지나치게 취해 있으므로, 컵을 거꾸로 놓았다. 포도주를 따랐으나 모두 아래로 흘러버렸다.

그는 취한 눈을 한 곳에 집중하고 말했다.

"이 것은 놀라운 일인데, 이 컵은 위가 막혀 있군 그래!"

그리고 나서 무의식으로 컵을 이리저리 만지작거리다가 이 번은 지나치게 놀랐다.

"어떻게 된 것이지! 더욱이 이 컵은 밑이 없네!"

*서민의 가정이나 값이 싼 레스토랑에서는 와인 글라스를 쓰지 않고 물 마실 때 쓰는 컵으로 마신다

술 주정꾼 3

알코올 중독자가 의사에게 진찰을 받으러 왔다. 남자 손은 부들부들 떨고 있다. 의사가 물었다.

"술을 많이 드시는 군요?"

"보통 정도는 넘지요. 거의 정도를 넘칠 때가 많죠."

*프랑스 와인 섭취량은 물론, 1인당 세계 제1이지만, 알코올 중독자 수는 러시아, 미국에 미치지 못한다.

술집 1

남자가 술집에 들어와 미네랄 워터를 주문했다.

그는 판매대 위에 놓인 글라스에 따른 물을 다 마시고, 글라스를 으지직 으지직 먹어치우고, 유유히 밖으로 나갔다. 다른 손님이 놀래 질리고, 주인에게 말했다.

"저 사람 미치지 않았나?"

"그렇죠, 미친 사람이죠."하고, 주인이 말했다.

*글라스를 먹는 일은 유럽의 개그다.

술집 2

햇볕에 탄 얼굴, 보기에 모험가 타입의 몸집 큰 남자가 매일 밤, 어느 선술집에 와서,

"코냑 2잔!"

하고 주문, 각각 단숨에 다 마셔버린다.

어느 날 버만은 똑같을 것이라 생각, 코냑을 더블로 내놓았다. 그러자 남자는 항의의 말을 했다.

"아니야, 더블이 아니야. 2잔이야."

"모두 같은 말 아닙니까?"하고, 버만.

"아니 전혀 다르지. 죽음과 삶을 같이 하기로 한 친구가 있지. 우리는 인도 차이나, 콩고, 아마존강에서 모두 함께 일했지. 유감인 것이 지금 떨어져 있지만, 서로 잊지 않으려고, 마실 때는 꼭 상대 술잔도 주문하기로 약속했지!"

"그 것은 참으로 아름다운 우정이네요,"하고, 버만이 감격했다.

그리고 1달이 다 된 어느 날, 일상적으로 그 남자가 와서,

"코냑 1잔!"하고, 주문했다.

"어어? 손님 친구분이 돌아가셨나요?"

"아니야. 의사가 말이지, 나에게 금주를 지시한 것이야."

술집 3

2남자가 선술집에 들어왔다. 1사람은 눈이 깜박깜박 비틀거리고 가까스로 바에 들어왔다. 동시에 방에 널브러졌다. 또 1사람이 보이를 불러 말했다.

"위스키 더블로 1잔!"

"오케이. 그럼 친구분에게 무엇을 올릴까요?"

"이 것 봐, 농담하지 마. 그 사람 마시면 안 돼. 차를 운전해야 하니까."

술집 4

작은 남자가 두 눈에 검은 점을 만들고 선술집에서 나왔다. 그는 거리에 순경이 있는 것을 보고 말했다.

"저 술집에 큰 사람이 들어와 가지고, 나를 때려 넘어뜨렸습니다!"

"그럼 빨리 가봅시다."

순경은 남자를 따라 술집에 들어갔다. 무섭게 생긴 얼굴의 거인이 술집벽에 기대어 서 있다.

"당신이 소란을 피운 거야?"하고, 순경이 말을 걸었다.

"그래."하고, 큰 난폭자가 말했다.

"이 사람을 때려 넘어뜨렸단 말이요?"

"그 것이 어때서?"

"당신, 순경에게 반항하는 거야?"

"귀찮게 굴지 말아."

남자는 말한 대로, 순경을 3미터 정도 힘차게 내쳐버렸다.

순경은 곧 일어나 조금 제복의 먼지를 털더니, 놀래서 보고 있던 선량한 시민에게 말했다.

"저 사람과 다투어 보았지만, 도리가 없어요. 미친 사람이기 때문에, 상대하지 않는 것이 좋아요."

술집 5

큰 코끼리 같이 올찬 남자가 술집에 들어와 코냑을 더블로 주문했다. 술을 단숨에 마시고 좋은 기분으로 말했다.

"오늘이 내 생일인데, 여기 모든 분에게 한 잔씩 돌려요."

보이는 모두에게 코냑을 한 잔씩 따랐다. 그리고 물었다.

"계산서를 곧 드릴까요?"

"아니 필요 없어. 그리고 어느 쪽에도 나는 지불하지 않을 꺼야!"

"무엇이라구요, 조금 기다려요. 지금 순경을 불러올 테니까." 보이.

5분 후, 그는 작은 몸집의 순경과 같이 와서 설명을 시작했다.

"이 사람이 모두에게 코냑을 따라주라 해 놓고, 돈을 지불하지 않는 것이에요."

순경은 큰 남자를 바라보고 군침을 삼키며 말했다.

"흥? 그가 지불하지 않아? 꼼짝 말아! 내가 순간 결말을 내지. 쫙 먹지 않으면 안돼. 그럼, 얼마인가?(내가 내지)"

라이온

경건한 선교사가 아프리카 덤불 속에서 큰 사자를 만나 먹히게 되었다. 초주검이 된 선교사는,

"주님, 어떻든 이 동물에게 크리스찬 정신을 넣어 주십시오."하고, 기도했다.

그러자, 사자는 즉시 말했다.

"주님, 우리 식량을 축복해 주소서."

꼬치고기

마리우스가 숙박집에 돌아와, 난로 위에 길이 2미터 되는 꼬치고기 박제가 걸린 것을 보았다. 그러자 소리쳤다.

"체! 이 것을 낚아 낸 사람은 대단한 허풍쟁이지!"

작은 쥐

작은 쥐 1마리가 큰 술통에 빠졌다. 고양이가 그것을 보았지

만, 살짝 일어나 지나가려 했다.

"도와줘요! 나를 여기서 꺼내 줘요!"하고, 쥐가 소리쳤다.

"모르겠다."하고, 고양이가 말했다. "그러나, 너를 도와주면 나는 너를 먹어버리겠다."

"그래도 좋아요. 제발 먹어줘! 어쨌든 빠져 죽기보다 낫지."

"좋다, 알았다."하고, 고양이.

그러나 술독에서 나오자 마자, 쥐는 가까운 쥐구멍으로 달려갔다.

"거짓말쟁이! 약속과 다르지 않아? 나에게 먹히겠다고 하지 않았나?"

"그래? 내가 그렇게 말했나? 생각할 수 없지. 나는 크게 만취 상태였거든!"

셔츠

남자가 셔츠집에 들어가 주문했다.

"리라 색 셔츠 하나 주세요."

점원은 흰색, 보리색, 끝으로 포도주색까지 내 보였지만,

"아니, 마음에 들지 않아요. 나는, 이 쇼윈도우에 있는 리라 색

셔츠가 좋아요."

"그런데 손님!"하고, 점원이 뾰로통하게 말했다. "손님이 말씀하는 색은 리라색이 아니죠. 그 것은 흰색이죠!"

"에? 점원은 흰 리라를 본 적이 없나 보군요?"

실물 이상

2미소년이 남색 가(男色家)가 대기하는 바 입구에서 말하고 있다.

"내가 어떤 것을 만들었는지 알아? 피부보다 착 들러붙는 판탈롱이야."

"농담하지 말아. 그런 것이 있을 수 있어."

"참말이야. 그 증거라면, 나는 자기 피부를 붙인 채로 앉을 수 있지 않아? 그러나 이 판탈롱은 앉을 수가 없어."

가사 도움이

마리 샹다르가 옷장에서 드레스를 꺼냈다. 2번 소매를 스친 것 뿐이다.

"아아, 이 것, 더 입을 수 없어. 조금 더러워져서, 가사 도움이에게 줘야 하겠지."

인도(人道)

영화관 앞에 긴 줄이 섰다.(프랑스 사람은 영화를 매우 좋아해 빠리 영화관 앞에 자주 긴 줄이 보인다.) 한 남자가 지루함을 피하려고 옆 사람에게 말을 붙인다.

"최근 남녀 구별이 혼란해요. 우리 앞에 있는 저 젊은 남자를 보세요. 저리도 머리를 길게 기르고, 노란 판탈롱을 입고, 마치 아가씨 같은 차림이에요."

"옳지, 말씀 그대로 죠, 저 사람은 아가씨 죠. 나의 딸인 걸요."하고, 상대가 대답했다.

"아아, 그럼 실례했습니다. 여보세요. 당신이 아빠라고요! 제 정신이 듭니다."

"나는 저 아이의 아버지가 아니고 엄마 죠."

콘트라스트(Contrast)

콘트라스트는 대조와 대비를 가리킨다. 현저한 차이 또는 대조가 되는 것, 정반대의 것이나 사람을 말한다. 용례를 보이면, "눈에 덮인 산 봉우리가 푸른 하늘과 아름다운 대조를 이루고 있다." 비교(compare)는 서로 다른 것과 서로 같은 것 어느 쪽에도 쓸 수 있으나, 대조(contrast)는 서로 다른 경우에만 쓴다.

컴퓨터

30년이 걸려 마침내 세계 제1의 컴퓨터가 완성되었다. 과학상 지식이 모두 짜 넣어지고, 미해결의 문제를 모두 해결하기에 이르렀다. 운전 개시 의식이 열리고, 100명 가까운 관계자가 이 기계 주위를 에워싸고 있다. 그들은 문제 중의 문제의 회답을 찾기로 했다. '신은 존재하는가'라는 문제다.

1분 후, 컴퓨터가 말했다.

"존재한다. 지금은, 내가 신이다!"

*하지만 불도저(bulldozer)에 닿으면 때로 큰 사고를 일으킨다.

수녀

교구의 남자가 사제를 만나러 왔다.

"세상 떠난 아내를 위해 미사를 올리고 싶은데요, 무료로 할 수 없을까요?"

"아니요, 그 것은 안됩니다. 교구에 여러 가지 업무 분장이 있어요. 그러나 어떤 친척이 비용을 대주지 않을까요?"

"누이가 있기는 하지만. 조금 달라서."

"어떻게 되었는데요?"

"아뇨, 사제님. 수녀입니다!"

"나의 교우여, 무어라 하는 것이요. 수녀는 하늘이 내리신 분입니다. 누님은 주 예수 크리스토와 결혼한 것입니다."

"그렇죠! 그럼 미사를 올려 주세요. 그리고 경비는 저의 자형에게 돌려 놓으세요."

하늘나라 1

하늘 나라 문에서, 성 베드로가 (그리스도 12사도 중 1사람, 열쇠를 가지고 있음) 방문자와 서서 이야기를 나누고 있다. 남자가 말했다.

"당신은 참 좋겠네요. 좋은 자리이죠. 파업도 없고, 경제 위기, 전쟁도 없어요. 영원 앞에 움직이지 않으면 안되니까. 더욱 결코 돈의 염려를 하지 않아도 좋고."

"하지만, 당신은 잊었군요."하고, 성 베드로가 말했다. "여기는 지구와 같은 사정은 아니죠. 10억프랑도 1센치므밖에 안 되고, 100만년이라 해도 우리에게는 1초 밖에 되지 않아요."

"에헤, 그런 것인가요. 그럼, 당신의 1산치므를 빌려주지 않으시겠습니까?"

"좋아요, 1초만 기다려요."

*생명의 가치는 상대적이다. (앙드레 마르로)

하늘나라 2

성미가 강한 도박꾼이 포카의 절정에 갑자기 숨졌다. 그는 하늘 나라 문에 나타났다.

"여보세요, 여보세요. 조금 기다려요!"하고, 성 베드로가 말했다.

"이 곳은 당신 같은 사람이 오는 곳이 아니요."

"왜요? 나는 말이죠, 누구에게나 어떤 나쁜 일을 하지 않아요. 사기 도박이라도 도박사를 상대할 때만 해요. 말참견. 그럼 3회 승부로 갑시다. 내가 이기면 하늘 나라에 넣어 주세요. 지면 지옥에 갈 것이니까요."

성 베드로는 도박꾼 꼬임에 빠져 법의(法衣) 소매에서 카드를 내고 말했다.

"그럼 둘까요, 사기는 없기요."

"좋아요. 당신 쪽도 기적은 없기요!"

*사도를 위해 한 마디. 기적은 스스로를 위해 행하는 것이 아니라 한다.

예수회 사람 1

어느 예수회 사람이 지나가는 사람에게 길을 물었다.
"가데드라르에 가려면 어떻게 가야 합니까?"
"아하,"하고, 상대가 대답했다. "당신은 갈 수가 없죠. 똑바른 곧은 길이므로."

*이그나지우스 로요라가 시작한 예수회는 현재 가톨릭 계의 유명 학교 교단이다. 군대 조직 같은 예수회는 선교 활동으로 유명하지만, 본바닥은 합리주의, 실용주의, 논쟁을 즐기기 등이 예수회 멤버의 특징으로 알려진다.

예수회 사람 2

4사람 수도사가 한 방에 있을 때, 갑자기 전기가 나갔다.
프란치스코 사람은 무릎을 꿇고 주님에게 "빛을 주소서"하고, 빌기 시작했다.

베네딕토 사람은 성경을 읽기 시작했다. 도미니크 사람은 빛과 어두움의 원인에 대해 무엇인가 중얼중얼 혼자 말하고 있다. 불이 번쩍 들어와 보니, 예수회 사람이 안 보인다. 그 사람은 퓨즈를 고치러 간 것이다.

예수회 사람 3

도미니크회 선교사와 예수회 선교사가 동시에 파푸아 섬에 상륙했다. 2사람은 복음을 섬 사람들에게 준다고 했다.

"1년 후에 또 만나자."하고, 예수회 사람이 말했다. "어느 쪽이 더 많은 섬 사람에게 세례를 주었을까."

1년 후, 2사람이 또 만났다.

"나는 729명의 섬 사람을 개종 시켰다."하고, 도미니크 사람이 말했다.

"흥, 나쁘지 않네."하고, 예수회 사람. "그런데 나는 추장을 개종 시켰지."

*대영제국이 쌓은 비밀은 그 고장 추장을 찾아 간접 통치를 한 일이다.

선교사

선교사가 도아루 섬에 상륙했다.

"안녕하세요, 무슈(아저씨)."하고, 남자 어린이가 인사했다

"나를 무슈라 부르면 안 되어요, 몽베르(신부님)라 불러요."

"에에, 그 것은 멋지네요. 엄마가 꼭 기뻐할 것이에요. 엄마는 아빠가 이제 돌아오지 않을 것이라 했어요!"

*신부님, 몽베르와 '나의 아버지'라 부르는 것이 프랑스 말은 같다.

병이 생겨

"의사 선생, 계속 두통이 와요."

"수도원장님, 맛 있는 고기를 많이 자시지 않았습니까?"

"말도 안돼요! 첫째, 지금 절식 중인 걸요."

"그럼 담배를 너무 많이 피우시는 것 아닌가요?"

"아니, 아니, 나는 태어나서 지금까지 담배를 한 대도 피어 본 적이 없어요."

"그러면, 당신 하녀와 조금 지나치는 것이 아닌가요?"

"아아! 선생! 왜 그런 생각을 하는 것인가요!?"

"그렇지, 수도원장님. 그렇다면 단 하나의 설명밖에 없습니다. 원장님 후광이 조금 지나친 것입니다."

설교 1

지나는 길에 여행자가 교회에 들러.

"그가 저기에서 이렇게 있는 것이 오래 됩니까?"하고, 신부님 강론 중에 교구 신자에게 물었다.

"사제 말씀이에요? 이 교구에 와서 18년이 됩니다."

"그렇다면 남아도 좋아요. 이제 곧 강론도 끝날 것이기 때문이죠."

*도대체 갈피를 잡을 수 없다.

설교 2

시골 사제가 강론을 시작했다.

"아아, 여러분. 여러분의 신앙심이 깊지 않아 마음이 아픕니다.

우리가 여기 모인 것은 비 오기를 기도하기 위해서 입니다. 그러나 여러분 누구 하나 우산을 가져온 사람이 없기 때문에 말이죠."

장례식

어머니가 20을 넘기지 못하고 세상을 떠난 아들 장례식에서 어찌 할 바 모르고 눈물만 흘린다.

사제가 그녀를 위로해 말하기를,

"네, 부인. 부인의 귀여운 아들은, 적어도 주님의 하늘 나라에 간 것이라 생각하세요."

"네 네, 알고 있죠."하고, 어머니는 일층 흑흑 느끼면서 말했다.

"그래도 말이죠, 20밖에 안 되었어요, 주님의 나라는 흥미도 없고 아무 것도 아니죠."

사제 1

2사람 교회 사역자의 대화.

"우리가 죽을 때까지 성직자 결혼은 실현될 수 있을까?"

"아니야, 우리가 살아있는 동안 안 될 것이야. 하지만, 우리 자식 때에는,"

*가톨릭 성직자의 결혼은 금지 되어있지만, 프로테스탄트의 목사는 결혼할 수 있다.

사제 2

신앙심이 깊은 시골 여성이 시골 사제를 만나러 가 말씀을 듣기로 했다.

"제 아들 앙뜨완느가 파리에 갔습니다. 7백프랑을 받는 일을 찾았습니다. 그 타락의 도시에서 제 아들이 잘 크리스찬 생활을 지켜갈 수 있을까요?"

"부인, 너무 염려 마십시오. 그 월급 가지고 그 밖의 생활이 가능하다고 생각하십니까?"

지옥 1

죄인이 지옥에서 천국에 있는 친구에게 전화를 걸었다.

"여기도 나쁘지 않아. 하루 2,3 시간만 일하면 좋아. 다음은 만사 태평으로 빈둥빈둥하고 있다. 천국은 어떤 형편인가?"하고, 물었다.

"아니야 더 말하지 말아. 미친 듯이 일하고 있어. 아침 6시에 일어나 밤중까지 일해. 더 어쩔 수가 없어!"

"그럼 무어야, 뒤바뀐 것 아니야!? 왜 그런 것이야?"

"아니 노동력 관계이지. 최근에는 아무도 천국에 들어오지 않아."

지옥 2

악마가 성 베드로를 지옥에 초대했다. 천국의 파수꾼 성 베드로가 맨 처음 본 것은 놀라운 광경이다. 대 죄인이 위스키 병을 한 손에, 또 한 팔에 나체의 미녀를 안고 있다.

"이게 무엇이야! 이 것이 저 죄인에 대한 벌이란 말인가!?"하고 성자는 외쳤다.

"아냐 아니지. 너무 놀라지 말아요."하고, 악마가 말했다. "위스키 병은 구멍이 비어 있고, 여자는 구멍이 없어요."

악마 1

천국과 지옥의 철책이 무너져 있다. 천국의 파수꾼 성 베드로가, "계약서에 따르면, 자기가 수선비를 갖는다고 되어 있어요."하고, 악마의 왕 사탄에게 소리를 지른다.

"몰라요!"하고, 사탄. "편리한 대로 수리하면 되지 않을까."

"지독한 사람이군. 그럼 법적 수속을 밟을 것이요. 변호사를 찾아보지."

"제발"하고, 사탄이 히쭉히쭉했다. "변호사를 어디서 찾을 것인데?"

*미국에서 존경받는 직업은 변호사와 의사지만, 똑 같이 고 수입을 올려도 왜 인지 프랑스에서는 중세 모리에르 이래 웃음의 대상이다.

악마 2

지옥의 작은 악마들이 천국의 작은 천사들과 축구 시합을 하자고 제안했다.

"좋아요."하고, 천사. "그런데 축구 명 선수는 모두 이 쪽(천국)

에 있기 때문에."

"그럴지 모르지."하고, 악마. "하지만 심판은 모두 이 쪽(지옥)이기 때문에!

신이 자기를 믿지 못함

신(神)이 정신 분석 의사에게 찾아와 물었다.
"선생, 곤경에 놓였어요. 나는 내가 믿을 수 없게 되었어요."

사제에게 고백

남자가 교회에 와서 사제에게 고백했다.
"나는 연금으로 생활하는 노파를 숨지게 했다고 생각하는데,"
"이런 끔찍한 일이군! 경찰에 자수해요."
"그러나 확신이 안 서요. 잘 기억이 안 나요."
"잘 생각해 보아요! 알리바이는 있어요? 당신이 죄를 범했을 때, 어떤 목격자는 없어요?"
"아뇨, 없어요, 다행히도."

죄 아닌 잘못

"신부님, 나는 하루에 몇 번이고 거울을 본 뒤에, 그 때마다 자기가 예쁘다고 생각해요."

"자매여, 염려 말고 계속해요. 그 것은 죄가 아니고 잘못이죠."

*자기 자신을 바라보고 기뻐하는 여인은 남의 일은 전혀 무관심하다. (프랑스 속설)

즐기라

민원 센터 직원이 강에서 수영하는 남자를 발견하고 말을 걸었다.

"여보세요, 입 간판이 안 보여요? 여기는 수영 금지 구역이란 말이에요!"

상대는 괴롭게 숨을 쉬며 말했다.

"수영하는 것이 아니고! 물에 빠져 있는 것이오."

"아아 그래요. 그럼 염려하지 말고, 즐기세요!"

백하는 것

오픈 카를 타고 가볍게 달려온 남자가 건널목에서 가엽게도 보행자를 치었다. 앞 바퀴, 이어 뒤 바퀴가 보행자 옆을.

운전기사는 뒤늦게 브레이크를 밟고, 멈추자 마자 뒤돌아보고 성을 냈다.

"아저씨, 정신 차려요."

"어째서?"하고, 보행자는 괴롭게 숨을 쉬며 물었다. "이봐, 백하는 것이야?"

감옥

2사람 죄수가 한 방에 수용되었다.

"당신 몇 년 받았나?"

"나는 10년이야."

"그래? 나는 15년이야. 당신이 먼저 나가게 되니 입구 쪽 침대를 쓰도록 해요."

교리 문답

소년이 교리 문답에서 돌아왔다.

"사제님이 어떤 이야기를 하셨나?"하고, 어머니가 물었다.

"응, 헤브라이 사람, 결국 이스라엘 사람 일이지만, 홍해를 건너가려 했어요. 그들은 상륙용 주정에 승선했죠. 하지만, 여기에 이집트 군이 추격해 왔어요. 그래서 이스라엘 사람은 텔아비브에 전화해 공군 및 수륙양용 탱크를 파견 받았지요. 결국 이스라엘 군은 이집트 군을 밀어 부치고 헤브라이 사람은 홍해를 횡단할 수 있었지요."

"그 것은 무엇이야, 사제님이 그런 식으로 '출 애급 기'를 이야기한 것이야!?"

"아뇨, 전연 달라요. 그래도, 그가 할 말을 다했지만, 누구도 그 이야기를 믿지는 않아요."

난파선

난파선에서 벗어난 뗏목 위에서 2불행한 남자가 놓여 진 운명을 한탄했다. 1사람이 무릎을 꿇고 기도를 시작했다.

"하느님, 저는 대단한 불신자입니다. 이 번에 만약 목숨을 살려 주신다면 나머지 생을 그 보답으로 보내겠습니다. 저는 수도원에 들어가 고행을 닦을 작정입니다. 그리고 저는."하고, 말을 걸었을 때, 또 한 사람이 그의 어깨를 두드리고 말했다.

"여기서 그쳐. 저기 배가 오는 것이 보여!"

신데렐라

2사람 노동자가 찬 겨울 저녁, 교외 공장에서 나와 버스를 기다리고 있다. 그러나 러시 아워로 벌써 2대나 만원 버스가 서지 않고 지나간다. 추위 때문에 코가 빨개진 노동자가 동료에게 말했다.

"이 때, 미국차가 서 가지고, 안에서 품격 있는 멋진 남자가 내려와, '타세요'하고, 말한다면 어떨까?"

"아아!"하고, 동료가 말했다.

"그리고 차에 타자, 신사가 '추우시죠. 어디 가서 한 잔 하실 까요?'하고, 말할 것이다. 그리고 한턱 낸다."

"아아!"하고, 동료.

"그 것을 마시자, '속도 비고 출출하지 않습니까?'하고, 말하고, 레스토랑에 간다. 그리고 거위 요리나 오리 요리를 대접해 준다."

"응, 응."하고, 동료가 듣는다.

"그 뒤 그가 그의 집으로 초대하고, 거기는 매우 따뜻하고 기분도 좋다."

"당신 조금 머리가 어떻게 된 것 아니야? 그런 일은 생길 수 없어."

"생긴다고. 내 누이 동생은 실제 생긴 거야."

정신 분석

어떤 남자가 오랜 동안 실금증(失禁症)으로 고생했다.

어느 날, 친구들이 그와 만나 최근 경과를 물었다.

"어때? 지금도 침상에서 소변을 지리나?"

"응, 지금은 훨씬 좋아 졌지. 모든 치료를 받아 보았지만 잘 안 나아서 도리 없이 정신 분석 의사에게 갔지. 그 효과가 아주 절대적이야."

"그 것 참 잘 되었네. 그럼, 더 이상 오줌 싸는 일은 없군?"

"아냐, 해요. 그래도, 지금은, 그 것을 자랑하지."

*'오늘의 기도사(祈禱師)' 분석 의사는 미국에서 모두 이런 환자를 받고 있다. 프랑스에서도 앞으로 유행할 것으로 본다.

가능성

어떤 남자가 의사에게 물었다.

"의사 선생, 저는 담배도 피우지 않고, 술도 마시지 않아요. 일찍 자고 일찍 일어나며 턱없는 일은 무엇 하나 하지 않습니다. 어떻게 보면 수도승에 가까운 생활을 하고 있죠. 백살까지 살 수 있을까요?"

"장담할 수 없죠."하고, 의사가 말했다. "제가 드릴 말씀은 당신 인생이 길게 느껴 질 수 있다는 사실입니다."

처방

조르주 그리또리느(19세기 작가)가 들은 사실 이야기.

어느 의사와 환자의 대화.

"담배는 안 돼요!"

"저는 담배를 피우지 않아요!"

"술은 안 돼요!"

"저는 안 마시는 데요."

"포도주 한 방울도 안 되는 데요."

"저는 물 밖에 안 마시는 데요."
"호호, 그러면 좋아하는 것이 무엇이죠?"
"감자지요."
"그렇다고 그 것을 먹으면 안 돼요."

이명(耳鳴)

매우 기가 약한 노인이 병원 대합실에 들어왔다. 그는 의자에 앉아 슬픈 듯이 고개를 숙이고 있다. 그러더니 눈을 주지 못하고 잠자코 있는 다른 사람들에게 말했다.
"저의 이명(耳鳴)이 여러분에게 방해가 되지 않으면 좋겠네요."
*내가 아는 한, 프랑스 사람은 일층 더 소리에 싫증을 느끼는 사람들이다.

눈병

"선생, 전연 모르는데요, 카페 오 레를 마실 적마다 오른 쪽 눈이 아프거든요."

"아무것도 아닙니다.

스푼을 가지고 마시는 것이 좋아요."

*프랑스 도시의 모닝 커피는 큰 식기에 밀크와 슈거를 듬뿍 넣고 나서 이따금 스푼을 넣은 채로 마시는 경우가 많다.

면도 후에

아프타 쉐이브 로션 캠패인 때, 선전 판매원이 지나는 사람에게 물었다.

"실례합니다만! 당신은 면도 후에 무엇을 잇대어 하십니까?"

"바지를 입지요."

기억력

한 사람 부인이 약국에 와서 찾았다.

"아세찌루사리시릭 산(酸) 있습니까?"

"아세찌루사리시릭 산 이라구요?" 약사는 의아스러운 표정을 지었다.

"아아! 아스피린 아니구요?"

"네네. 내 정신 좀 봐, 약 이름을 기억하지 못하고."

정신병원

정신병원에서.

의사가 환자에게 물었다.

"안녕하세요, 당신은 무엇이 되었나요?"

"로마 법왕이다."하고, 정신 나간 사람이 말했다.

"호호. 누가 그렇게 말했나요?"

"신이 그렇게 불렀다."

그러자, 마침 지나가든, 흰 수염을 가슴까지 늘어뜨린 노인 환자가 말 참견을 했다.

"그런 일은 없지. 나는 이 남자에게 말을 건 적이 없어요."

거짓 연기

소처럼 힘이 센 젊은이 이지만, 아주 교활해 보이는 사람으로, 시력이 약한 체를 해 징병을 피했다.

신체 검사를 담당한 군의(軍醫)는,

"당신 같은 상태이면 흰 지팡이가 필요해요."하고, 말했다.

잘 넘긴 젊은이는 그 날 밤, 신바람이 나서 영화를 보러 갔다. 그런데 장내가 밝아지자, 옆 자리에 오늘 아침의 군의가 있지 않은가!

젊은이는 그래그래 하고 일어서자, 지나는 길에 군의에 부딪쳐 인사했다.

"실례, 마드모아젤. 나는 다음 정류장에서 내립니다.

노인 1

92세 노파가 대퇴골 수술을 받았다. 의사가 깁스를 하면서 말했다.

"2달 동안 집에만 꼼짝 않고 있어야 합니다."

"그 건 정말, 집안 층계를 오르내려도 안 됩니까?"하고, 할머니가 물었다.

"어림도 없어요!"하고, 의사가 대답했다.

2달 뒤, 의사는 깁스를 풀었다.

"아아 기뻐요. 인제 층계를 오르내려도 상관없죠?" 하고 노파.

"하고 싶으시면. 하지만, 매우 조심하세요."

"놀라워요, 선생. 그럴지라도 창 밖으로 나가 빗물 홈통을 통해 오르내리기는 역시 매우 번거롭더군요."

노인 2

시장(市長)이 양로원을 방문했다. 112세의 훌륭한 노인이 대표로 소개되었다.

"어떻게 하셔서, 그렇게 장수를 누리고 계십니까?"하고, 시장.

"간단한 일이죠. 알코올을 일절 입에 대지 않으니까요."하고, 노인이 대답했다.

바로 그때, 층계에서 큰 소리가 났다.

"염려 마십시오."하고, 노인이 말했다.

"내 아버지는 아직도 큰 소란을 피웁니다. 그와 함께 오면 아침 10시까지 술 주정을 하셔서."

*덧붙이면, 세계 장수촌인 코카서스 지방은 포도주 명산지다.

노인 3

시골 수의사가 마츄 할머니에게 말했다.
"할머니의 산양 키우기는 감기 걸리기 쉬워요. 양을 도와주려면 따뜻하게 해 주지 않으면."
"아아! 그렇다면, 내 침대에 재워야 하겠군요."하고, 마츄 할머니가 말했다.
"할머니 침대 에서요!? 그 건, 좀 심한데요. 냄새가 지독하지 않아요!"
"냄새가 지독 하니까요!? 아아, 그 정도는 참고 견뎌야 하지 않나요."

바캉스

삭은 남자 아이가 히염없이 울고 있다. 온통 불쌍하기만 한 친절한 부인이,

"아가야, 왜 그렇게 울고 있느냐?"하고, 말을 걸었다.

"역시 형 때문이에요, 마담! 형은 바캉스인데 나는 그 것이 아니거든요!"

그리고 남자 아이는 한층 더 울음을 터뜨린다.

"가엾게도, 그렇지만, 왜 그런 거야?"

"형은 학교에 들어갔는데 나는 아직 못 들어갔어요."

위선자

마리우스가 오리브에게 말했다.

"이 봐, 디탄에게 신경 써요. 그 사람은 지독한 위선자야, 위선자가 아닌 점도 있기 때문에."

*미라보는, 돈 때문이라면 무엇이든 한다. 때로 좋은 일도, 리바로르.

시중드는 사람

"마르그리뜨야!"하고, 부인이 시중 드는 사람을 불렀다.

"내가 쓴 편지, 어디 있는지 몰라? 책상 위에 올려 놓았는데."

"그 것, 포스트에 넣었는데요, 마담."

"이런, 어떻게 된 것이야? 아직 주소를 적지 않았는데!"

"마담, 마담이 주소를 나에게 알려주고 싶지 않나 생각했어요."

마르세이유

리브가 마르세이유 번화가 가느삐에르 거리에서 마리우스를 만났다. 마리우스는 큰 술통을 땀 흘려가며 굴리고 있다.

"대체 어떻게 된 것이요. 그 큰 통은?"

"의사에게 가는 길이야."

"술통을 가지고?"

"올 겨울 그 의사에게 진찰 받았는데, 선생이 말하기를, '여름이 되면 또 오라고, 오줌을 가지고'라고."

*큰 통의 뒤 처리가 흥미 있다.

조금도 모름

한 사람 남자가 폰 누프(파리 복판의 다리) 난간에 기대어 강 수면을 굽어보고 있다.

지나가든 경관이 물었다.

"무엇을 잃어 벼렸어요?"

"네, 안경을 로와르 강에 떨어뜨려서요."

"로와르 강이라니요? 여기 쎄느 강 말이죠?"

"오! 아니죠. 안경이 없으니까 조금도 모르는 것이죠."

구두 크기

슬픈 남자가 제화점에 들어가 여점원에게 말했다.

"구두 하나 보여줘요. 내 사이즈는 38입니다."

여점원은 말한 사이즈의 구두를 내 보이지만, 잠깐 이 것 저 것 골라보고,

"손님, 말씀을 드리자면 38은 안 맞으세요. 손님은 적어도 42는 신어야 해요."

"잘 알고 있어요."하고, 남자는 말했다.

"하지만, 38이 좋아요. 아내는 집을 나갔고, 아들은 놀음으로 몸이 망가지고, 나는 암 진단을 받았어요. 그래서 밤에 집에 돌아와 이 구두를 벗을 때만, 나는 행복한 느낌을 느끼는 것이에요."

잠에서 깨어남

새벽 3시에 전화가 울렸다. 남자는 급히 일어나 수화기를 들고 잠에 취한 목소리로 말했다.

"여보세요."

"여보세요. 마르땅 씨 댁입니까?"

"아뇨, 여기는 마르땅이 아닙니다.."

"오오, 죄송합니다. 이 새벽에 크게 실례했습니다."

"아뇨, 마침 전화가 와서 잠에서 깨어난 것입니다."

호기심

"셰리, 그대가 지금 읽고 있는 편지는 누구에게서 온 것인가?"

"왜, 그런 것을 묻는 것인가?"

"왜라니? 그대도 호기심이 강하군!"

수업 1

초등학교 어린이가 울면서 집에 돌아왔다. 매우 나쁜 성적이다. 그러나 아이가 말하기를, 이 것은 선생이 나빠서, 지나치게 어려운 질문을 하고, 늘 자기를 괴롭힌다는 것이다. 아버지는 속이 상하여 소리쳤다.

"그래! 그런 일은 가만 둘 수 없어! 좋아, 너의 선생한테 가서 만나야 하겠다."

이튿날, 아버지는 아들과 함께 학교에 가서 선생을 만나, 덤벼들 정도로 마구 항의했다.

"이 지독한 가학자(사티스트)여!. 내 아들 고문하라고 국가가 당신에게 급료를 주고 있는 것이 아니요! 당신의 그 더러운 일을 내 앞에서 보여 주시요!"

선생은 여기서 아들을 향해 물어보았다.

"이 것 봐! 1 보태기 1은 얼마야?"

그러자, 아이는 아버지를 향해 말했다.

"보세요, 아빠. 또 시작한 것이에요."

수업 2

장학관이 시골 분교에 찾아와 교사에게 물어보았다.
"어떤가요, 이 학교 어린이들은?"
"네 네, 저는 만족하고 있어요."
"좋아요. 가장 공부 잘하는 어린이는 요?"
"모두 잘합니다. 하지만 카드레드가 다른 애보다 좀더 잘합니다."
"좋아요. 그에게 질문해 보기로 하죠. 카드레드."
"네, 장학관 선생님."
"카드레드, 3 더하기 2는 몇인가?"
"3 더하기 2, 아아 조금 기다리세요, 됩니다. 3 더하기 2이죠, 이제 곧 알 수 있으니까요. 3 더하기 2요, 그렇지 6입니다."
"아! 이런!"하고, 장학관이 외쳐 댔다.
"했다, 했다."하고, 교사가 기뻐하며, "네, 대체로 맞지 않습니까!"

* 이 같은 너글너글한 선생이 있는 편이, 어린이들은 다행이지만, 프랑스에서 장학관의 권한은 절대적이다. 이 선생은 틀림없이 사표를 내야 할 것이다.

개구쟁이 1

"뭐야, 모두 영 점 뿐 이네."하고, 성적표를 보면서 토토 아버지가 소리 쳤다.

"에? 어떤 변명을 댈 거야?"

"글쎄요."하고, 토토. "유전이라 할까, 가정 환경이라 할까, 갈피를 못 잡고 있어요."

* 될성부른 나무는 떡잎부터 알아본다. 프랑스 아이는 말을 잘한다.

개구쟁이 2

토토가 몸을 자주 씻지 않아, 부모는 매일 토토를 샤워 밑으로 끌고 가, 씻겨 주지 않으면 안 되었다. 어느 때, 학교에서 선생이 말했다.

"너도 이제는 많이 컸구나, 토토."

"그렇죠."하고, 토토. "자주 물로 씻겨 주시거든요."

가족

가족 앨범을 보고 있던 토토가 엄마에게 물었다.

"엄마, 이 바닷가에서 엄마 쪽에 서 있는 핸섬한 젊은이는 누구이죠?"

"아아!"하고, 엄마는 한숨을 쉬어 가며 말했다. "20년 전 사진이다. 그 사람이 아빠다."

"이 사람이 아빠라고? 그렇다면 집에 있는 머리가 센 남자는 누구이죠?"

* 양의 동서를 불문하고, 너무나 모두가 같다.

지체 부자유자

매우 불행한 아이이지만, 명랑했다. 태어날 때부터 다리가 없었는데, 교통사고로 양팔도 잃고 말았다.

어느 일요일, 그가 엄마에게 말했다.

"엄마, 나, 오늘 럭비 하러 가요."

"불쌍한 것, 너의 몸으로 어떻게 럭비를 할 수 있어?"

"할 수 있어. 내가 볼이 되는 것이야."

* 조금 엄격한 느낌이지만 엄격한 것이 프랑스 사람 같다.

코끼리와 쥐

덤불 속에서 코끼리가 쥐를 만났다.

"무엇인데 너는 몸이 큰 것 이냐. 무엇인데 살이 잘 쪘느냐!"하고, 쥐가 말했다.

"무엇인데 너는 작지. 무엇인데 바짝 말랐지!"하고, 코끼리가 말했다.

"응, 나는 병을 앓았기 때문에."하고, 쥐가 말했다.

판정

2사람 광기(狂氣) 있는 자들이 나체주의자 캠프를 지나게 되었다. 한 사람이 짝에게 말했다.

"잠깐 발판 노릇 좀 해 줘. 울타리 저 쪽에 무엇이 있는지 보고 싶다고."

잠깐 있자, 밑에 있는 자가 물었다.

"무엇이 보이지?"

"나체의 인간 이다.."

"여자야, 남자야?"

"몰라. 모두 옷을 입고 있지 않기 때문에."

*천지의 원기가 사태가 났는가 하고 생각했죠.

작은 소녀 1

"마담 부탁입니다."하고, 작은 소녀가 말을 걸었다.

"공원 철문을 왜 열어 주지 않아요?"

"좋지, 작은 소녀야. 매우 예절이 밝은 소녀 군. 보아요. 아무 것도 아니지 않아. 내일은 혼자서 열 수 있을 거야."

"네, 마담. 내일이면, 페인트 칠이 다 마르기 때문이죠."

작은 소녀 2

"말 잘 듣는 아이는 천국에 갈 수 있어요. 말을 잘 안 들으면 지옥이지."

"자아, 서커스에 가려면 어떻게 하면 좋지?"

미미크리(Mimicry)

미미크리는 흉내, 의성(擬聲), 의태(擬態), 등을 말한다. 형용사 mimic은 흉내내는, 모조한, 모방한, 가짜의, 본뜬, 모의 등을 뜻한다. 일부 개그맨이 성대 모사(模寫), 또는 사투리 흉내, 등으로 청중을 웃기는 경우가 있다. 남의 흉내 잘 내는 사람이, 개그맨이나 코미디언에 많은 사실도 우연은 아니다.

롤스로이스

그라디스 "놀랍군요, 당신의 이 롤스로이스, 2주일 전에 사 놓으셨는데? 그 것을 또 파시려구요?"

마리 샨다르 "그렇지만, 재떨이가 가득해요."

*넥타이에 맞춰 양복을 주문하는 것도 속물 근성 이니.

장의 준비

아직 정신 좋은 노인이 멀지 않아 죽음이 가까운 사실을 알고 장의사에 갔다.

"관을 좀 보고 싶은데요."

"어서 오십시오, 어서 오십시오."하고, 점원이 붙임성 있게 말하고 안내했다.

노인은 여러가지 관을 주의 깊게 눈 여겨 보고 물었다.

"1천프랑과 2천프랑의 관을 보았지만, 별로 차이를 모르겠군요."

"아니죠, 아니죠."하고, 점원. "한 번 들어가셔서 시험해 보시죠. 값나가는 것은 팔을 쭉 펼 수 있죠, 네."

절약

2사람 남자가 만났다.

"이 봐, 자네 부인, 지금도 돈 씀씀이가 헤픈가?"

"말 마, 아직도 대단해."

"'어떻게 절약할까'하는 책을 소개하고 권했지 않아?"

"자네가 하라는 대로 했지. 아내가 그 책을 읽었지."

"그랬는데?"

"아내가 나에게 담배를 끊으라 해!"

*좋은 아내는 주방에서 경제박사, 거리에서 성녀, 침실에서 창녀라 하지만 근래는 아니다

사업가 인터뷰

한 저널리스트가 성공한 사업가를 인터뷰했다.

"당신 성공의 열쇠가 된 모토는 무엇인가요?"

"매우 단순한 것이죠."하고, 상대가 대답했다.

"나는 돈이 중요한 것이 아니라, 일하는 것만이 절실하다고 확신합니다."

"그렇네요, 그와 같은 신념으로 대단한 부(富)를 축적한 셈이네요."

"아니, 이 것은 내가 사람을 경영할 때부터 가져온 좌우명(座右銘)입니다."

남겨 놓기

"집안 사람은," 하고, 작은 식당 여주인이 새로 온 여 종업원에게 말했다.

"우리는 남은 것을 먹는 것이지."

"알겠습니다, 마담."하고, 대답했다. "그대를 위해 남겨 놓자고."

사위

이삭은 로제 거리 초라한 곳에서 태어났지만, 로찌르드(유태인 재벌의 로스차일드. 전, 독일 프랑크프르트 출신이지만, 현재, 영국과 프랑스의 로스차일드 가문이 유명함)남작이 딸을 결혼시키려 한다는 사실을 알았다. 이삭은 옷을 잘 차려 입고, 로찌르드를 만

나러 가서,

"남작 님, 귀한 따님에게 좋은 배필이 있습니다. 프랑스 은행 총재를 사위로 보시면 어떻겠습니까?"하고, 말했다

"좋은 생각이군."하고, 남작이 대답했다. "그러나 프랑스 은행 총재는 나이가 너무 많지 않습니까?"

"아니, 제가 말하는 것은 곧 은퇴하는 현, 총재가 아니고, 차기 총재입니다."

"그러면 좋지요!"

"하면, 저에게 맡겨 주십시오. 2,3일 안으로 좋은 소식을 전하죠."

이삭이 로찌르드 집에서 나오자, 곧바로 대장성에 가서 대신에게 접견을 청했다. 접견이 받아드려 지자, 이삭은 탁 터놓고 말했다.

"대신 귀하, 프랑스 은행 총재는 이 달 중에 그만 두게 되지요. 후임에 로찌르드 가문의 사위가 어떻습니까?"

인명 구조

어린 아이가 흠뻑 젖어 가지고, 울면서 아버지에게 왔다.

"아빠! 냇물에 빠졌어요!"

"그래? 어떻게 해 가지고 뚝 위로 올라왔나?"

"친절한 아저씨가 옷 입은 채 달려 들어와 살려주었어요."

"그래? 그 아저씨는 어디 있지?"

"저 쪽에서 옷을 말리고 있어요."

아빠는 아들 목숨의 은인에게 접근하고 말했다.

"당신이군요, 제 자식을 냇물에서 구해 주신 분이?"

"아아, 아닙니다. 당연한 일을 한 것인데요."하고, 머리에서 연신 물 방울을 떨어뜨려 가며 상대가 말했다.

"왜, 당연한 일이라 합니까? 그런데, 아이가 모자를 썼는데요, 모자는 어떻게 했습니까?"

서커스

서커스 감독의 방에서 남자가 자기를 내세우며 말했다.

"나는 마스트 꼭대기에 올라갑니다. 여기서 나는 죽음의 다이빙을 합니다. 50미터를 뛰어내려, 무대 한 복판에 서서, 관중을 향해 인사하는 것이죠. 어떻습니까? 이런 것은?"

"얼마쯤 요구할 셈인가?"하고, 감독.

"1회 200프랑이면 어떻습니까?"

"그럼 한번 볼까."

아크로밧드는 말한 대로 머리부터 추락해, 우뚝 서서, 조금 어렴풋한 표정으로, 인사를 했다.

"좋아, 200프랑으로, 오케이."하고, 감독이 말했다.

"아니, 좀 기다리세요. 500프랑을 받아야 해요."

"무어야? 아까 200프랑이라 말하지 않았나!"

"확실히 200프랑이라 말했죠, 하지만 아직 해 본 적이 없죠."

초대받고

"이번주 일요일, 우리 집으로 점심 들러 와요." 하고, 마리우스가 오리브에게 말했다.

"길은 곧 알 수 있지. 버스에서 내리면, 첫 번째 모퉁이에서, 오른쪽으로 돌아, 곧장 가서, 작은 광장을 횡단한다. 빵집과 오리브가 무성한 사이, 길 아닌 길로 들어와, 100미터 정도 가지. 그러면 노란 색 작은 집 앞에, 무화과나무가 서 있어요. 발로 문을 열면 좋아요."

"발로?" 하고, 오리브. "왜, 발로 열지?"

"모르는가! 설마 점심 초대받고, 빈 손으로 오지 않을 것이지 않아?"

사무실 1

근무하는 사람이 지각해서, 운 나쁘게, 복도에서 사장과 마주쳤다.

"2시간 지각하지 않았나!? 어떤 변명이라도 있나?"
"에에, 아기가 태어나서."
"그 것은 축하해요. 그 것이 언제 일인데?"
"10개월 전입니다."

사무실 2

부장이, 지각으로 인해, 쉬쉬하고 방에 들어온 부하에게 말했다.
"듀랑, 어지간히 하는 군. 그대가 1시간 이상 지각하는 일이 이 달 들어 벌써 12번째야!"
"부장님!"하고, 남자는 우물거리며 말했다. "제 탓이 아닙니다.

또 아기를 낳아서".

"정도가 지나치네, 그 것도 이따금씩 말해요. 자네 그 변명은 벌써 몇 번째야? 1년에 1번이면 몰라도, 자네는 지각할 적마다 같은 변명 아니야!"

"그렇죠, 부장님. 당연한 말씀이죠. 아내가 조산원(助產員)이거든요."

사무실 3

큰 기업체 사장이 직원에게 말했다.

"나는 말이지, 뭐든지 네, 네 하는 사원은 싫어. 내 마음에 드는 사람은, 험한 표정으로 내 말을 가로막고, '말씀하신 일에 전적으로 동감입니다.' 하고, 말하는 사람이지."

사무실 4

샐러리맨이 농료에게 기세가 등등히다.

"만약 사장이 나에게 말한 것을 거둬 들이지 않으면, 나는 이런 더러운 직장은 끝이야!"

"에? 그런데 사장이 당신에게 무어라 했길래?"

"'자네는 해고야!' 이었지"

보험

자동차 도로 갓길에서 차가 가로수에 충돌했다. 주변은 온통 쇠조각과 피 투성이 뿐이다

여기에 시골 사람이 운전하는 고물 자동차가 왔다. 그는 사고 현장을 보고 차에서 내려와, 상처를 입고 늘어져 있는 남자 쪽으로 와서 살짝 귀엣말을 했다.

"몹시 아프시죠?"

"네 네." 하고, 남자가 겨우 대답했다.

"아직 살아 있군요?"

"네 네."

"보험은 전액 부담입니까?"

"그렇죠."

"그럼, 당신 옆에 쓰러져 있게 해 주세요."

코르시카 1

다음과 같은 일은 코르시카에서나 가능하다.
어느 남자가 친구들에게 무심코 한 말이다.
"지불일까지 20프랑만 빌려주게."
"지불일까지? 그럼 지불일은 언제죠?"
"모르지. 일하고 있는 것은 자네이니까."
　* 나폴레옹을 낳은 코르시카, 섬 사람들은 의리와 인정에 뜨거운 대신, 노는 사람과 불량배가 많고, 기질이 과격한 것으로 널리 알려져 있다.

코르시카 2

"여기서 작물은 잘 됩니까?"
하고, 파리장이 코르시카 농민에게 물었다.
"아뇨."
"포도나무는 심지 않습니까?"
"아뇨."
"야채는 됩니까?"

"아뇨."

"과일은요?"

"전연 안 되지요."

"잘 생각할 수 없네요. 체리 종자를 조금 심어 보면 어떨까요?"

"아 아! 나무 심기 말이죠. 그 것은 얘기가 다르죠."

경마 광

경마 광은 어떤 사람일까? 그 것은 레이스 시작 전에 어떤 말이 승리하는 가를 알고, 레이스가 끝난 뒤에, 왜 그 말이 이기지 못 했는가 아는 사람이다.

회상록

2사람 작가의 대화.

"요즈음 무엇을 쓰고 있는가?"

"회상록 이지."

"오, 오. 그 것 참 좋네. 그럼, 내가 자네에게 10만프랑 빌려준 사실도 모두 썼겠네?"

역사

벌목꾼을 모집한 바, 어느 쪽이냐 하면, 몸집이 작은 남자가 찾아왔다.

"당신이 확실히 벌목 꾼인가?"

"물론이죠. 나는 하루에, 500그루 나무를 벌채(伐採)해요."

"설마하니, 실례지만 그 몸집으로!"

"나는 거짓말한 적이 없어요."

"그래요. 그러면, 전에 어느 현장에서 일했나요?"

"사하라 사막에서요."

"사하라? 농담이 아니요. 사하라에 단 한 그루도 나무가 살지 않아요!"

"전혀 나무는 살지 않아요. 말 돌리기에 주의해 주세요."

페기노와

그라디스가 브로뉴 삼림의 산책길을 걷다가 마리 샹다르를 만났다. 그녀는 새로 키우는 애완용개에 몰두하는 중이다.

"정말 얼마나 귀여운 페기노와 인가요. 어디서 사 오셨나요?"

"물론 페긴 이죠. 내가 지난 주 페긴에 가서 사 왔어요."

"왜 그랬나요! 샹제리제만 가도 있어요, 팔고 있어요."

"그래도 말이죠, 샹제리제는 주차하기 어렵지 않아요."

*프랑스에 차에 관한 이야기가 대단히 많다. 유럽 중에서 가장 차에 관심 갖는 국민이라 알려져 있다.

세관 직원

세관 직원이 여행자 짐을 검사하고, 코카인을 싼 종이 포장을 여러 개 찾아냈다.

"아! 이 게 무어요? 꼭 당신 집, 닭에 먹이려는, 닭 모이가 아닌가요? 그렇죠?"

"아니, 놀랐어요. 잘 알고 계시네요! 그래요, 바로 닭 먹일, 닭 모이죠."

"나를 조롱하지 말아요! 닭은 이런 것 먹지 않아요! 먹으면 죽어요."

"물론 옳습니다. 만약 닭이 이 것을 먹고 죽으면, 더 먹을 수 없기 때문이죠."

*실제 이런 익살 맞은 대화 양식이 없지 않다.

좀도둑

좀도둑이 닭 한 마리를 훔치고 즉시, 그 털을 뜯었다. 바로 그 때, 관할 경찰이 다가왔다. 어찌 할 바 모르던 그는, 닭을 곁에 있는 냇물에 던져 버렸다.

"자, 찾아 냈네, 당신, 닭을 훔쳤지!"하고, 경찰이 말했다.

"내가 말이요? 어림없는 소리!"

"그렇다면, 발 밑에 있는 그 하얀 털들은 다 무언가?"

"이 것 말이요? 아무 것도 아니요. 그 닭이 헤엄을 치려고, 잠깐 벗은 옷을 봐주는 것이요."

용서하세요

자동차가 길을 건너던 남자를 치었다. 운전 기사는 남자를 도와 그 자리에서 일으켜 주고 말했다.
"용서하세요. 나는 벌써 20년간 운전하고 있지만, 사람을 치기는 이 번이 처음이에요!"

자동차

앞 뒤가 망가져 아코디언처럼 된 자동차를 타고, 부인이 서비스 스테이션을 찾았다.
"어떻게 좀 고쳐주세요. 이 차를" 차 수리 서비스 센터 남자는 차를 보고 천천히 말했다.
"유감인데요, 부인. 저희는 세차는 가능한데요, 다리미질은 못합니다."
*자동차 천재 보르쉐가 설계한 폭스바겐과 예전 르노를 별명으로 '아코디언'이라 말한다.

품세

품세 좋은 젊은 남자가 운전하는 멋진 스포츠카가 12톤 트럭 뒤를 달리고 있다. 트럭 뒤에 '강력 브레이크'라는 주의가 붙었다. 어떤 빨강 신호에서 트럭이 급정차를 하는 바람에, 당연 뒤 따르던 스포츠카는 추돌해 엉망진창이 되었다.

트럭 기사가 차에서 내려와 말했다.

"자, 나 아니면 어떻게 정차할 수 있었을까?"

토토 생도

"토토, 너, 항상 나쁜 점수를 받아오는구나! 내가 옆집 아버지 같으면, 엉덩이를 치고 텔레비전을 못 보게 할 것이야. 하지만, 너를 똑똑한 아이로 생각하기 때문에, 이렇게 하기로 하자. 학교에서 좋은 점수를 받아올 적마다 20 프랑을 준다. 어때 좋아?"

"멋져요, 아빠. 고맙습니다. 아빠!"

이튿날 토토는 선생을 찾아가 말했다.

"선생님, 하루에 20 프랑 받는 기분 아세요?"

다이아몬드

'아가 강' 같은 남자, 결국 동양의 대부호가 미국인 관광객에게 말했다.

"당신 딸이 마음에 들어요. 나는 그녀의 몸 무게만큼 다이아몬드를 당신에게 주겠어요."

"에에, 대답하기 전, 2주일만 기다려 줘요."

"좋아요. 생각할 시간이 필요한 모양이군요."

"생각하는 것이 아니죠. 딸을 살 찌우기 위해서 이죠."

차이

경영자와 근로자의 차이를 알고 있습니까?

그렇죠, '어떻게 해서' 무엇인가 만드는 일을 아는 것이 근로자입니다. '왜, 무엇인가' 만드는가를 아는 것이 바로 경영자입니다.

이레버런스(Irreverence)

　이레버런스는 불경(不敬) 또는 불손한 언행을 가리킨다. 경우에 닿지 않는 반말과 막말은 크게 삼갈 일이다. 그 것이 결국 자기 인생을 위기에 몰아넣을 수 있다. 기본 소양이 있는 사람은 이에 휘둘리지 않는다.

　한편, 레버런스(reverence)는 존경, 경의, 숭상을 의미한다. 남을 존중할 줄 아는 사람이 자기도 존중을 받게 된다. 공중 연설의 허두, 돈호법(頓呼法)을 참고하기 바란다.

나라 자랑 1

소형 관광용 비행기에 프랑스 사람, 독일 사람, 이탈리아 사람, 영국 사람이 한데 타고 있다. 갑자기 엔진이 고장 났다. 파일럿이 소리질렀다.

"여러분, 이 무게를 지탱할 수 없습니다. 낙하산을 등지고 뛰어내리시기 바랍니다!"

곧바로 독일 사람이 실행, 허공으로 뛰어나갔다. 그 동안 이탈리아 사람은 불평을 대고 여러가지 불만을 하더니 드디어 결심하고, 낙하산을 펴, 여러 사람 주목을 받았음을 알고, 비행기 밖으로 뛰어나갔다.

한편, 영국 사람은 수염을 깎는 중이지만 느긋하게 마치고, 홍차를 마신 다음, 낙하산이 잘 펴지는 지 여부를 신중히 검토하고 날랐다.

자, 프랑스 사람은 어떨까, 조종석 문 쪽으로 가서 이를 악물고, "이 바보, 바보, 바보!"하고, 소리 내어 외쳤다.

그리고 밖으로 뛰어내렸지만, 그는 낙하산 장착을 잊고 있었다.

나라 자랑 2

도시 버스 운전석 뒤에, 반드시 주의 사항이 붙어 있다. 그러나 문구는 나라와 도시에 따라 다르다.

독일은, "운전기사에게 말을 거는 일을 엄중 경고한다."

이탈리아는, "운전기사에게 되도록 말을 걸지 말아 주세요."

프랑스는, "운전기사에게 말 걸지 말 것."

이스라엘은, "운전기사에게 말해도 아무 이익이 없다."

그러나, 마르세이유는, "운전기사가 말을 걸어도 답하는 일을 금지한다."

나라 자랑 3

한 사람 프랑스 인은 총명하고, 두 사람 프랑스 인은 보수적이고, 세 사람 프랑스 인은 무질서하다.

한 사람 영국 인은 어리석고, 두 사람 영국인은 스포츠를 즐기고, 세 사람 영국인은 브리튼이다. (앙드레 시그프리드)

프랑스 역사

어느 날, 신이 프랑스를 세웠다. 자기 작품을 바라보면서 신이 말했다.

"오오, 조금 지나치다. 이 온화함, 이 절도, 이 자연의 혜택! 이 것은 다른 어떤 곳에도 없는 것이다. 이 것은 지상의 다른 부분에 비해 불공평하다."

그리고 신은 균형을 맞추기 위해 프랑스 인을 만들었다.

이탈리아 1

이탈리아 공산당의 활동가가 고해소에서 고백했다.

"신부님, 첫째, 저는 공산주의자임을 고백하지 않으면 안 됩니다."

"그렇지."하고, 사제.

"그러니, 신앙을 가진 커뮤니스트 입니까? 아니면 단순한 교우 입니까?"

이탈리아 2

프랑스 관광객이 로마 종착역에 도착했다. 관광용 포장마차 마부가 두 손을 비벼가며 다가와 말을 건다.

"예쁜 처녀, 어때요?"

"아뇨!" 관광객은 퉁명스럽게 대답했다.

"젊은 처녀 어때요?"

"아뇨, 아뇨. 아니라 하면 아니요."

"좋아요, 좋아요. 그러면 예쁜 소년?"

"아니라고 했지 않아?" 그리고 끈덕지게 유객(誘客)하는 자를 물리치기 위해 '나는 소피아로렌 외에 거절이다!" 그러자, 마부는 턱을 쓰다듬으며,

"소피아로렌은 무리입니다. 손님, 더 어려운 일이지만 귀여운 소년이면 수배됩니다.

관광객

미국 텍사스에서 온 관광객이 에펠탑을 바라보며 아내에게 말했다.

"프랑스 사람들은 전혀 야무지지 못해! 저 탑은 백 년 전에 세운 것이라는 데, 아직까지도 석유 한 방울 나오지 않는다고 하기 때문에!"

*여기는 지구의 끝 텍사스, 하고. 샹송 인기 가수 리느 루노가 노래했다.

억만 장자

미국 대자본가, 로마 법왕을 알현하는 자리에서 말하기를,

"하늘에 계신 우리 아버지, 우리에게 일용할 양식(빵)을 주시고"라는, 기도문을 "코카콜라를 매일 주소서"하고, 바꿔 주시면, 100만 달러를 기증하겠습니다.

그는 거의 공세적으로 수락을 적극 요청했다. 이 미국 사람, 머리를 갸웃하며 말했다.

"빵집 사람들은 대체, 얼마나 돈을 많이 냈다는 말인가?"

최선의 방책

닉슨은 위대한 링컨 혼령에게 충고를 받고자 했다. 강령술(降靈術)이 행해지고, 닉슨은 외쳐 댔다.

"링컨 혼령이여, 그 곳에 와 있습니까? 그대에게 가르침을 바랍니다. 젊은이, 흑인, 히피, 인텔리, 등, 이 같은 귀찮은 무리로부터 피하려면, 무엇을 어떻게 해야 합니까?"

그러자, 링컨의 혼령이 대답했다.

"극장에 가라!"

*링컨은 극장에서 암살되다.

현행범

알라바마 주 버밍험에서 경관이 1사람 흑인을 '흉기 불법 소지'의 현행범으로 체포했다. 그는 흉기인 칼을 그의 등에 꽂아 놓고 있었다.

*알라바마 주는 한층 더 인종 차별이 격심한 곳, 피해자도 흑인은…

신호

알라바마 주 어느 타운에서, 흑인이 중고차를 운전해, 빨간 신호를 무시하고, 교차점을 지나갔다. 교통 순경이 달려와 차를 멈춰 세우고, 호통쳤다.

"희어 지기 어려운 얼간아! 자유의 나라라고 무엇이건 용서된다고 생각해? 빨간 신호가 진행하라는 표시야!?"

"아니, 교통 순경님."하고, 흑인은 어른 답게 대답했다.

"백인이 푸른 신호로 진행하는 것을 보고, 흑인은 빨간 신호로 진행하는가 생각했죠."

미국인

미국인 관광객이 샹제리제에서, 프랑스 TV 인터뷰를 받았다.

"어떤 형의 여성을 좋아하십니까? 역시, 미국 여성이죠?"

"오오, 아뇨."

"그럼, 북 유럽 여성?"

"글쎄요."

"독일 여성은 어떤가 요?"

"글쎄, 아뇨. 꼭 말하라면, 프랑스 여성이 좋아요."

"조금 송구하지만, 그럼 손님이 가장 프랑스 여성 답다고 생각하는 사람은 누구인가요?"

"그렇죠. '그레이스 켈리' 라고 할까요."

*모나코 왕비 그레이스 켈리는 미국의 여성 스타다.

데모 참가

마리 샹다르가 미국에서 돌아왔다. 그라디스에게 여행 이야기를 한다.

"저, 인종 차별 반대 운동을 했어요. 워싱톤에서 대규모 데모에도 참가했고요."

"에에? 그런데 좋았어요? 그 데모."

"굉장했어요! 그래도 말이죠, 조금 아쉬운 점은 데모가 길었어요. 그래서 흑인에게 떠맡겨 곤란 했죠."

*프랑스 시민에게 인종 편견 없고, 그런데 편견 있다면? 조금 짜낸 것이다.

교육

미국에서, 교육자 대부분은 어린이에게 반대하지 않는다고 생각한다. 어린이 자유 의사를 존중해 준다는 점이다.

만약, 당신 아들이 창가에서 떨어진다고 하면, 내버려 두세요. 어쨌든 두 번 되풀이하지 않을 것이기 때문에.

본성

아칸소 벽촌에서, 무어라 뒤죽박죽의 느낌을 주는 사람이 살롱에 들어와 바에 접근, 박하를 넣은 시럽 한 잔을 주문했다.

"여기는 호모에게 아무 것도 팔지 않아요." 하고, 버만이 내뱉 듯 말했다.

남자는 눈을 번쩍이지만, 대수롭지 않은 일로 싸울 기분도 없다는 듯이 보이고, 어른 답게 물러났다.

하지만, 30분 정도 지나자, 또 나타났다. 이 번은 진짜 무법자 차림을 하고 왔다. 벨트와 가죽 장화. 2자루 권총. 입은 뒤틀어지고, 어두운 눈매를 하고, 손을 힘 없이 늘어트리고, 어깨를 흔들며 바에 다가와, 으름장 놓는 목소리로 주문했다.

"위스키, 트리플. 데꺽 내놔!"

버만은 조금도 동요하는 기색 없이 말했다

"당신 귀가 안 들려? 호모에게 아무 것도 안 판다니까!?"

"오오, 이 번은 당신이 무리하는 거야." 하고, 남자는 다른 손님도 들을 수 있게 큰 소리로 외쳐 댔다. "나의 어떤 점이 호모 이냐구?"

그러나 그는 갑자기 작은 목소리로,

"어머나 나 핸드백을 가진 채야!"

*동성애는 앵글로 색슨의 상표 같은 것이다.

전부 소용

"여보세요, 여보세요. 스위스 육군장관 입니까?"

"네. 그 쪽은 벨기에 육군장관 입니까?"

"안녕하세요, 우리 친구분! 그런데, 분열 행진에 탱크가 모자라서."

"염려 마세요. 빌려드리겠습니다. 1대입니까?"

"아니요."

"알겠습니다. 2대이군요?"

"우리 친구분, 말씀드리기 어렵지만,"
"하하! 3대 전부 소용되는 것이죠."

자동 장치

벨기에 사람 관광객이 뉴욕에 찾아와 변한 자동 장치에 눈을 멈췄다.

"나는 당신 부인보다 잘한다." 하고, 크게 써 있다.

그는 호기심에 휘감기어, 누군가가 이 기계를 시험하기를 기다렸다. 드디어 지나가든 사람이 기계에 접근, 바지 앞을 반쯤 열어 놓으니, 니켈 제의 입에 신체를 밀어붙이고, 용무를 마친 뒤에 떠나갔다.

이에 벨기에 사람은 크게 흥분해 기계에 접근, 1달러 은화를 투입하자, 앞 사람의 흉내를 냈다. 그러나 갑자기 놀라는 소리를 지르고, 그는 펄쩍 뛰었다. 바지 단추가 그의 신경이 가장 예민한 부분을 건드리고 말았다.

선전

미국 광고 업계 큰 인물이 자동차 사고로 저 세상에 갔다.

"조금 기다려요!"하고, 성 베드로가 저 세상 입구에서 말했다.

"지금, 지옥과 천국을 보여줄 테니 좋은 쪽을 선택하세요."

성 베드로는 먼저 이 남자를 천국으로 데려갔다. 초원에 천사가 몇 사람 있고, 조용히 플루트를 불고 있다. 여기 있는 사람들은 죽을 것 같은 싫증을 내고 크게 하품을 하고 있다.

다음, 2사람은 지옥에 갔다. 야단법석을 떠는 가운데 남녀 모두 쾌락에 취해 있다.

"자, 어때요? 어느 쪽이 좋아요?" 하고, 베드로가 물었다.

"물론, 지옥이죠." 하고, 광고왕이 대답했다.

"좋아요. 희망대로 해요!"

그러자, 곧 무서운 얼굴 표정의 악마 2사람이 구름 속에서 나타나 남자를 끌고 가, 기름을 끓이는 큰 가마솥 속으로 밀어 넣는다.

"헤이! 성 베드로여! 이야기가 틀리지 않아요. 아까 본 것은 이런 것이 아니지 않아요!" 하고, 광고 업계 큰 인물이 소리 질렀다.

"그래, 그래." 하고, 성 베드로가 멀리 떨어져 가며 말했다. "먼저 것은 선전이지."

*아무래도 선전 효과 때문일까, 미국을 천국이라 생각하는 사람

들이 너무 많아, 사도얘기처럼 우리도 머리를 갸웃하게 된다.

귀족

2사람 영국 귀족이 정치를 논의하고 있다.

"만약 정부가 그런 일을 결정해도 민중은 납득하지 않아요!"

"오오, 해럴드. 어째서 그런 식으로 말하는 것이오. 나쁘지만, 당신은 영국 민중을 잘 몰라요. 당신은 그들과 아무런 유대가 없어요. 당신은 상아탑에 묻혀 살고 있지. 맹세코 말하지만, 당신은 일생 가운데 아직 버스도 타본 일이 없어요."

"무어요, 버스? 응, 내가 졌네. 확실히 버스를 탄 적이 없죠. 나는 상상 속에서 사물을 말하고 있는지 몰라요. 부끄럽군. 그럼 내일 당장 버스를 타보기로 하지."

이튿날 해럴드는 버스 정류장에 섰다. 버스가 왔다. 그는 버스에 타고 자리에 앉자 차장을 향해 말했다.

"엘름스 스트리트 87번지로 가주게."

* 영국이라면 속세를 떠난 이야기에 귀 기울이지 않으니 이상하다.

신사 1

신사는 어떤 사람일까?

2가지 사실이 가능한 사람을 가리킨다.

첫째, 뱀프(vamp, 요염한 여인)를 몸짓 손짓하지 않고 묘사할 수 있을 것.

둘째, 조크를 듣고, 항상 그 것을 처음 듣는다는 얼굴 표정을 지을 수 있을 것.

*이 2가지, 프랑스 남자 대부분은 거의 불가능한 일이다.

신사 2

"당신들 프랑스 사람은 재치 있는 화법을 모르는 군." 하고, 영국 귀족이 말했다.

"가령 말인데, 당신이 잘못 해서 욕실 문을 열었는데, 거기 벌거 벗은 여인이 있다고 합시다. 당신들은 문을 닫으며 '용서하세요, 마담.'이라고 말하지요?"

"그렇죠. 자, 그럼, 어떻게 말하면 좋을까요?"

"문은 물론 꼭 닫고, '용서하세요, 신사.'라고, 말해야 하지요."

* 상대에게 상심 시키려 하지 않는 것이지만 조금 같잖다.

학생 기질

옥스포드 학생과 캠브리지 학생의 차이는?

옥스포드 학생은 온 세계는 자기를 위해 있다고 믿고 있다.

캠브리지 학생은 온 세계가 누구를 위해 있는지 알려는 일 자체를 바보로 생각한다.

* 다크 블루와 라이트 블루로 학교 칼라도 다르다.

영국인

어떤 영국인 부부가 의무를 다하고 곧, 그는 갑자기 침실 불을 켜고, 아내 귀에 입을 대고 속삭였다.

"아프지 않았어요?"

"아니요." 하고, 아내가 대답했다.

"아아, 그 것 참 이상하다. 그럼 왜 몸을 움직이었나요?"

동물 애호

어떤 영국 선술집에 암수 2마리 개를 끌고 오는 단골손님이 있다.

셋은 위스키를 한 잔 씩 하러 오는 것이다.

어느 날, 개 2마리만 왔다. 버만은 습관적으로 2마리에게 위스키를 주자, 수놈 개가 돈 내려는 것을 거절했다.

이튿날, 남자가 와서 버만에게 말했다.

"어제는 고마웠어요. 나는 올 수 없었는데 개에게 잘해줘서 고마워요. 위스키 2잔 값 갚고, 그리고 이 것은 감사 선물이요. 보아요, 놀라운 새우요."

"이 것은 매우 놀라운 일입니다. 어르신. 저녁 식사 때문에 곧 집에 가지고 가겠습니다."하고, 버만이 말했다.

"오오, 아니요."하고, 상대가 말을 가로막았다.

"지금 이 새우는 오늘 저녁을 먹었어요. 가지고 가서 재우면 되는 것이에요."

*영국 사람은 침대를 좋아하니까 말이죠.

영국 요리

영국 요리 말입니까? 만약 뜨거우면, 그 것은 수프입니다. 뜨겁지 않으면, 그 것은 맥주입니다.

* 인간은 로스트 비프와 요크샤 푸딩만으로 살아가는 것이 아닙니다.

스코틀랜드 1

대부호 스코틀랜드 사람이 태어나 처음으로 버스를 타고 차장에게 차표를 내고 잔소리를 해보았다.

"어때요, 하는 일에 만족하는 것인가요?"

"어림도 없지요, 싼 봉급에 하루 종일 서 있고, 다리는 저리고 하죠. 아내는 암으로 세상 뜨고 개구장이는 5이고, 게다가 집은 벼락을 맞은 형편입니다. 어쩌면 좋을지 살 길이 막막합니다."

스코틀랜드 대부호는 하늘을 쳐다보고 소리를 질렀다.

"어쩐 일이야! 당신을 위해 무엇인가 하지 않으면. 자, 염려하지 말고 차표 1장 더 끊어주고 가요."

* 스코틀랜드 사람은 인색하기로 유명하다.

스코틀랜드 2

스코틀랜드 사람이 런던 친구들 집에 놀러 와서 한 달을 머물렀다. 그 동안 일체 모든 것을 친구들 보살핌으로 해결했다.

마지막 날, 런던 친구들은 스코틀랜드 사람을 역까지 배웅 나가, 바에서 이별 잔을 나누었다.

영국 사람이 술값을 계산하려 하니, 스코틀랜드 사람은 이를 물리치고 은화를 한 장 꺼내고 말했다.

"아아, 어떻든 그렇게 하지 말라니까. 한 달이나 머물렀는데 내가 자네 손님이라 해서 한턱을 내지 않았나. 어떻든 이제 끝났지. 마지막 한 잔은 별도야. 동전의 앞뒤로 어느 쪽이 내는가를 결정하지 않겠나?"

시선

"아아, 모스크바 말이지!" 하고, 러시아 여행에서 돌아온 브리짓드 바르도가 말했다.

"얼마나 놀라운 거리일까! 나는 구두만 신고 별로 몸에 걸친 것 없이 거리를 걸어 보았어요. 그러자, 모두 나의 발 밖에 보지 않아요!"

* 그러나 최근 러시아는 소비 물자가 풍부해 졌다.

쇼핑

소련 우주 비행사 집에 전화 벨이 울렸다.

그의 어린 딸이 전화에 나왔다.

"아뇨, 아빠 안 계세요. 지금 우주를 날고 있어요. 1, 2시간이면 돌아오실 것이에요. 아뇨, 엄마도 안 계세요. 감자를 사러 갔어요. 적어도 3, 4시간은 돌아오지 않아요."

*모스크바의 3종 신기(神器)의 하나는 쇼핑 백. 항상 배급 행렬에 설 수 있게.

신을 보았는가

소련 우주 비행사가 은하계 대여행에서 돌아왔다. 그는 지상에서 소련의 당, 정부 요인으로부터 대환영을 받았다.

의례적인 식전이 끝나고, 브레즈네프 당 서기장이 비행사를 뒤로 불러, 넌지시 물어보았다.

"동지여, 대단히 중요한 질문에 대답해 주게. 우주 끝에서 신(神)을 보았는가?"

우주 비행사는 곤란한 표정을 지으며 대답했다.

"아뇨, 네. 확실히 신을 보았습니다."

"아니 그럴 것이야."하고, 브레즈네프는 한숨을 섞어가며 말했다.

"그럴 것이라 생각했지. 두려운 일이다. 이 것은 누구에게도 말하면 안 돼요"

비행사는 절대 입 밖에 소문 내지 않기로 약속했다.

그 후, 우주 비행사는 각국을 도는 친선 여행에 나섰다. 각국 원수를 만났지만, 로마 교황도 알현하게 되었다. 의식이 끝나고, 교황과 비행사가 서로 마주 앉게 되자, 교황이 물었다.

"친애하는 비행사여, 당신에게 긴히 물어볼 것이 있어요. 우주에서 신의 모습을 본 적이 있어요?"

우주 비행사는 대답하려고 했으나 즉각 브레즈네프와의 약속을 상기했다.

"유감이지만 신은 고사하고 어떤 조짐도 보지 못 했습니다."

그러자 교황은 슬프다는 듯이 머리를 가로젓고 말했다.

"나 역시 그렇게 확신했지! 두려운 사실이다. 들어봐요, 비행사여. 그 사실을 절대로 누구에게도 말하지 않겠다고 서약해요."

진실

한밤중에 모스크바 작은 길을 한 남자가 살금살금 걷고 있다.

그가 자기집에 겨우 도착하자, 곧, 현관에서 신을 벗고, 아내의 눈과 마주치지 않고, 침대에 들어가려고 발끝으로 걸었다.

그러자 갑자기 불이 켜지고, 아내가 정의의 여신상같이 눈 앞에 서 있다.

"어디를 정처 없이 돌아다닌 것이야, 이 돼지 같은 사람아!"

"어떻든 이야기를 좀 들어봐."하고, 남자는 변명을 시작했다.

"참 이야기를 하는 것이 좋을 것이라 생각한다. 일을 마치고 밖에 나오니 아주 예쁜 아가씨를 만난 것이지. 저녁을 대접하고 그녀를 집에까지 바래다주었지. 한잔 하고, 가지 않겠느냐고 하기에 방에 들어가 그 후 같이 잠을 잔 거야."

여기까지 말하자, 아내는 머리맡의 램프를 빼내 남편 머리를 내려치며 소리쳤다.

"이 거짓말쟁이! 그런 헛소리를 내가 믿을 것이라 생각하는가? 당신 밤중까지 당 집회에 나갔지!"

*여자는 당보다 더 강할까? 아니면 당 쪽이 일층 더 즐거울까?

두개골

1940년, 소련의 고생물학자들이 도니에프르 계곡에서 오래 전 두개골을 발견했다. 그들 가운데 몇 사람은 이 것을 징기스칸의 것이라 추정했다. 스탈린은 즉각 조사를 명령했다. 전문가가 모스크바에서 찾아와 하룻밤을 감식한 결과,

"이 것은 징기스칸의 두개골에 틀림없다."하고, 선언했다. 누군가가,

"어째서 그렇게 확신하는가?"하고, 물어보자. 조사관이 말했다.

"그가 고백했다."

*스탈린 시대 암흑재판을 알고 있는가?

소련 농민

한 사람 소련 농민이 키에프의 큰 거리에서 시내 전차를 탔다. 전차는 텅텅 비어 있다. 그는 의자에 앉았다.

그런데, 그가 앉은 바로 위 천정에 구멍이 나 있고, 비가 오기 때문에, 물이 폭포수처럼 그의 머리로 내리 퍼부었다.

그는 아무 말없이, 엄격한 몸 가짐으로 빗물을 견디고 있다. 차장이 참아 볼 수 없어 말을 걸었다.

"감기 걸려요! 자리를 바꿔 앉으면 어떨까요?"

그는 텅 빈 전차 안을 막연히 손으로 가리키며 물었다.

"자리를 바꾸라고요? 누구 하고요?"

* 소련 농민은 인내심이 강하고 근면하기로 유명하다.

성 베드로

스탈린이 죽었다. 저 세상 입구에서 그를 마중한 이는 성 베드로. 성인은 차가운 눈으로 스탈린을 바라보고 천천히 말했다.

"흥. 당신에게 지옥의 자리가 준비되어 있지 않았어요. 좀 볼까?"

스탈린이 지옥 문에서 바라보니, 죄인이 못을 박은 판자 위에 드러누워 있고, 못이 박힌 채찍으로 얻어맞고 있다. 그는 뒤를 돌아보고 물었다.

"전혀 선택의 여지가 없는가?"

"아니, 있지. 자본주의 지옥과 공산주의 지옥 가운데 좋은 쪽을 선택 하오."

"그렇다면, 공산주의 지옥으로 하지요. 적어도 못 구하기가 어렵기 때문이요."

* 미그 25도 가지고 있어요. (페렝코 중위)

하늘 나라

스탈린이 죽었다. 교황 피오 12세는 처음부터 스탈린에게 호의를 가지고 있지 않았다. 그래서 급히 지옥에 전화, 이 공산주의자가 분명 지옥에 떨어졌나 여부를 확인했다.

"스탈린이라고요? 아뇨, 그런 이름의 남자는 오지 않았어요."라는 대답.

온통 놀란 교황은 이어서 연옥에 전화해보니 역시 같은 대답이다.

"그런 일은 있을 수 없지! 아무리 무엇이라 해도 스탈린이 천국에 있다고 믿어지지 않아."하고, 교황이 외쳤다.

그래도 확실히 하기 위해 전화기를 들고 천국의 성 베드로를 불러보았다.

"여보세요, 성 베드로인가요? 당신, 잘못해서 스탈린 이름의 남자를 마중하지 않았는가?"

그러자 대답이 돌아왔다.

"이제, 성 베드로는 없어요. 나는 동지 베드로 요."

* 스탈린 주의자에 대한 경계심은 프랑스에서 매우 강하다.

트로츠키

트로츠키가 크레믈린 집무실에서 일을 하고 있을 때, 아버지가 찾아왔다.

"그런데 말이지 레온. 좀 알고 싶은 것이 있다. 너희들이 일으킨 혁명 말인데, 너와 레닌이 지도한 것 아니냐? 하지만, 레닌 이름만 들리는 것이야. 레닌의 초상화는 어디든 있지만, 너의 것은 전혀 없어. 이상하지 않아!"

"아버지, 확실히 이 일은 레닌과 제가 한 일이죠. 하지만, 저는 유태인이죠? 아버지도 아시는 것처럼, 이 나라야 유태인은 이름조차 무엇을 지도하든 알릴 수 없어요. 참을 말한다면, 레닌이란 저의 꼭두각시에 불과해요. 저는 레닌 이름으로 자기가 하고 싶은 일을 하고 있음이죠."

*농담으로는 심각하다. 소련에 많은 유태인이 있어, 공산당 정권이 호의를 가지고 있지 않은 것은 주지의 사실이다.

불찰

텔아비브 초등학교에서의 이야기.
선생이 학생에게 물었다.
"모세는 어떤 인물이죠?"
"바보 이죠."하고, 지명된 학생이 대답했다.
"뭐라고? 너는 우리 위대한 선조의 일을 바보라고, 부끄럽지 않아?"
"조금도 부끄럽지 않아요. 그는 홍해를 건너올 때, 왼쪽으로 갔어요. 만약 오른쪽으로 갔다면 석유는 우리 것이 되었을 것이에요."
 * 홍해를 이집트에서 시나이 반도로 건너, 왼쪽은 '젖과 꿀이 흐르는' 가나안 복지, 오른쪽은 지금의 사우디 아라비아, 석유의 보고이다.

만약의 경우

이스라엘 정부는 비밀 각의를 열었다. 수상이 발언했다.

"정황은 심각합니다. 아랍과의 전쟁 때문에 많은 나라가 우리에게 등을 돌렸습니다. 무엇인가 하지 않으면 안 됩니다."

"간단한 일입니다."하고, 국방상이 발언했다.

"소련과 미국 양쪽에 동시 선전포고를 하는 것입니다. 패전 후, 그들이 독일과 일본에 한 것처럼 할 것입니다. 우리는 근대적으로 번영하고 존경받는 나라가 될 것입니다. 다만 한 가지 서투른 점이 있습니다."

"서투른 점은 요?"하고, 다른 각료가 이구동성으로 물었다.

"아니, 우리가 승리해 버리면."

* 6일 전쟁, 산뜻한 엔테베의 인질 탈환 작전 등, 프랑스에서 이스라엘 군은 소수 정예의 대명사처럼 신격화 되고 있다.

여자 스파이

예쁜 이집트 여자 스파이가 이스라엘에서 돌아와 보고를 하기 위해 카이로 사령부에 출두했다.

"자 이제, 나는 다이얀 장군의 최신 공격 계획을 입수했습니다. 나는 그 것을 그의 야간 테이블 위에서 가져왔습니다. 그 것뿐이 아닙니다. 그의 아들도 포로로 데려왔습니다."

"그 것은 대단하군."하고, 이집트 장군들이 찬사를 던졌다. "어디에 있나? 곧 심문하지 않으면 안 되는데."

"아아, 그 것은 안 됩니다."하고, 여자 스파이가 말했다. "9개월을 기다리지 않으면 안 됩니다.!"

* 다이얀 장군은 그 길에서도 유명하다.

심장 마비

이집트의 나쎌 대통령은 확실히 심장 마비로 급사했다. 하지만 알려지지 않은 일이 있다. 죽기 직전, 그는 이스라엘 골다 메이어 수상으로부터의 전보를 개봉했다. 여기에는, "이제 많은 전쟁을 중지하고 사랑으로 만납시다."하고, 써 있었다.

*1975년 국제 부인 년 기준, 몇 년 전의 일이다.

유태인

에이브러함이 집에 돌아오자, 주방에서 아내 사라가 눈물로 어찌 할 바를 모르고 있다. 그녀는 양파의 껍질을 벗기고 있다. 그러자, 에이브러함이 말했다.

"잠깐 기다려! 지금 내가 어떤 슬픈 이야기를 해 줄 테니 말이야. 그러면 눈물이 헛되지 않을 것이지."

개구리 새끼 올챙이

양게르의 아들은 매우 재빠르다. 아직 10살인데 불구하고 이제 제법 1사람 상인의 소질이 있다.

어느 날 아버지가 아들에게 말했다.

"너의 신발은 인제 다 되었구나. 그래서, 내가 30프랑을 줄 테니 새 것을 사오너라. 하지만 정신 차려라. 반드시 부르는 값을 반으로 잘라라."

그래서 양게르의 아들은 구둣방에 가서 한 켤레 신어보고 말했다.

"이 것 얼마 죠?"

"60프랑이다."하고, 구둣방 주인.

"비싸요, 30프랑 하세요."

주인은 아이가 초라해 보여 동정했다.

"40프랑으로 하자."

"아니 20프랑으로요."

"좋아, 그럼 30프랑이다. 내가 밑지는 일이지만 선행(善行)에 보수가 따르는 것이라 해서."

"15프랑 냅니다."

10분 정도 밀고 당기는 문답이 이어지고, 상인은 알맞게 귀찮아하더니 말했다.

"그래, 좋아. 그 신발 너에게 준다. 가지고 가라."

그러자 양게르의 아들이 대답했다.

"2켤레 가지고 가요."

히틀러

히틀러가 라인란드의 초등학교를 시찰하고, 어린 아이들에게 질문을 던졌다.

"어린이 여러분, 이 세상에서 가장 사랑하는 이가 누구인지 말해

봐요."

"아빠입니다."하고, 한스가 대답했다.

"응, 흔히 있는 이야기 이군. 너는?"

"하느님!"하고, 칼.

"교회의 악 영향 이군"하고, 히틀러는 괴로운 표정을 지었다. "그럼, 너는?"

"학교 여선생입니다."하고, 요한.

"더 이상 싫은 성적 본능에 감기어 있군."하고. 총통은 내 뱉 듯 말했다.

"그럼 너, 교실 구석에 있는 아이, 세계에서 가장 사랑하는 것은?"

"네, 그 것은 당신입니다. 우리 총통님."

"완벽한 대답이다! 그렇게 나오지 않으면 안 돼요. 너는 우리 제국의 가장 훌륭한 병사가 될 것이야. 그런데, 왜 종이 끼우개를 단단히 가슴에 붙이고 있느냐?"

"네," 하고, 아이는 더듬으며 말했다. "가슴에 다비데의 별이 붙어 있어요."

*히틀러 정권은 모든 유태 사람에게 다비데의 별 표지를 붙이도록 강제했다. 유태인 대학살의 제1 단계로서.

열등생

유태인 어린이가 가혹한 성적표를 가지고 돌아왔다. 아빠가 꾸짖었다. 어린이는 자기 변명을 했다.

"이 학교는 선생님이 모두 가톨릭 사제 이죠. 유태인 학생에게 좋은 점수를 줄 리가 없지 않아요. 좋은 성적을 받게 하려면, 먼저 저를 세례 받게 하세요!"

아빠는 잠깐 생각해 보았다. 이 주위에 다른 학교는 없다. 어떻게 하지. 아빠는 큰 결심을 하고, 아들을 그리스도교로 개종케 했다. 그러나 다음 학기말에도 아이는 전보다 더 가혹한 성적표를 가져왔다.

이 번은 아빠 만이 아니라, 할아버지를 비롯해 가족 모두가 모여 말했다.

"이 나쁜 놈아! 너는 우리집 아들이 아니야. 우리 아이는 이런 나쁜 점수를 받은 적이 없다고. 우리는 항상 1등만 했지!"

"오오"하고, 아들은 말 대답을 했다. "그 것은 그럴 것이에요. 유태인들은 항상 난관을 잘 타개하지 않아요!"

독일 사람

한 사람 농민이 동 베르린을 찾아왔다. 그는 교통순경에게 길을 물었다.

"라인슈트라제에 가려면, 어떻게 가면 좋을까요?"

"곧 알 수 있습니다. 그러나 라인슈트라제는 없습니다. 지금은 레닌슈트라제로 부릅니다. 그런데 당신은 전, 괴테슈트라제의 맑스슈트라제를 지나, 오른 쪽으로 돌아 전, 비스마크 아레인, 전, 지그프리트프라츠의 모스크바프라츠까지 가서, 그리고 최초의 거리를 오른 쪽으로 돌면 좋아요."

"고맙습니다."하고, 농민이 말했다. "전(前), 하일 히틀러!"

스위스

제네바 시에 걸린 포고(布告).

"제네바 시를 깨끗이. 만약 침을 뱉고 싶으면 프랑스 령에 가서 뱉을 것. 국경은 가깝다."

*그리고 맛있는 빵은 프랑스 령에서 살 것. 왜냐하면, 스위스 빵은 맛이 없기 때문에!

사과 익기

스위스 마크를 붙인 자동차가 빨강 신호로 서 있다.

신호가 바뀌었지만 차는 움직이지 않는다.

그러자 뒤에서 말소리가 났다.

"여보세요, 윌리엄텔! 사과 익기를 기다리고 있는 것인가?"

* 핸들을 잡으면 한 마디 하는 말. 이 것이 파리 사람 단골의 재주.

프랑코 총통

스페인 사람이 우체국에 가서 불평을 말했다.

"여기서 산 우표인데 잘 붙지를 않아요."

우체국 직원이 놀라, 프랑코 초상이 그려진 우표 뒤에 조금 침을 바르고 붙이니 착 달라붙는다.

"이 보세요! 착 달라붙지 않아요!"하고, 직원이 말했다.

"그렇군요! 나는 프랑코 얼굴에 침을 뱉았기 때문에."

*지금 프랑코 총통은 없다.

차 값

"롤스로이스 최신형이 사고 싶어요."하고, 니알코스가 오나시스에게 말했다.

"그 것은 나도 같은 생각인데! 그럼 같이 가볼까."하고, 오나시스.

2사람은 함께 자동차 쇼에 갔다.

"물론, 시트는 특선의 담비 모피를 깔았고요. 범퍼는 금괴로 하시죠? 그럼, 한 분 앞에 5만달러가 됩니다."

그러자 오나시스가 어음 수첩을 꺼내니, 니알코스는 가로막고 말했다.

"아뇨, 안 돼요. 아까 커피를 내시지 않았어요? 이 번은 내가 낼 차례가 아난가?"

* 2사람은 실재한 그리스 선박 왕. 세기의 프리마돈나 마리아 카라스와의 관계로도 유명하다.

연극

영국의 극작가 조지 버나드 쇼가 말했다.

"나는 남의 연극을 보지 않는다. 그 것이 시시하면 나는 무료하게 된다. 그 것이 좋으면 나는 기분이 나빠진다."

 * 정직한 사람!?

인구 구성 비례

"자, 그대는 아이가 몇이면 좋을까?"하고, 약혼자가 물었다.
"넷"하고, 약혼녀가 대답했다.
"넷? 왜, 넷이야?"
"꼭, 중국인 아이는 필요 없고."
"중국인이라니?"
"그렇죠. 새로 태어나는 아이들 가운데 5에 1은, 중국인이라 하지 않아요?"

인구

소련이 중국과 전쟁을 했다. 소련은 처음 1주간에 중국인을 백만명이나 포로로 잡았다. 2주간에 5백만명. 그 다음 달 말에 3천만

명에 달했다.

그러자, 브레즈네프는 모택동으로부터 전보를 받았다.

"어떤지 알았나, 행복할 것일까?"

거스름돈

산유국 수장이 황금으로 만든 캐디락을 구입했다.

수장은 백달러 지폐의 두꺼운 돈 다발을 세일즈맨에게 건네 주고 말했다.

"받아요. 아, 그리고, 거스름 돈은 폭스바겐으로."

*산유국은 초속 670만원을 번다. 대충 폭스바겐 가격의 1대분 값이다.

석유 자본가

월돌프 아스토리아 호텔에서 석유 자본가의 대만찬회가 열렸다.

갑자기 사우디아라비아 왕족이 고통을 호소했다. 물고기 작은 가시가 목구멍에 걸린 것이다.

그는 헛기침을 해대고 얼굴이 빨개지고, 칠전팔도(七顚八倒)까지는 아니지만, 어떻든 그렇게 되었다.

"빨리, 병원을 1채 사와라!"

할복(割腹)

13세기 일본, 다이묘(넓은 영지를 가진 무사)가 일본에서 알려진 명마를 가지고 있다.

어느 날. 천황이 그 말을 진상하도록 명령했다. 다이묘는 명마를 크게 아끼고 있기에 이 명령에 따를 수 없다고 응답했다.

천황의 다음 명령은 자결(배를 자르는 할복)하라는 것이다.

다이묘는 자기가 사랑하는 말들이 보는 앞에서 할복하려 생각했다.

그는 증조부의 칼을 찾아가지고 마사(馬舍)로 갔다.

최후의 순간에 이르자, 다이묘가 자기 배를 칼로 찔러 꽂자, 말들이 일제히 높은 소리로 울어 댄다. 다이묘 부인이 방에서 경문을 읽는 가운데 귀를 쫑긋하고 하녀에게 물었다.

"어찌 된 일이냐?"

안뜰을 달려온 하녀가 말했다.

"아무 일도 아닙니다 부인. 수말이 웃고 있습니다.(C'est le haras qui rit.)"

검도 기량

3사람 사무라이가 검도 기량을 경합했다.

1사람이 날고 있는 날개 달린 벌레를 겨누어 일도 양단으로 잘라 떨어뜨리고.

두 사람 째는 그 것은 매우 쉽다고 생각, 산뜻한 솜씨로 날개 벌레를 넷으로 잘랐다.

세 사람 째가 천천히 진출했다. 그는 주름 투성이 늙은 무사였다.

2사람을 굽어보고,

"가소로운 재주구만, 흐흐흐."하고, 웃었다.

그리고 한 순간 긴 칼이 번쩍, 그의 칼은 허공을 가르고 칼집에 들어갔다.

매우 빠른 동작이므로 누구에게나 아무것도 보이지 않았다. 하지만, 벌레는 계속 날고 있다. 다른 2사람은 조소했다.

"유감이네요!"

"무엇? 유감이라니?" 늙은 사무라이가 말했다.

"나는 그 놈들 페니스를 잘라 떨어뜨린 것이야."

*유도, 당수, 합기도. 어떤 것도 프랑스 말이 될 만큼 전형적 일본인 신화의 하나.

숲의 오솔길

일본 어느 화랑에서의 일. 슈르레아리스트(초현실주의자)의 전람회 초일로, 사람이 몰려왔다.

하지만, 회장에는 단지 하나의 작품만 전시되어 있다. '숲의 변두리'가 그려진 그림이다.

한적한 오솔길이 숲속으로 사라져버린 채이다.

견학자 한 사람이 이상하게 생각하고, 대가에게 물어보았다.

"선생 그림은 매우 아름답군요. 그런데, 어디가 초현실적입니까?"

"간단한 일이죠."하고, 화가가 대답했다.

그리고 많은 사람이 지켜보는 가운데, 그는 숲 속 오솔길을 걸어 나가 자꾸 가더니 느니어 자취를 감췄다.

*조크라 하기보다 미스터리로, 이 역시, 한가지 프랑스의 일본

인 관(觀)이라 하겠다.

일본

어떤 유태인이 상용으로 일본에 왔다. 거리를 걷고 있는데 시나고구(유태인 교회)가 있다.

그는 크게 놀라 곧바로 안에 들어가 보았다.

수백명이나 되는 일본 사람이 헤브라이어(유태어)로 기도하고 있다.

그는 랍비에게 접근 물어보았다.

"이 사람들은 모두 유태 교도입니까?"

"그렇습니다만."하고, 랍비가 대답했다.

"그러면, 당신도 랍비입니까?"

"물론입니다."

"당신은 일본 사람으로 그 위에 랍비입니까?"

"그렇습니다."

"그러면 당신은 유태교 교도입니까?"

"그렇다고 말씀드렸는데요."

"그러면 좋습니다. 그렇군요, 당신은 유태교도 같습니다. 그러나 아무리 보아도 그렇게 보이지 않습니다.

참수(斬首)

선교사가 일본에서 체포되었다. 스파이 죄로 목을 치는 형을 받았다. 행형자가 말했다.

"당신의 목을 벨 사람은 다행하게도 일본 제일 가는 명수다. 당신은 아무 것도 느끼지 못한 채 끝나고 말 것이다."

선교사는 머리를 쭉 내밀고 기다렸지만, 초조해 하듯 물었다.

"어떻게 된 것입니까? 아직 안 했습니까?"

"아니, 벌써 끝난 것 이요." 하고, 집행자가 말했다. "조금 머리를 움직여 보아요."

선교사가 그렇게 하자, 곧 머리가 떨어졌다.

* 이것은 어느 정도 일본 통의 남자가 생각한 이야기에 틀림없다.

| 마무리 글 |

조크 또는 유머의 개념

 정서적으로 부드럽고 명랑하게 웃음거리를 만들어 내는 기분 또는 표현을 유머라 하는데, 유머를 해학(諧謔)이라 하는 것이 대체로 일반적 정의다.
 그런데, 영문학의 한 특색이 유머이기도 하다. 유머의 '유형'을, 이 테두리 안에서 살펴보면 이렇다.

 1 새타이어(satire)~풍자, 야유, 모순
 2 미미크리(mimicry)~모방, 모의, 모조
 3 아이러니(irony)~반어, 예상 밖의 전개
 4 사캐섬(sarcasm)~야유, 조롱
 5 화스(farce)~골계, 익살
 6 패러디(parody)~조롱의 풍자, 서투른 모방
 7 슬랩스틱(slapstic)~골계극
 8 버푸너리(buffoonery)~광대놀이
 9 벌레스크(burlesque)~해학

아이러니는 의도한 바와 표현된 바가 다른 것이 특징이고, 사캐섬은 의도한 바를 직접 또는 아이러니컬하게 말하는 것이고, 새타이어는 어떤 진지한 목적을 위하여, 또는 악의나 농으로, 아이러니, 사캐섬을 사용하는 것이 특징으로 설명되고 있다.

어떤 사실을 과장되게 표현하면, 그만큼 우습고, 동시에 사실은 사실대로 바탕을 들어낸다. 과장된 표현, 10 이그재저레이션(exaggeration) 역시, 유머에 포함할 수 있다.

다의어(多義語)의 구사나 동음이의어(同音異義語)의 활용이 웃음을 자아낸다. 11 펀(pun)은 말 재주를 부리거나, 익살을 떠는 것으로 말을 농하는 것이다.

사람은 남을 빈정대기 좋아하는데, 남의 권위 또는 위세를 풍자하는 12 포킹(poking)이 있으니, 남을 놀리는 풍자다. 청자로 하여금 화자가 말하는 것이 정상이라 믿게 한 뒤, 정반대를 말하는 13 언익스펙티드 턴(unexpected turn)이 있다.

일관성 없는 사람을 말하든가, 사람의 어느 특징을 예증하는 14 트레이트(trait) 역시, 남의 웃음을 자아낸다.

인간 특유인 웃음의 원인을 파헤쳐 보려는 시도가, 과거, 여러 차례 행해진 바 있으나, 아직 이렇다 할 만족스러운 설명을 찾을 수 없다. 예리하고, 때로 신랄한 기지(機智)에서, 떠들썩한 익살과 골계의 모든 형태, 그리고 농담류에 이르기까지, 15 코미디

(comedy)는 희극으로써 광역의 웃음을 포괄한다.

그리고, 웃음의 특성은, 돌연한 사태에도 참을성 있어야 한다는, 조건이 붙는다. 그렇다 하여, 유머의 가치가 그만큼 깎일 염려는 없다. 청자의 동정을 사서, 웃음을 낳는 경우를 16 심퍼디(sympathy)로 분류한다.

어떤 권위에 대한, 모독이나 저항은, 사람의 눈살을 찌푸리게 하고, 비난이나 징계의 대상이 되기 쉽다. 그러나, 사회 규범이나 관습 등의 권위를, 허용하는 한도 내에서, 가볍게 비판 또는 풍자하는 것은, 유머의 원천이 될 수 있다. 17 이레버런스(irreverence), 불경이나 불손한 언행을 가리킨다.

변덕스럽거나, 기상천외(奇想天外)의 기발한 말 역시, 사람을 웃긴다. 18 휩지(whimsy)가 이에 해당한다. 논리적 연관이 전혀 배제된, 부조화, 혹은 허풍, 동문서답(東問西答) 등이 있다. 19 이레리번스(irrelevance)를 말한다.

언뜻 보아, 모순되거나 불합리한 것 같으나, 실제 올바른 주장이 있다. 20 패러덕스(paradox), 역설이 바로 그 것이다. 기설(奇說), 모순, 자가당착(自家撞着) 등의 예를 찾을 수 있다.

이상은, 몬로(Monroe)와 딕키(Dickey)의 분류 방식을 중심으로 뽑아 본 '유머의 유형'이다.

옮긴이는, 조크 또는 유머를 쉽게 찾을 수 있는 범위 내에서 수집 번역하고, 앞에서 말한 유머 유형에 의한 분류를 시도, 조그마한 결과를 내게 되어, 기쁘다. 그래도 여전히, 아직 부족한 부분이 많다.

대체로, 미국 조크는, 미국 대륙 기질에 걸맞는 스케일을 엿보게 하고, 영국 조크는, 오히려 유머로 설명이 가능 하리 만큼, 깔끔한 인상을 받는다. 한편, 프랑스 조크는, 오히려 에스프리로 설명이 가능하리 만큼, 반짝이는 기지가 웃음 속에 깔려 있다.

우리가 그 동안 즐기고 누려온, 소화(笑話), 해학(諧謔), 과장(誇張), 농담(弄談), 풍자(諷刺), 재담(才談), 등을, 좀더 세계적으로, 확대 재생산할 여유를 가져보자는, 엮은이의 의중을 밝히며, 이 책의 '마무리'에 가름한다.

전영우 기록하다.

토크 조크
– 미국 유럽 조크 기행

초판 인쇄   2022년 7월 11일
초판 발행   2022년 7월 15일

지은이 전영우
발행인 임수홍
디자인 맹신형

발행처 한국문학신문
주　소 서울 강동구 양재대로 114길 32 2층
전　화 02-476-2757~8   FAX 02-475-2759
카　페 http://cafe.daum.net/lsh19577
E-mail kbmh11@hanmail.net

값 16,000원

ISBN 979-11-90703-49-9

· 저자와의 협약에 의해 인지는 생략합니다.
· 이 책의 글은 저작권법에 따라 보호를 받는 저작물이므로 저자와 출판사의 동의 없이는 무단 전재 및 무단 복제를 금합니다.

· 잘못된 책은 바꾸어드립니다.